D E C F

Nouvelles Annales 2000

Organisation et gestion de l'entreprise

Épreuve n° 3

EXPERT SUP

Nouvelles Annales 2000

Sujets adaptés à la réforme
Corrigés commentés

DPECF

1 *Introduction au droit de l'entreprise*
Jean-François Bocquillon, Martine Mariage

2 *Économie*
Jacques Muller, Pascal Vanhove

3 *Méthodes quantitatives*
Alain Haussaire, Charles-Yves Morel

4 *Comptabilité*
Charlotte Disle, Emmanuel Disle

DECF

1 *Droit des sociétés*
Dominique Lafleur

1 *Droit fiscal*
Emmanuel Disle, Jacques Saraf

2 *Relations juridiques, de crédit, de travail et de contentieux*
Jean-François Bocquillon

3 *Organisation et gestion de l'entreprise*
Jean-Luc Charron, Sabine Sépari

4 *Gestion financière*
Fabrice Briot

5 *Mathématiques appliquées et informatique*
Christian Goujet, Félix Jolivet

6 *Comptabilité approfondie et révision*
Robert Maéso

7 *Contrôle de gestion*
Brigitte Doriath

DESCF

1 *Synthèse droit et comptabilité*
Pierre Blin, Bernard Christophe

2 *Synthèse économie et comptabilité*
Pascal Fabre, Guy Solle

Jean-Luc CHARRON
Agrégé d'économie et gestion
Professeur en classes préparatoires
au DECF

Sabine SÉPARI
Agrégée d'économie et gestion
Docteur en sciences de gestion
Maître de conférences à l'université
Paris XI

DECF

Nouvelles Annales 2000

Sujets conformes à la réforme
Corrigés commentés

Organisation et gestion de l'entreprise

Épreuve n° 3

DUNOD

ISBN 2 10 004872 4
ISSN 1269-8792

Table des matières

Schéma général des études conduisant au DPECF, au DECF, au DESCF et au diplôme d'expert-comptable

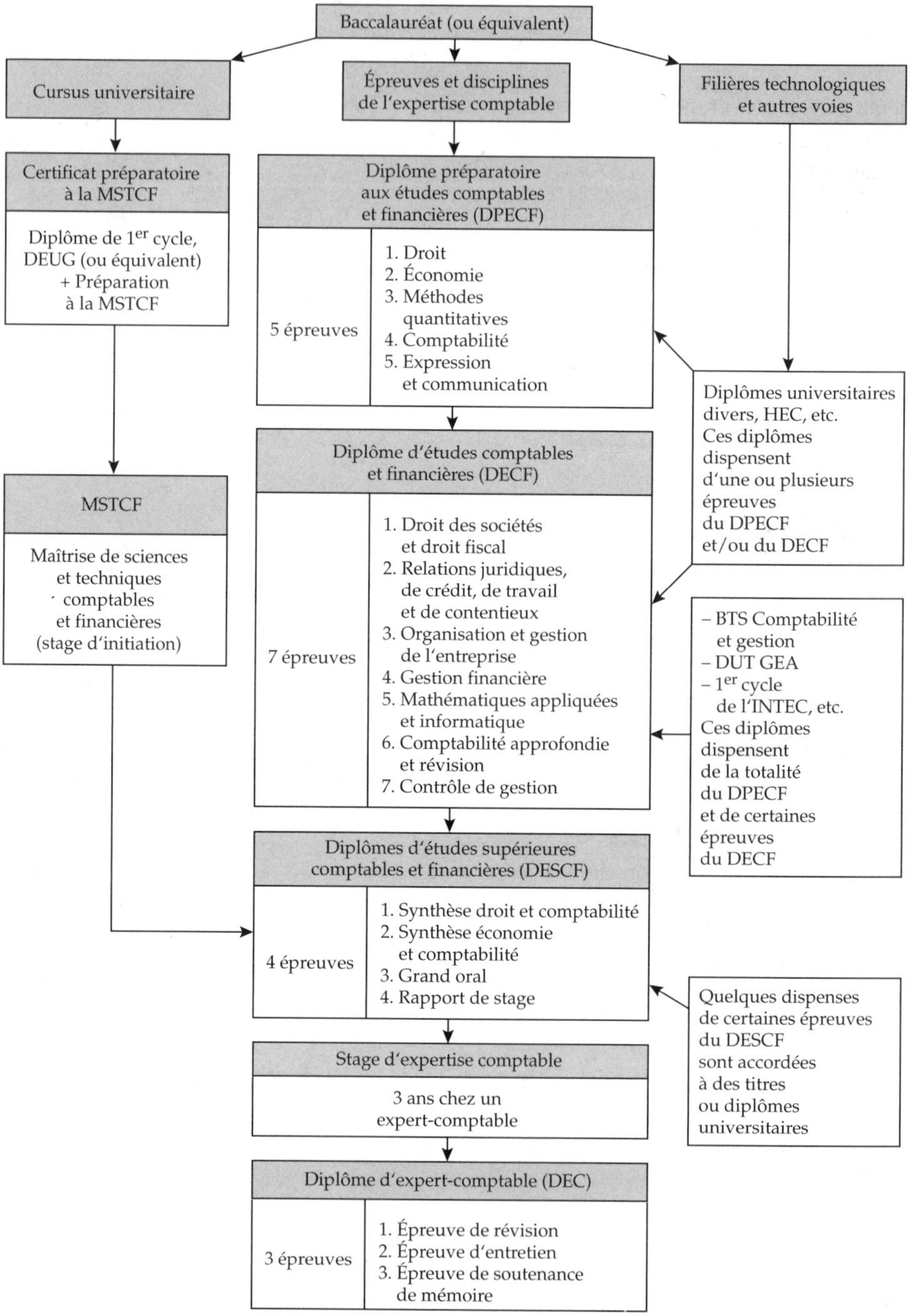

Avant-propos

Les nouvelles annales Dunod sont entièrement adaptées aux besoins et aux attentes des étudiants engagés dans le cursus des études de l'expertise comptable tel qu'il est défini par la réforme intervenue en 1999.

L'exigence de fournir aux étudiants un outil de travail parfaitement adapté nous conduit à vous proposer notre collection de cas d'annales soigneusement actualisées et mises à jour pour vous permettre une préparation optimale aux épreuves du DPECF, du DECF et du DESCF.

Grâce à nos auteurs – dont la plupart sont réputés pour leurs ouvrages parus dans la collection « Expert Sup », agrégés d'économie et gestion, maîtres de conférences ou professeurs d'université, engagés dans la préparation des épreuves et membres des commissions d'examen – ces ouvrages ont été conçus autour des principes suivants :

- proposer des sujets entièrement conformes aux programmes et prenant en compte l'esprit des épreuves ;
- concevoir ces sujets en fonction de la nature et de la définition de l'épreuve (étude de cas, cas pratique, question de cours, dissertation, commentaire…) ;
- les calibrer pour que leur durée soit strictement en conformité avec les durées officielles et permettre ainsi un entraînement en temps réel.

Tous les sujets que nous vous proposons ici ont été travaillés dans cet esprit.

Les auteurs se sont attachés à fournir des sujets reconstruits à partir des sujets officiels des années précédentes, à réécrire et reformuler des supports d'entraînement efficaces.

L'approche méthodologique a été systématiquement privilégiée ainsi qu'une **aide à l'auto-évaluation**, éléments indispensables pour permettre à l'étudiant de se situer dans sa progression et de pouvoir réinvestir le jour de l'examen les acquis de sa préparation.

Des **conseils** adaptés à chaque épreuve ainsi qu'un **tableau de synthèse** permettent, tout au long de l'année, d'aborder les sujets de façon thématique en fonction de l'avancement du travail et de l'objectif recherché dans le traitement d'un cas particulier.

L'édition 2000 des *Nouvelles Annales* Dunod prend totalement en compte les évolutions intervenues au cours de l'année. Les candidats au DPECF, DECF et DESCF y trouveront d'excellents supports de travail et de révision, avec le souci de rigueur et de précision dans l'actualisation qui nous tient toujours autant à cœur.

Nous souhaitons que ces ouvrages soient vos meilleurs alliés dans la voie de la réussite.

L'Éditeur

Comment utiliser

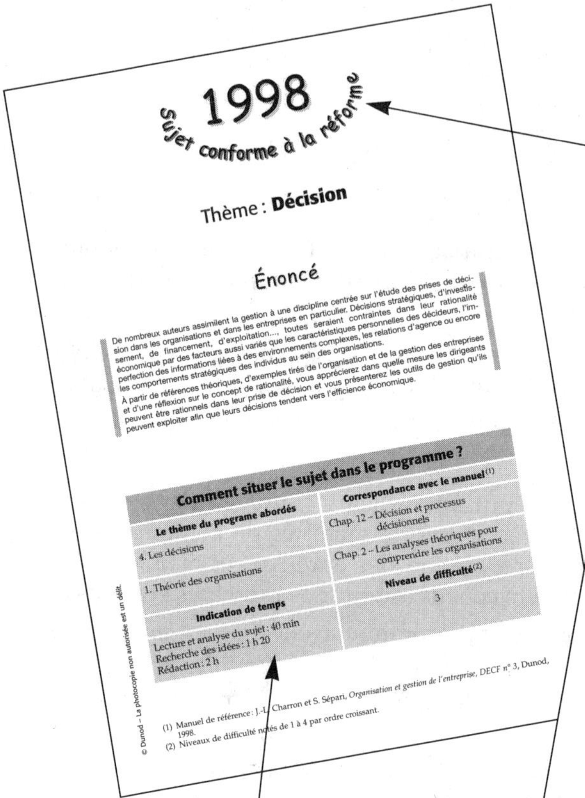

1998

Sujet conforme à la réforme

Thème : **Décision**

Énoncé

De nombreux auteurs assimilent la gestion à une discipline centrée sur l'étude des prises de décision dans les organisations et dans les entreprises en particulier. Décisions stratégiques, d'investissement, de financement, d'exploitation..., toutes seraient contraintes dans leur rationalité économique par des facteurs aussi variés que les caractéristiques personnelles des décideurs, l'imperfection des informations liées à des environnements complexes, les relations d'agence ou encore les comportements stratégiques des individus au sein des organisations.

À partir de références théoriques, d'exemples tirés de l'organisation et de la gestion des entreprises et d'une réflexion sur le concept de rationalité, vous apprécierez dans quelle mesure les dirigeants peuvent être rationnels dans leur prise de décision et vous présenterez les outils de gestion qu'ils peuvent exploiter afin que leurs décisions tendent vers l'efficience économique.

Comment situer le sujet dans le programme ?

Le thème du programe abordés	Correspondance avec le manuel (1)
4. Les décisions	Chap. 12 – Décision et processus décisionnels
1. Théorie des organisations	Chap. 2 – Les analyses théoriques pour comprendre les organisations
Indication de temps	**Niveau de difficulté (2)**
Lecture et analyse du sujet : 40 min Recherche des idées : 1 h 20 Rédaction : 2 h	3

(1) Manuel de référence : J.-L. Charron et S. Sépari, *Organisation et gestion de l'entreprise*, DECF n° 3, Dunod, 1998.
(2) Niveaux de difficulté notés de 1 à 4 par ordre croissant.

Le sujet d'annales proposé est parfaitement conforme au nouveau programme de l'épreuve

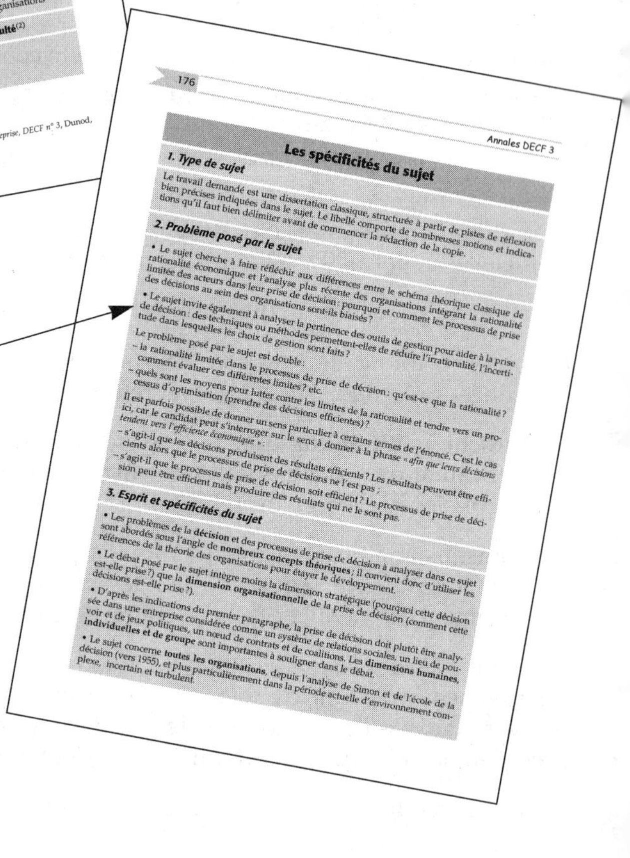

Les spécificités du sujet

1. Type de sujet

Le travail demandé est une dissertation classique, structurée à partir de pistes de réflexion bien précises indiquées dans le sujet. Le libellé comporte de nombreuses notions et indications qu'il faut bien délimiter avant de commencer la rédaction de la copie.

2. Problème posé par le sujet

• Le sujet cherche à faire réfléchir aux différences entre le schéma théorique classique de rationalité économique et l'analyse plus récente des organisations intégrant la rationalité limitée des acteurs dans leur prise de décision : pourquoi et comment les processus de prise des décisions au sein des organisations sont-ils biaisés ?

• Le sujet invite également à analyser la pertinence des outils de gestion pour aider à la prise de décision : des techniques ou méthodes permettent-elles de réduire l'irrationalité, l'incertitude dans lesquelles les choix de gestion sont faits ?

Le problème posé par le sujet est double :
– la rationalité limitée dans le processus de prise de décision : qu'est-ce que la rationalité ? comment évaluer ces différentes limites ? etc.
– quels sont les moyens pour lutter contre les limites de la rationalité et tendre vers un processus d'optimisation (prendre des décisions efficientes) ?

Il est parfois possible de donner un sens particulier à certains termes de l'énoncé. C'est le cas ici, car le candidat peut s'interroger sur le sens à donner à la phrase « *afin que leurs décisions tendent vers l'efficience économique* » :
– s'agit-il que les décisions produisent des résultats efficients ? Les résultats peuvent être efficients alors que le processus de prise de décisions ne l'est pas ;
– s'agit-il que le processus de prise de décision soit efficient ? Le processus de prise de décision peut être efficient mais produire des résultats qui ne le sont pas.

3. Esprit et spécificités du sujet

• Les problèmes de la **décision** et des processus de prise de décision à analyser dans ce sujet sont abordés sous l'angle de **nombreux concepts théoriques** ; il convient donc d'utiliser les références de la théorie des organisations pour étayer le développement.

• Le débat posé par le sujet intègre moins la dimension stratégique (pourquoi cette décision est-elle prise ?) que la **dimension organisationnelle** de la prise de décision (comment cette décisions est-elle prise ?).

• D'après les indications du premier paragraphe, la prise de décision doit plutôt être analysée dans une entreprise considérée comme un système de relations sociales, un lieu de pouvoir et de jeux politiques, un nœud de contrats et de coalitions. Les **dimensions humaines, individuelles et de groupe** sont importantes à souligner dans le débat.

• Le sujet concerne **toutes les organisations**, depuis l'analyse de Simon et de l'école de la décision (vers 1955), et plus particulièrement dans la période actuelle d'environnement complexe, incertain et turbulent.

La présentation du sujet en deux tableaux (sur fond grisé) répond aux questions que se pose tout étudiant

les Nouvelles Annales DECF 3 ?

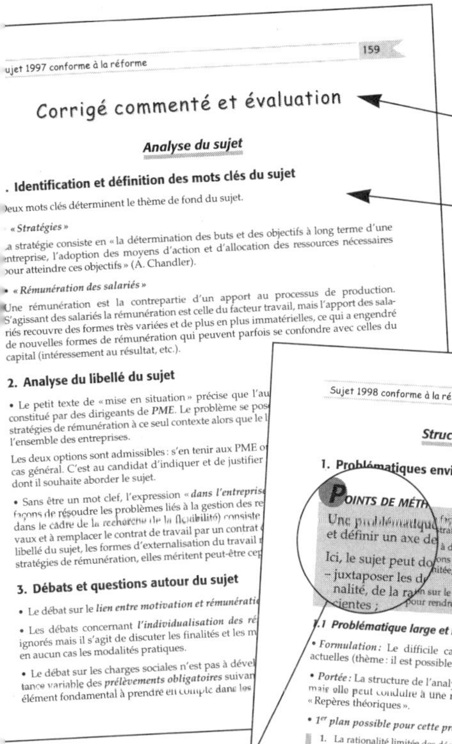

Le corrigé constitue une véritable méthode de construction et de réalisation du devoir :

- il détaille les façons d'analyser le sujet, recherche les éléments pour le traiter
- il envisage plusieurs problématiques et plusieurs plans possibles pour le devoir
- il propose un développement complètement rédigé

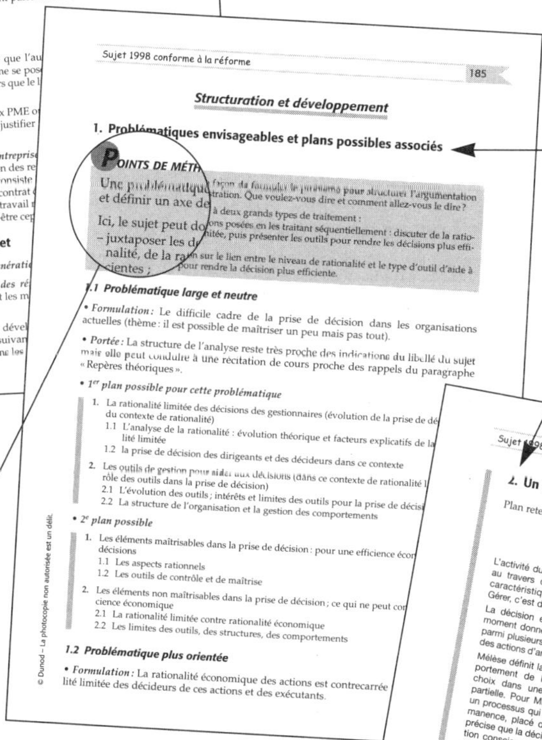

Les « Points de méthode » (sur fond grisé) :
– proposent des conseils méthodologiques,
– précisent comment organiser son travail,
– indiquent les erreurs à éviter.

Stratégies de préparation à l'épreuve 3 du DECF

Quels sont les objectifs de l'épreuve ?

Selon les termes du programme, l'épreuve est destinée à « montrer que le candidat a une bonne connaissance :

- des cadres théoriques de réflexion sur les organisations ;
- des outils de diagnostic et d'intervention en matière d'organisation des entreprises et autres entités.

Dans ce dernier cas, il doit être capable de localiser tous les dysfonctionnements au regard d'un certain nombre de critères usuels en organisation (équilibrage de postes, rendement physique) et de proposer des remèdes réalistes et opérationnels ».

Concrètement que vous demande-t-on à l'examen ?

L'objectif de l'épreuve n'est pas de vous faire réciter des connaissances mais de traiter un sujet, c'est-à-dire d'utiliser vos connaissances pour faire le diagnostic d'une situation ou disserter d'un problème. Les connaissances ne sont qu'un matériau de base.

L'objectif général est de savoir si vous êtes **capable de structurer un ensemble d'arguments pour exposer, justifier un point de vue**. Vous devez argumenter logiquement pour convaincre.

L'introduction doit poser le problème, le justifier et annoncer le plan.

Chaque partie du développement répond à une question ou expose une idée.

La conclusion fait une synthèse, propose une piste de solution ou de réflexion en ouvrant un autre débat.

Le respect de ce formalisme fait partie des exigences implicites de toute épreuve académique.

Quelles tendances pour les sujets ?

Le programme précise que la forme de l'épreuve pourra être une « dissertation ou une étude d'un ou plusieurs cas pratiques et commentaire ».

Bien que le programme mentionne la nécessité d'être capable de conduire un diagnostic, une étude de cas a été proposée une seule fois aux candidats (en 1992 : diagnostic de « Herbeco SA »). Il ne faut pas exclure que de tels sujets soient plus fréquemment posés à l'avenir.

Tous les autres sujets, depuis la création du DECF, ont été posés sous forme de dissertation, avec ou sans texte d'appui.

Les textes d'appui, quand ils sont proposés, sont en général assez riches en informations et présentent le danger de conduire le candidat à la paraphrase.

Si des libellés très concis ont pu être retenus (par exemple, en 1994 : « l'innovation dans l'entreprise »), la tendance semble privilégier des libellés plus longs donnant des directions de travail assez précises (par exemple en 1996 : « après avoir développé les aspects théoriques [...] vous montrerez pourquoi et comment [...] et vous montrerez [...] »).

Les sujets ont porté sur des **thèmes généraux, classiques**, d'organisation (par exemple, la relation structure/stratégie) et/ou sur des **thèmes plus liés à des débats contemporains** (par exemple, la gestion de la qualité).

Cette double orientation des sujets (thèmes académiques/thèmes d'actualité) est une constante de cette épreuve et se poursuivra. Ce n'est pas sans conséquence sur votre préparation : vous devez veiller à connaître les grands courants théoriques et vous tenir informé des débats dans le domaine de la gestion.

Comment aborder l'épreuve le jour de l'examen et surtout... avant ?

L'examen se réussit pour l'essentiel... avant l'épreuve par un travail de préparation, qui s'avère peu consommateur de temps s'il est régulier.

Acquérir et maîtriser vos connaissances

L'épreuve n'est pas une récitation de cours, toutefois un certain seuil de connaissances doit être atteint pour aborder favorablement l'examen.

Des références théoriques pour mieux comprendre

L'enseignement d'organisation et de gestion des entreprises, mais aussi la lecture régulière de la presse économique, vous apporteront références théoriques et exemples pratiques qui permettront de nourrir votre réflexion.

L'apprentissage de la théorie des organisations doit vous permettre de disposer de bases solides pour conduire une analyse : **dépasser la simple description des faits pour comprendre la logique des phénomènes** est la base d'une bonne démarche de diagnostic. C'est pourquoi les candidats au DECF doivent avoir ces références théoriques.

À ce titre, il faut se souvenir que « rien n'est plus pratique qu'une bonne théorie ». La connaissance d'une définition, la maîtrise d'un concept, permettent d'analyser plus vite et beaucoup mieux une situation réelle, souvent confuse. Lors de l'examen, les connaissances théoriques permettent de comprendre plus vite le sujet, de mieux structurer la réflexion, en donnant les clés du sujet.

Une méthode pour réviser

Un classement par thème des références de vos sources de manière à rassembler rapidement des notes de cours, des articles, des bibliographies, des exemples d'entreprises, des références théoriques, peut être constitué tout au long de l'année pour faciliter les révisions.

Les annales de sujets correspondants au thème et d'autres libellés de sujets et de thèmes liés peuvent être intégrés pour faciliter votre travail.

Exemple:

Innovation

- Notes de cours.
- Manuel *Organisation et gestion des entreprises*, Dunod :
  – chap. 7 « Gestion de l'innovation », p. 188
  – chap. 16 « Analyse technologique » p. 365
- Exemples : Capital, juin xx ; L'entreprise, janvier xx.
- Auteurs :
  – Schumpeter,
  – Morin, Le management des ressources technologiques.
- Sujet annales 1994 : « L'innovation dans l'entreprise ».
- Autres sujets et thèmes liés : « Organisation et innovation » (fait en classe le xx.xx) ; « Investissements immatériels » (exposé « Analyse financière » le xx.xx).

Souvenez-vous qu'une actualisation des connaissances par une lecture de la presse économique est nécessaire et qu'une consultation régulière de cette même presse économique constitue un bon élément de préparation.

Une démarche pour traiter méthodiquement les sujets

Les connaissances (théorie et actualité) ne sont qu'un préalable, une condition nécessaire mais pas suffisante. Pour traiter un sujet avec une certaine garantie de résultat, il faut une démarche méthodique.

Acquérir une méthode pour réussir suppose de bien comprendre ce que l'on vous demande à l'examen (*cf.* les objectifs de l'épreuve ci-dessus).

Les étapes du traitement méthodique d'un sujet qui vous sont proposées ci-dessous constituent une trame de travail à utiliser systématiquement.

Étape 1 : La lecture du sujet

La phase de lecture du sujet répond à la question : **« Que me demande-t-on ? »**

- Repérer les mots clés du sujet, les définir.
- Analyser le sujet pour établir des relations entre les termes du sujet.
- Lire les documents annexés (s'il y en a) en repérant les idées essentielles. Ne pas tout souligner ! noter les mots clés, les enchaînements d'arguments, sur une feuille de brouillon : c'est souvent plus clair qu'un texte abondamment colorié par l'usage irraisonné des surligneurs !

À la fin de cette phase, vous devez avoir repéré ce qui vous est demandé : le cœur de cible, ce qu'il va falloir démontrer. Vous avez délimité le sujet.

Étape 2 : La mobilisation des connaissances

La phase de mobilisation des connaissances (recherche d'idées, d'exemples, de références théoriques) répond à la question : **« Qu'est-ce que je sais sur le problème identifié à la phase précédente ? »**

- Rechercher les différentes théories, concepts, auteurs, etc., qui abordent d'une façon ou d'une autre le sujet identifié.
- Mobiliser les connaissances par une série de questions (Qui ? Quoi ? Quand ? Où? Pourquoi ? Comment?), de rapprochements ou d'oppositions logiques (causes/conséquences, etc.), d'interrogations pluridisciplinaires (approche financière, approche mercatique, approche organisationnelle, etc.).

L'objectif de cette phase est de rassembler le plus d'idées possibles. Il ne faut pas hésiter à noter rapidement au brouillon toutes les idées qui vous viennent à l'esprit.

Étape 3 : La recherche d'une problématique et la construction d'un plan

Cette phase répond à la question «**Que vais-je démontrer et comment vais-je le démontrer?**»

La problématique est le fil conducteur du développement, elle indique ce que vous voulez démontrer. Le plan en est le squelette logique, il indique comment vous allez développer la démonstration.

Le sujet donne parfois explicitement la problématique et/ou le plan.

- Formuler une problématique en transformant le sujet en une question générale.
- Ou, mieux, formuler une problématique en faisant apparaître une logique ou au contraire une contradiction.
- Chercher à formuler la problématique en une question ou une phrase d'une ligne ou deux qui se suffise à elle-même.

Exemple:

Le sujet est : « L'homme dans l'entreprise. »

- Problématique sous forme de question : Quelle est la place de l'homme dans l'entreprise ?
- Problématique énonçant une contradiction : L'homme est le principal facteur de création de richesse mais sa gestion est très délicate.

Le plan décrit le parcours logique que va emprunter le développement. Il n'y a pas de plan idéal : le bon plan est celui qui est **cohérent avec le sujet et les connaissances du candidat**.

- Préférer un plan en deux parties ; si la logique le justifie un plan en trois parties est acceptable. Un plan en quatre parties est un plan en deux parties mal construit. Ne jamais dépasser quatre parties.
- Écrire votre plan au brouillon en indiquant si possible trois niveaux (partie/sous-partie/paragraphe) et en restituant par des flèches la logique de démonstration.
- Donner des titres concis (maximum une ligne, de préférence un mot et un adjectif) à vos différents niveaux de plan ; à la lecture des titres, un lecteur averti du sujet doit comprendre ce qui va être dit.
- Éviter de donner un titre de partie qui soit le libellé le sujet, cela signifie que les autres parties du plan sont hors-sujet !
- Prendre grand soin d'éviter la simple juxtaposition des mots clés du sujet.

Exemple:

À un sujet du type « L'innovation et l'entrepreneur », il ne faut surtout pas faire un plan traitant dans une partie de l'innovation et dans une autre de l'entrepreneur. C'est la problématique retenue qui permet d'échapper à ce piège en trouvant un axe de rapprochement, d'opposition, etc., des deux mots clés. Ainsi, dans l'exemple donné, il faudrait utiliser un plan du type:

a) l'innovation est la raison d'être de l'entrepreneur,

b) mais il est possible d'innover sans entrepreneur.

Étape 4: La rédaction de l'introduction au brouillon

Cette étape répond à la question: «**Comment justifier mon développement?**»

L'introduction a une très grande **importance formelle et logique**. Sa rédaction doit être très soignée, aussi faut-il la rédiger au brouillon et ne pas hésiter à la relire et la corriger plusieurs fois.

- Rédiger une « accroche »: intérêt, actualité du sujet posé.
- Définir les mots clés du sujet.
- Présenter et justifier la problématique retenue.
- Annoncer le plan.

Une introduction doit nécessairement contenir ces quatre éléments.

Une introduction peut être d'une longueur assez conséquente. Si elle remplit bien son rôle, une introduction n'est jamais trop longue, en revanche, une introduction de quelques lignes ne peut pas remplir ses fonctions et laisse présager d'un développement peu satisfaisant.

La qualité de l'introduction détermine pour une bonne part la qualité de la copie… et conditionne donc la note.

Étape 5: La rédaction de la conclusion et des phrases de transition

Cette étape répond à la question: «**L'argumentation est-elle cohérente?**»

Pour s'assurer que le développement correspond bien à la logique de la problématique, il est souhaitable de rédiger au brouillon les phrases de liaison entre les parties du plan.

La conclusion a une structure moins formelle que l'introduction mais elle fait généralement une brève synthèse de l'argumentation et cherche à donner des pistes de solutions (diagnostic) ou à élargir le débat (dissertation).

Étape 6: La rédaction de la copie

La phrase guide pour cette étape n'est pas: « Ai-je dit tout ce que j'avais à dire ?» (vous ne pensez qu'à vous !), mais: «**Le correcteur peut-il me lire et me comprendre?**» (vous rédigez pour être lu, compris et… noté).

La phase de rédaction finale de la copie est la phase la moins « créative » mais c'est la plus consommatrice de temps. Vous devez donc être très vigilant à la gestion de votre temps.

La grille suivante, à adapter en fonction du sujet, peut vous servir de guide pour votre préparation.

• Lecture et analyse du sujet :	5 à 15 min
• Recherche des idées :	25 à 40 min
• Problématique et plan	15 à 25 min
• Rédaction au brouillon de l'introduction, des transitions, de la conclusion :	15 à 25 min
• Rédaction au « propre » de la copie :	2 h à 2 h 30
• Relecture (fond/forme) :	10 à 15 min
Total :	4 h

Garder du temps pour relire votre copie, si possible deux fois : une fois pour vous assurer rapidement que vous n'avez pas omis un point de développement et une deuxième fois pour vérifier le respect des règles d'orthographe et de grammaire.

Pour la présentation de la copie

- Écrire lisiblement et, pour ce faire, employer l'encre plutôt que le stylo bille.
- Marquer le plan (numérotation, renvoi à la ligne, etc.).
- Aérer la copie sans abuser des sauts de ligne.

Pour la rédaction de la copie

- Faire des phrases : une rédaction n'est pas un télégramme ou une prise de notes de cours.
- Adopter un style simple : ne pas abuser des points d'exclamation et d'interrogation.
- Bannir le « je », éviter le « nous », ne pas abuser du « on ».

Comment utiliser ces annales ?

La maîtrise de la démarche méthodique de traitement d'un sujet s'acquiert par l'expérience, c'est-à-dire par un travail de préparation régulier, notamment sur les sujets d'annales.

Ce recueil d'annales est donc destiné à **vous aider** dans votre préparation, il ne se substitue pas à votre travail personnel mais le guide. C'est pourquoi **l'analyse et le commentaire des sujets ont été particulièrement approfondis**.

Les éléments de réflexion et le développement rédigé pour chaque sujet de ce recueil ne constituent pas LE corrigé mais UN corrigé. Le développement rédigé notamment doit être lu comme un exemple d'argumentation bien construite mais ne constitue pas LA référence dont il faudrait se rapprocher le plus possible.

En effet, ce qui est essentiel, c'est la **cohérence de votre argumentation**. Cohérence interne par la dynamique de votre développement, cohérence externe par l'adéquation de vos analyses au traitement du sujet proposé.

Aussi, les corrigés de ce recueil d'annales insistent sur la **démarche méthodique** de traitement d'un sujet que vous devez suivre ; ils ont été conçus comme un outil d'apprentissage.

L'objectif majeur de préparation est que vous soyez capable de comprendre le cœur de sujet pour mobiliser vos connaissances et mettre en évidence une problématique fondant un plan détaillé.

Mode d'emploi

Pour vous entraîner dans l'acquisition efficace de la démarche, vous pouvez effectuer le travail de traitement d'un sujet étape par étape en confrontant, à chaque étape, votre travail aux propositions présentées dans cet ouvrage.

Votre travail	Votre repère dans le corrigé proposé par ces annales
• Lisez le sujet, analysez les mots clés, quel est le problème posé (le cœur du sujet) ? et confrontez vos réflexions aux propositions de l'ouvrage sur ces points. L'ouvrage vous indique également « les thèmes et les débats autour du sujet », vous n'étiez peut-être pas loin, mais restez sur le cœur de cible !	***Analyse du sujet*** **1. Identification et définition des mots clés du sujet** **2. Analyse du libellé du sujet** **3. Débats et questions autour du sujet**
• Une fois recentré sur le sujet, faites l'inventaire des connaissances sur le sujet : références théoriques, connaissances de cas d'entreprise, etc. Comparez vos idées à celles du recueil, si aucune de vos références n'est listée vous êtes sans doute en train de préparer un hors-sujet ; vous avez moins de références que le corrigé : ce n'est pas important, jugez si vous avez les plus pertinentes.	***Inventaire des éléments pour traiter le sujet*** **1. Repères théoriques** **2. Démarches et questionnements pour mobiliser les idées** **3. Éléments d'analyse intéressants à développer** **4. Connaissances pratiques, exemples d'entreprise**
• Essayez ensuite de formuler une problématique qui permette de traiter le sujet à partir des idées recensées ; vous devez procéder par itération (aller/retour) pour ajuster « analyse du libellé du sujet/inventaire des connaissances/plan ». Comparez votre formulation de problématique avec l'une de celles que ce recueil propose.	***Structuration et développement*** **1. Problématiques envisageables et plans possibles associés**
• Une fois le plan retenu, il est difficile de comparer paragraphe par paragraphe le développement rédigé du corrigé avec votre propre travail. Il faut plutôt que vous concentriez votre attention sur la façon dont le développement rédigé reprend en les agençant, dans une logique conforme à la problématique retenue, les éléments inventoriés dans les travaux préliminaires. Une lecture consécutive des parties consacrées au travail de préparation et du devoir rédigé peut vous donner une impression de redite… et, c'est bien normal, les connaissances recensées dans la phase de préparation se retrouvent dans le devoir rédigé.	**2. Un exemple de devoir rédigé**
• Le paragraphe « Éléments d'auto-évaluation » vous donne les points de repère qui vous permettent de porter une appréciation sur votre propre proposition de solution.	**3. Éléments d'auto-évaluation**

NB: Les auteurs se sont efforcés de bien faire ressortir le caractère très fécond des méthodes de mobilisation des idées. Vous devez avec l'entraînement acquérir le réflexe presque mécanique de traitement d'un sujet: le repérage des mots clés permet d'identifier le cœur du sujet; le cœur de sujet bien identifié permet de cibler la mobilisation des connaissances et de les hiérarchiser; le sujet compris et les connaissances mobilisées, il ne vous manque que le squelette: le plan, qui découle logiquement de la formulation de la problématique que vous effectuez, or la problématique résulte le plus souvent d'une reformulation plus explicite du sujet.

Pour être efficace le jour de l'examen, vous devez acquérir cette « mécanique ».

Bien composer ne s'improvise pas le jour de l'examen. Il faut s'y préparer en utilisant une méthode simple:

– faire des devoirs;

– utiliser systématiquement la démarche méthodique pour traiter les sujets;

– s'habituer à faire ce travail en temps limité.

Tableaux de synthèse

Points de programmes abordés	***Sessions***									
	99	98	97	96	95	94	93	92	91	87
Agence (théorie de l'–)	X	X		X	X					
Avantage concurrentiel	X					X			X	X
Changement (gestion du)						X	X			X
Communication			X	X	X		X			
Compétitivité					X					X
Contingence	X		X							
Coût de transaction										X
Croissance								X		
Culture d'entreprise	X	X	X	X	X		X		X	X
Décision	X	X								
Diagnostic fonctionnel								X		
Diagnostic stratégique						X	X	X		
Différenciation	X					X			X	
Dirigeant	X	X	X	X			X			
Domination par les coûts						X			X	
Efficacité/Efficience	X									
Entreprise citoyenne	X									
Flexibilité					X	X				X
Gestion de la qualité					X				X	
Gestion des compétences			X			X	X		X	
Gestion des ressources humaines			X	X			X			X
Gestion stratégique										
Gouvernement d'entreprise	X			X						
Information (et Système d'–)		X								
Innovation						X				
Organisation				X	X		X	X	X	
Performance	X									X
Planification										
Pôle de compétence							X			
Pouvoir		X		X						
Productivité						X				X
Propriétaire		X		X						
Qualité									X	
Rationalité		X								
Rémunération		X	X							
Stratégie			X	X	X	X			X	X
Structure		X		X	X	X		X	X	X
Technologie						X				X

Auteurs cités	**Sessions**									
	99	98	97	96	95	94	93	92	91	87
Abernathy										X
Ansoff		X						X		
Aoki					X					
Atamer et Calori							X			
Berle et Means		X		X						
Chandler			X							
Coase										X
Crozier		X		X	X		X			
Hamel et Prahalad					X		X			
Hamer et Champy										X
Herzberg			X		X		X			X
Ishikawa									X	
Jensen et Merckling	X	X		X						
Juran et Deming										
Lawrence et Lorsch						X				
Maslow			X				X			X
Mayo			X				X			X
Mintzberg	X	X		X	X			X		
Nonaka						X				
Ouchi										X
Porter	X	X	X					X		
Schumpeter										
Sfez		X								
Shingo									X	
Simon, Cyert et March		X			X					
Solow						X				
Taylor		X	X				X			
Weber				X						

PROGRAMME DE L'ARRÊTÉ DU 4 AOÛT 1997
(applicable à compter de la session 1999)

DECF épreuve n° 3 • ORGANISATION ET GESTION DE L'ENTREPRISE

Durée de l'enseignement	Nature de l'épreuve	Durée	Coefficient
(à titre indicatif) **160 heures**	Dissertation ou étude d'un ou plusieurs cas pratiques avec commentaires	**4 heures**	**1**

L'épreuve est destinée à montrer que le candidat a une bonne connaissance :
- des cadres théoriques de réflexion sur les organisations ;
- des outils du diagnostic et d'intervention en matière d'organisation des entreprises et autres entités.

Dans ce dernier cas, il doit être capable de localiser tous les dysfonctionnements au regard d'un certain nombre de critères usuels en organisation (équilibrage de postes, rendement physique) et de proposer des remèdes réalistes et opérationnels.

1. Les théories des organisations

2. Les structures
- Les différentes formes de structures.
- Les déterminants de la structure.
- Les relations entre structure et pouvoir.

3. Les stratégies
- Analyse stratégique.
- Action stratégique.
- Relation entre stratégie et structure.

4. Les décisions
- Introduction aux théories de la décision.
- Le système d'information et d'aide à la décision.
- Les modèles de prise de décisions.
- Le suivi de la décision et les problèmes organisationnels.

5. Les outils organisationnels

Analyse du contenu d'un travail, méthodes d'évaluation des postes, configuration des postes et du processus, application à l'organisation administrative.

6. Les fonctions des organisations

6.1 Les fonctions opérationnelles

Commerciale.
Production.
Qualité.
Achats.
Logistique.

6.2 Les fonctions de support

Personnel.
Comptabilité.
Finance.
Administration.
Maintenance.
Recherche.

1987

Sujet conforme à la réforme

Thème : **La flexibilité**

Énoncé

En vous inspirant du texte de la conférence de M. Calvet, vous préciserez ce que recouvre le concept de flexibilité, en quoi il se distingue d'autres notions (productivité par exemple), quelles fonctions de la firme il concerne.

Vous indiquerez ensuite en quoi il reflète l'évolution économique et sociale actuelle et quelles sont les causes de cette évolution. Vous ne manquerez pas de signaler votre propre sentiment vis-à-vis de ces analyses.

NB. Ce texte est l'expression d'une opinion. Toute autre opinion doit être admise si elle est argumentée.

(Voir document annexé pages 23 à 29.)

Comment situer le sujet dans le programme ?

Thèmes du programme abordés	Correspondance avec le manuel (1)
2. Les structures	Chap. 4 – Structurer l'organisation La dynamique des structures
3. Les stratégies : relations entre stratégie et structure	Chap. 16 – Le diagnostic de la dynamique organisationelle Chap. 19 – Approches transversales : « Gérer la flexibilité ».
6. Les fonctions des organisations : la fonction « production » la fonction « personnel »	Chap. 7 – La gestion de la production Chap. 8 – La gestion des achats et la logistique Chap. 9 – La gestion des ressources humaines

Indication de temps (2)	Niveau de difficulté (3)
Lecture et analyse du sujet : 1 heure 30 (4) Recherche des idées : 1 heure Rédaction : 2 heures	1

(1) Manuel de référence : J.-L. Charron et S. Sépari, *Organisation et gestion de l'entreprise, DECF n° 3*, Dunod, 1998.
(2) Durée globale de l'épreuve : 4 heures.
(3) Niveaux de difficulté notés de 1 à 4 par ordre croissant.
(4) 30 minutes supplémentaires étaient accordées compte tenu de la longueur du texte.

Les spécificités du sujet

1. Type de sujet

Ce sujet présente la particularité de reposer sur l'exploitation d'un long document retraçant l'intégralité d'une conférence de M. Jacques Calvet, à l'époque président du directoire de PSA. La longueur du document avait conduit le jury à accorder une demi-heure supplémentaire aux candidats pour prendre connaissance du document.

Malgré l'importance du document, ce sujet **n'est pas** un commentaire de texte. Bien que devant « s'inspirer du texte », le candidat est invité à discuter un certain nombre de points. Ce sujet reste donc une dissertation mais avec une **double particularité** sur le plan « technique » :

- le document d'appui, très riche, contient pratiquement toute l'information nécessaire pour traiter le sujet ;
- le libellé du sujet propose une trame de plan.

2. Problème posé par le sujet

Au-delà de la formulation spécifique des questions, le sujet peut se résumer par une double interrogation :

- la flexibilité : pourquoi ?
- la flexibilité : comment ?

La définition de la flexibilité est donnée dans l'introduction.

Le candidat peut faire preuve d'un peu d'originalité en répondant aux questions posées en choisissant un plan de ce type plutôt qu'en retenant le plan suggéré par l'énoncé.

2. Esprit et spécificité du sujet

Le sujet invite à une réflexion personnelle (*«vous ne manquerez pas de signaler votre propre sentiment vis-à-vis de ces analyses»*) à partir d'un document très riche en informations pour répondre aux questions posées par l'énoncé.

Le candidat doit donc s'attacher à **bien repérer les informations** pour ensuite **bien les structurer** dans une argumentation qui lui sera plus personnelle.

Le sujet s'avère assez facile quant au fond (thème de la flexibilité) mais plus difficile dans la forme car, sur de telles bases, il faut **éviter deux écueils** :

- la simple paraphrase du texte ;
- la prise de position tranchée, voire militante, alors que l'invite de l'énoncé porte plus sur une argumentation personnelle (*cf.* le *nota bene* du sujet) que sur un jugement de valeur.

Document annexé

La nécessité d'une flexibilité et d'une mobilité dans l'industrie automobile contemporaine et les difficultés pour y parvenir

Exposé de Monsieur Jacques CALVET
Président du directoire de Peugeot SA
au colloque de l'Association française de science économique le mardi 23 septembre 1986

Je suis devant vous à la fois avec beaucoup d'humilité et d'hésitation parce que vous êtes des savants et parce que l'expérience que je vais essayer de vous faire partager est une expérience très sectorielle. Je ne suis donc pas absolument sûr que ce que je vais vous dire – et qui correspond grosso modo à ce que l'ensemble des constructeurs automobiles en France ou dans le monde peuvent ressentir – se retrouverait de la même façon dans telle ou telle autre profession, branche industrielle ou de services, puisque mon expérience reste limitée à l'automobile.

Je voudrais vous parler de la flexibilité qui est actuellement un des maîtres mots que nous utilisons dans le groupe PSA pour essayer de motiver et inspirer l'action quotidienne de chacun de nos collaborateurs. Ce n'est certes pas en raison de l'intitulé même de votre colloque que j'ai, pour ma part, retenu ce thème mais bien parce que nous considérons véritablement qu'aujourd'hui la flexibilité – c'est-à-dire la capacité de s'adapter à des données qui sont très fluctuantes et, si possible, de les anticiper – est pour nous tout à fait nécessaire, qu'elle suppose un certain nombre de moyens à utiliser pour la mettre en œuvre et qu'enfin elle se heurte à des difficultés pratiques.

Il est absolument nécessaire dans l'industrie automobile actuelle de s'orienter vers le maximum de flexibilité possible parce qu'il existe une sorte de contraste entre une demande de plus en plus variée, une concurrence mondiale de plus en plus forte et une évolution particulièrement rapide des techniques et du rythme industriel qui se heurtent à l'existence d'un ensemble très structuré, très pesant et très lourd chez le constructeur. C'est le contraste entre les trois premiers éléments et le quatrième qui rend la flexibilité indispensable.

Je les reprends successivement. D'abord, la variété de la demande. Nous sommes dans l'industrie lourde mais nous sommes en même temps, toutes proportions gardées, un petit peu dans la haute couture avec une importance accrue des phénomènes de mode et également des exigences de différenciation. C'est-à-dire qu'au moment même où nous construisons des véhicules en grande série, nous souhaitons avoir une très grande personnalisation de chaque véhicule pour l'acheteur potentiel.

Comment cela se traduit-il dans la pratique ? Je vais prendre, pour simplifier, l'exemple de la 205. Nous avons actuellement, pour la France, 28 versions qui se distinguent soit par la motorisation (essence, diesel, cylindrées différentes, etc.), soit par le niveau d'équipement. C'est là un premier élément de diversité. À cela se rajoutent des règles qui sont différentes selon les pays. Ainsi, nous avons pour nos voitures des normes d'émission de pollution atmosphérique mais, malheureusement, ces normes d'émission ne sont pas uniformes. Nous avons des normes très sévères aux États-Unis ; des normes très proches des normes américaines dans ce qu'on appelle l'Europe des Sept ; des normes plus sévères que dans les autres pays en Allemagne et maintenant aux Pays-Bas ; et enfin des normes de base en France et en Italie, la Grande-Bretagne étant encore en retard par rapport à ces normes de base.

Ce qui veut donc dire que dans chaque cas nous avons un choix à faire : soit nous aligner sur les normes les plus sévères, mais à ce moment là bien entendu, vendre nos voitures plus chères, parce qu'elles intègrent des processus de dépollution plus coûteux ; soit nous adapter à la variété des différentes règles pour répondre aux normes et le faire au meilleur coût pour nos clients.

Autre exemple de variété de la demande, ce sont des habitudes, des pratiques différentes selon les pays. Ainsi, par exemple, les sièges en Allemagne, pour être réputés de qualité, doivent être durs alors qu'en France ils doivent sacrifier au meilleur compromis entre la tenue du corps et le côté moelleux et confortable.

Le résultat de tout cela – et je pourrais ajouter encore d'autres exemples – c'est qu'en tenant compte des couleurs et des équipements différents, nous avons, à la limite, plusieurs milliers de véhicules à produire sur les mêmes lignes avec des programmes qui peuvent être très courts et avec une très grande variété de modèles.

Je vous ai parlé de la 205, mais il faut que vous sachiez que notre objectif, pour chacune des deux sociétés (Peugeot et Citroën) est d'avoir quatre types de voitures particulières avec en plus un certain nombre de véhicules utilitaires. Si vous tenez compte du fait que tout ce que je viens de vous dire est à multiplier par le nombre de modèles de la gamme, vous vous apercevrez que, sous la pression du marché, les variantes des produits se sont multipliées.

Tout cela s'opère sur fond de forte concurrence mondiale. Dans l'automobile, à la différence d'autres professions dont certaines sont très atomisées sur un grand nombre de petites et moyennes entreprises, les grands constructeurs sont au nombre d'une vingtaine ou vingt-cinq peut-être dans le monde, entourés de très nombreux équipementiers et sous-traitants qui eux sont souvent de petites et moyennes entreprises. Mais le vrai combat se livre entre ces vingt à vingt-cinq grands constructeurs mondiaux. En Europe, il y a six constructeurs généralistes, plus cinq ou six spécialisés. Ailleurs, nous trouvons neuf constructeurs au Japon, trois aux États-Unis, sans compter ceux qui commencent à apparaître dans d'autres pays comme la Corée du Sud.

Par ailleurs, le produit automobile demande à peu près cinq ans entre sa première conception et son lancement industriel et commercial réel. Ce qui veut donc dire que nous sommes continuellement dans un jeu d'offensive et de défensive avec la nécessité de s'adapter à la manœuvre qui a pu être réalisée par tel ou tel concurrent.

J'ajoute à cela que nous avons de très fortes variations des taux de change qui peuvent, à certains moments, comme on le voit depuis quelques mois pour les constructeurs japonais, rendre très difficiles leurs ventes aux États-Unis avec des marges beaucoup plus faibles. De même, à l'intérieur du Système monétaire européen, le maintien un peu trop long d'une certaine parité du franc contre le deutsch mark, comme nous l'avons vécu entre mars 1983 et mars 1986, entraîne pour nous toute une série de conséquences et, en tout cas, de plus grandes difficultés pour pénétrer le marché allemand.

Donc un élément tout à fait aléatoire de variation de taux de change et également des méthodes commerciales qui, actuellement, changent radicalement et, à mon avis, dans un mauvais sens. Comprenons-nous bien ; je ne dis pas cela parce que le client en profite mais parce que cela désorganise un peu trop le marché automobile. Quand vous voyez par exemple General Motors qui décide de vendre à crédit ses voitures avec des taux d'intérêts de 2 % sur six et sept ans, c'est-à-dire 6, 7 ou 8 points inférieurs à ce qui serait le taux normal du marché, il ne faut pas s'étonner que General Motors fasse une percée pendant un temps, percée qui est d'ailleurs immédiatement contrée par Ford, Chrysler ou même American Motors qui prennent la même tactique ou en prennent une autre pour arriver à contrecarrer l'action de General Motors.

Cette concurrence mondiale très forte et procédant par offensives et retraites successives nous oblige à avoir une très grande flexibilité dans la production et dans la livraison de nos voitures. Il ne faut pas que nous prenions du retard, il ne faut pas non plus que nous laissions transformer rapidement un modèle en modèle obsolète, ce qui nous oblige à avoir une action de rénovation très fréquente de nos véhicules, que ce soit dans ce qu'on appelle les années modèles – c'est-à-dire un certain nombre d'ajustements qu'on peut effectuer sur la motorisation ou les équipements pour le mois de juillet – que ce soit par « restyling », c'est-à-dire modification de l'aspect extérieur ou intérieur de la voiture, que ce soit par des séries spéciales, que ce soit enfin par un renouvellement de plus en plus rapide des modèles.

Enfin, j'ajoute que j'ai été surpris de constater que, dans l'automobile, nous n'étions pratiquement pas protégés par des brevets. Les Japonais en prennent d'ailleurs plus pour les statistiques que pour la réalité de la défense que cela peut leur procurer, car l'innovation vient beaucoup plus des tours de mains que de brevets ou de procédés réellement révolutionnaires. Le moteur à explosion, pour l'automobile, n'a pas beaucoup changé depuis sa création il y a une centaine d'années...

Autre élément d'incertitude et d'aléas : l'évolution rapide des techniques. Nous sommes entrés dans une période de nouveaux matériaux. On en parle toujours un peu trop à l'avance parce que malheureusement l'automobile est un lieu où la publicité est très prononcée. Mais enfin, il est vrai que, sans compter les pare-chocs qui sont maintenant pratiquement tous en plastique, nous commençons à avoir des capots en plastique et non plus en tôle. Nous allons incontestablement vers l'introduction d'un certain nombre de matériaux composites y compris l'utilisation de la céramique dans certaines pièces des moteurs. Donc, une évolution vers les nouveaux matériaux.

Une évolution également vers de nouveaux instruments, ou, plus exactement, un usage beaucoup plus développé de nouveaux instruments, de nouvelles machines dans les processus de production et même de conception des voitures. Il s'agit de l'informatique, de la robotique et, vous en avez sûrement entendu parler, de ce qu'on appelle la CAO (conception assistée par ordinateur) qui est un procédé permettant, dès l'origine du véhicule, de se représenter sa carrosserie. Il est en effet intéressant de pouvoir se représenter la carrosserie pour déterminer à l'avance quels seraient les points les plus fragiles en cas de chocs, contre un trottoir ou contre une autre voiture, et pouvoir, dès la conception de la voiture, renforcer ces points-là afin d'assurer plus de sécurité et de fiabilité au véhicule. De même, aujourd'hui on utilise la CAO pour les pièces mécaniques et le moteur.

L'organisation de la production évolue elle aussi et nous sommes entrés maintenant dans des architectures très complexes. À l'usine d'Aulnay, par exemple, dans le nouvel atelier de tôlerie polyvalente, nous avons un robot qui est chargé d'alimenter la ligne avec un certain type de pièces. De temps en temps, il s'aperçoit tout seul que le stock de pièces qu'il a manipulé suffit pour le déroulement normal de la production et, à ce moment-là, il se met à faire des pièces de rechange. Alors, qu'est-ce que cela veut dire, faire des pièces de rechange ? C'est une présentation un peu imagée des choses, mais cela veut dire qu'au lieu de déposer ces pièces dans un certain nombre de balancelles qui les apporteront sur la ligne pour être placées sur les voitures, le robot les met dans d'autres balancelles qui partent directement au magasin de pièces de rechange.

Ce n'est qu'un exemple parmi d'autres, mais il illustre la grande complexité des architectures d'automatismes et de robotique que nous parvenons peu à peu à mettre en place.

Nous avons également un problème fondamental qui est celui des nouveaux métiers de l'automobile et des nouvelles qualifications demandées à notre personnel. Je crois qu'on a dit – personne ne peut le prouver, bien entendu – qu'un tiers des métiers qui seront effectivement pratiqués dans l'automobile vers 1995 n'existent pas encore, c'est-à-dire qu'on ne sait pas exactement ce que seront ces métiers, et il faut donc avoir une très grande flexibilité au niveau des hommes. La grande tradition française qui était d'exercer un métier dans un même lieu durant toute sa carrière professionnelle est, à l'heure actuelle, complètement dépassée.

En face des trois éléments fondamentaux qui nécessitent la flexibilité – demande de plus en plus variée, concurrence mondiale de plus en plus forte, évolution rapide des techniques – nous avons des organisations très complexes et rigides chez les constructeurs. J'avais cru pendant longtemps que PSA était tout à fait à la pointe du progrès dans ce domaine ; j'ai constaté depuis lors que la totalité ou la quasi-totalité de nos concurrents sont dans la même situation et que peut-être certains d'entre eux ont une structure encore plus compliquée que la nôtre. Je citerai à nouveau General Motors, et c'est une des explications du programme Saturn que cette compagnie a lancé récemment à grands coups de milliards de dollars pour revenir ensuite un peu sur ses ambitions initiales en réduisant les dotations qui avaient été allouées à ce programme.

Cette complexité des organisations s'explique par le fait qu'il existe toute une série d'étapes entre la conception et la réalisation des automobiles avec, entre autres, la recherche appliquée, les études, les méthodes, la production, les achats et le commercial. J'insiste tout particulièrement sur les achats car il faut savoir que nous avons 1 500 fournisseurs. Quant au réseau commercial, Peugeot, comme Citroën, dispose d'environ 5 000 concessionnaires ou agents en France et ces deux sociétés approvisionnent 20 000 points de vente dans l'ensemble de l'Europe…

Vous voyez que nous sommes face à un ensemble dont les éléments sont imbriqués les uns dans les autres : les études ne pouvant pas ignorer les méthodes, les méthodes ne pouvant pas négliger la production et ainsi de suite… Il faut faire en sorte que tous ces hommes et toutes ces fonctions acceptent de travailler ensemble dès le départ. Ainsi, dès l'origine d'un véhicule, il faut avoir conçu l'implantation des organes mécaniques dans le compartiment moteur pour que les réparations puissent s'effectuer aisément. On réfléchit donc déjà sur l'après-vente au moment même de la conception de la voiture…

Nous avons d'autres éléments de rigidité qui sont : le poids des investissements et l'importance d'une main-d'œuvre fixée à des endroits déterminés pour des raisons parfois très historiques. En ce qui concerne les investissements, nous considérons qu'il est nécessaire de dépenser 7 à 8 % de notre chiffre d'affaires en investissements, ce qui veut dire, pour un groupe comme le nôtre, 7 à 8 milliards de F en 1985.

Certains disent que le lancement de la Citroën AX nous a coûté 5,5 milliards de F. C'est beaucoup trop, et si tel avait été effectivement le cas, nous aurions été bien mauvais gestionnaires… Je dirais, plus exactement, que nous avons eu à dépenser à l'occasion du lancement de l'AX 5,5 milliards de F. Un milliard pour le moteur, mais qui ne servira pas uniquement l'AX, donc je n'ai pas le droit de l'affecter totalement à l'AX, un milliard pour une nouvelle boîte de vitesse – même référence que pour le moteur – et puis un milliard dans les études qui parfois consistent à rendre polyvalents des outils qui ne l'étaient pas jusque-là et, par définition, cela ne concernera pas uniquement l'AX mais également des modèles ultérieurs non encore conçus.

Quant à la main-d'œuvre, c'est un problème qui est tout à fait crucial. Au 1er janvier 1983, nous avions 203 000 personnes dans notre groupe ; au 31 décembre 1986, nous en aurons 167 000. Je n'insiste pas sur cette décroissance qui a provoqué un certain nombre de problèmes non seulement humains, bien entendu, mais aussi des problèmes sociaux voire politiques à certains moments. Accordez-moi tout de même que 167 000 personnes c'est une donnée qu'il est nécessaire de prendre en considération avec les épaules un peu courbées pour aborder les problèmes de flexibilité…

Quelles sont les caractéristiques des moyens que nous utilisons pour essayer de répondre au contraste que je vous ai signalé tout à l'heure entre la rigidité du constructeur d'une part, et, d'autre part, la demande de plus en plus variée, la concurrence mondiale de plus en plus forte et l'évolution particulièrement rapide des techniques ?

Le point fondamental à mettre en exergue réside dans le fait que la recherche de flexibilité ne doit pas être limitée à un aspect de l'entreprise mais généralisée à l'ensemble de l'entreprise ; par voie de conséquence, tout se complique rapidement puisqu'il en résulte des liens de cause à effet entre ce qui peut se passer entre tel secteur de la production ou du commerce et tel autre.

Quelques exemples : d'abord, pour l'appareil industriel, nous essayons d'avoir de plus en plus de machines polyvalentes et nous sommes déjà assez avancés dans ce domaine. Nous l'étions déjà pour les presses, la peinture et le montage. Depuis quelques années, nous sommes venus à la polyvalence pour la tôlerie. La tôlerie polyvalente d'Aulnay, par exemple, laisse passer trois séries de voitures différentes. En longueur il n'y a jamais de problème mais en largeur les robots que nous avons installés pour faire les points de soudure sont capables de s'adapter à chaque passage de voiture avec un geste différent selon les types de véhicules. De même, nous sommes en train d'acquérir une grande polyvalence dans les organes mécaniques. Vous voyez que nous sommes assez avancés puisque dans notre groupe, les presses sont polyvalentes à 90 %, la peinture à 95 %, les installations de fonderie à 90 %, les pignons de boîtes de vitesse à 90 % et la tôlerie de 50 à 60 %.

Parallèlement, nous parvenons à permuter beaucoup plus rapidement les outils que par le passé. Vous savez que les presses sont d'énormes machines qui pèsent des centaines de tonnes et il est bien évident qu'on ne peut pas passer d'une presse à l'autre facilement ; il faut donc changer les outils, c'est-à-dire la partie qui va donner la forme à la pièce de tôle qui passera. Il y a encore quelques années seulement, il nous fallait plusieurs heures pour changer ces outils. Désormais, les nouvelles presses ouvertes sur les deux côtés permettent de faire des changements d'outils en des temps records de dix à vingt minutes.

En ce qui concerne le personnel, nous sommes actuellement confrontés à trois problèmes : les problèmes quantitatifs, les problèmes qualitatifs et les problèmes de mobilité géographique. Les problèmes quantitatifs sont à rapprocher de la productivité. Il est clair que, ces dernières années, nous étions très en retard dans notre niveau de productivité, notamment par rapport aux Japonais et que, d'autre part, nous avions pendant trop longtemps considéré que l'idéal était d'avoir une main-d'œuvre nombreuse et peu payée. Les problèmes qualitatifs découlent de cette conception précisément parce que nous avions un système taylorien très poussé où l'on demandait aux gens d'accepter de refaire indéfiniment les mêmes gestes sans grande intelligence et, en tout cas, sans la participation à l'action de production que nous leur demandons maintenant.

Le troisième problème que nous devons résoudre en matière de personnel c'est la mobilité géographique. Là encore un exemple illustrera la situation : nous avions deux usines de moteurs distantes de 30 kilomètres, l'une à Lille l'autre à Douvrin, et nous avions moins de travail à Lille et plus à Douvrin. Nous avons donc dit que nous allions transférer une partie du personnel de Lille à Douvrin, en choisissant ceux qui étaient plus proches de Douvrin que de Lille, mais nous avons été obligés d'en venir jusqu'à la menace de licenciement pour que l'opération puisse être menée à bien. Elle s'est finalement faite à 30 kilomètres de distance, mais quand nous avons essayé de la réitérer cette fois-ci entre La Rochelle et Mulhouse, nous avons essuyé un échec.

Alors que pouvons-nous faire pour parvenir à régler ces problèmes de personnel ? Eh bien, nous pouvons d'abord essayer d'avoir une politique de formation adaptée et actualisée notamment en faisant tout ce qui est en notre pouvoir pour rapprocher l'enseignement général de l'entreprise. En ce sens, nous avons signé une convention entre les différentes usines du Groupe qui sont situées dans la région de Sochaux et le lycée d'enseignement technique de Montbéliard où nous jouons un certain rôle dans la définition des programmes pédagogiques. En sens inverse, nous servons de lieu de stage pratique pour un certain nombre d'écoliers et d'étudiants, même s'ils n'envisagent pas d'entrer chez nous ultérieurement.

Donc il y a cette conception de la formation développant les liens entre les universités et notre entreprise, pour qu'on arrive à déterminer non pas tellement les techniques dont nous avons besoin actuellement – ce ne serait pas réaliste, puisque je vous ai dit qu'elles allaient beaucoup changer dans les dix ans qui viennent – mais le type de comportement, le type de conception, le type d'enseignement, le type de réflexion dont nous avons besoin pour les hommes qui seront nos cadres, nos agents de maîtrise, ou bien nos ouvriers professionnels de demain.

Nous faisons nous-mêmes un effort de formation considérable. Nous dépensons maintenant nettement plus de 3 % de la masse salariale et nous avons augmenté cette dépense de 40 % sur les deux dernières années pour essayer de faire évoluer le maximum de nos hommes et de nos femmes qui le peuvent. Mais il ne faut pas se nourrir d'illusions. Je crois me rappeler qu'un homme politique avait dit un jour qu'on pouvait transformer un OS en un ingénieur informaticien ; nous n'y sommes jamais arrivés... Alors, en priorité, nous axons notre effort de formation en direction des salariés qui peuvent bénéficier de cette formation.

Nous essayons également de favoriser la mobilité de notre personnel. Nous suscitons des départs volontaires pour les salariés dont l'avenir est bloqué dans notre entreprise. Nous venons d'organiser, par exemple, avec les accords successifs de MM. Delebarre et Séguin, des départs volontaires pour des employés administratifs qui se trouvaient en trop grand nombre chez nous compte tenu de l'évolution de la bureautique et de l'informatique. Nous procédons de même pour les étrangers. Il y a eu beaucoup de demandes la première année : 5 000 personnes, ce qui était énorme ; il y en a beaucoup moins maintenant. Et puis, nous nous heurtons à la réglementation qui nous contraint d'essayer de faire ce que nous pouvons pour obtenir – c'est triste à dire mais c'est nécessaire parfois – des autorisations de licenciements, assorties dans le même temps d'un certain nombre d'embauches plus souples : embauches temporaires, recours à des contrats à durée déterminée. Nous organisons également les flux avec la sous-traitance en souhaitant que les sous-traitants aient d'autres clients que nous-mêmes pour ne pas transférer simplement nos problèmes chez eux, mais pour qu'ils puissent amortir sur leurs autres clients les difficultés que nous leur créons.

Nous sommes parvenus à résoudre le problème de la modulation des horaires de travail dans des limites raisonnables malgré la loi Delebarre qui nous a gênés dans la poursuite de cette action. Vous comprenez bien qu'il ne s'agit pas de revenir à la fin du XIXe siècle et de faire travailler les enfants de moins de douze ans quinze heures par jour lorsqu'on en a besoin. Mais tout de même, il faut tenir compte du fait que nous sommes une industrie saisonnière – un peu comme la bière – et qu'on achète nos véhicules généralement entre le mois de mars et la fin juin et entre septembre et début novembre.

Actuellement, nous sommes pris dans un système qui est déraisonnable, où, en supposant qu'on ait un niveau d'effectif ajusté à nos besoins, il faut que nous payions des heures supplémentaires pendant les périodes chargées, et que nous payions du chômage technique – c'est-à-dire à peu près 35 % du salaire des intéressés – pendant les périodes mortes.

Il est clair qu'il faut que nous réussissions à avoir, sinon une annualisation des horaires de travail, tout au moins, un peu plus de souplesse, c'est-à-dire qu'il soit possible d'avancer des heures de travail des périodes creuses aux périodes pleines, ou retarder des heures de travail des périodes creuses aux périodes pleines, sans pour cela avoir un surcoût financier.

Il nous faut enfin, d'une façon plus générale, arriver à obtenir des modulations d'horaires avec des équipes très différentes : une, deux, trois, quatre, à la limite, de façon à bien dissocier le temps de travail individuel, qui est ce qu'il est par les engagements de convention collective que nous avons pris et que nous appliquons, tout en utilisant de la meilleure façon possible nos outils de production. Là encore nous rencontrons un certain nombre de difficultés mais nous prenons très nettement cette orientation.

Comment tout cela peut-il être accepté par notre personnel ? Cela peut être accepté d'abord si l'effort de formation est important, et je vous ai dit qu'il l'était, et également si nous informons nos salariés des raisons de notre action afin qu'elle n'apparaisse pas comme un diktat, une charte octroyée, mais plutôt comme une démarche logique et à la limite intelligente. Il faut par ailleurs que nous ayons un projet d'entreprise, c'est-à-dire une vision commune de l'avenir dans laquelle chacun des hommes et des femmes qui composent l'entreprise ait bien entendu sa place, ce qui permet à tous d'accepter un certain nombre de contraintes tout en en comprenant les fondements.

La flexibilité dans notre organisation est plus difficile à mettre en œuvre. Il faut bien voir que nous avons toujours eu des flux traditionnels extraordinairement compliqués entre nos fournisseurs – plus de 1 500 – nos usines et notre commerce. Nous avons désormais de plus en plus d'échanges inter-usines, à l'intérieur même de notre société. C'est telle filiale qui fait nos boîtes de vitesse, ou certaines boîtes de vitesse, telle autre nos moteurs, et il y a un certain nombre d'éléments qui circulent entre trois ou quatre usines avant d'être montés sur la voiture.

Comment peut-on avoir le maximum de flexibilité dans cet ensemble très compliqué que j'appelle « la grande entreprise » tirée par l'aval et non par l'amont ? Obtenir plus de flexibilité dans ces conditions implique qu'il faille dépasser les structures juridiques de la société PSA et qu'il faille considérer que le terrain économique sur lequel nous travaillons comprend l'ensemble des clients, par l'intermédiaire des concessionnaires, jusqu'aux fournisseurs, en passant par nos propres sociétés, et que tout cet ensemble doit marcher au même pas et respirer de la même façon. Et il faut toujours que le mouvement s'opère à partir de l'aval, c'est-à-dire que nous nous efforcions de satisfaire la demande du client par notre production et par nos appels aux fournisseurs et non pas que nous réalisions notre production et qu'après seulement nous nous préoccupions de la vendre à tel ou tel client, comme cela a pu être le cas il y a très longtemps dans certains groupes.

Cette notion de « grande entreprise » suppose une parfaite circulation de l'information et implique un très grand nombre de postes informatiques compatibles. C'est la raison pour laquelle nous avons pris avec Renault des positions communes vis-à-vis de nos fournisseurs pour avoir des systèmes informatiques compatibles entre nous. S'il en était autrement, Valeo, par exemple, qui travaille à 40 % pour Renault et à 40 % pour PSA ayant des informations arrivant de façon différente sur des systèmes différents ne pourrait pas survivre.

La circulation de l'information nous permet donc dans le même temps d'avoir ce qu'on appelle des flux tendus, c'est-à-dire de ne pas accumuler des stocks intermédiaires, comme nous y étions contraints auparavant, mais d'avoir au contraire une production très continue.

Le paradoxe d'autrefois, c'était qu'un ingénieur se trouvait ravi lorsqu'une opération qui demandait trente-cinq secondes avait pu être ramenée à vingt-sept secondes. Et puis, après cela, on disposait la pièce dans un bac où elle attendait parfois deux jours. Maintenant les choses ont heureusement évolué et nous avons en place un autre système qui consiste à avoir des flux tendus, c'est-à-dire le cas échéant à être livré trois fois ou quatre fois dans la journée par des fournisseurs ou par d'autres usines. Ce système suppose bien entendu que nous ayons une parfaite confiance dans la fiabilité des informations et dans les fournisseurs en cause ; sinon notre production s'arrêterait.

Vis-à-vis des consommateurs, comment essayons-nous d'organiser la flexibilité ? D'abord, nous essayons de réduire la diversité de la demande. Je vous ai dit tout à l'heure que cette diversité devenait véritablement excessive et je crois même que nous l'avions un peu encouragée par nos services de marketing… Nous essayons donc à présent de la diminuer et, en même temps, de l'orienter vers un certain nombre de produits disponibles et non pas vers ceux qui sont très rares.

Pour ce faire, nous utilisons la publicité avec le système classique des promotions et des rabais sur certaines voitures. Nous développons également, dans nos services après-vente, ce qu'on appelle des « kits », c'est-à-dire des pièces que l'on peut rajuster sur la carrosserie pour lui donner une allure plus sportive et qui ne viennent pas encombrer nos usines. C'est donc toute une série de moyens que nous avons à notre disposition et qui doivent permettre de maintenir malgré tout une certaine adéquation entre la demande, le type de production et les investissements que nous avons faits.

Sans m'attarder trop longuement sur le domaine financier, je voudrais dire qu'en cette matière nous nous attachons bien évidemment à protéger la valeur de nos actifs et à limiter le poids de notre passif.

Pour ce faire, nous souhaitons pouvoir effectuer des choix entre différentes solutions possibles et avoir la possibilité de les remettre en cause très rapidement. Je dois dire que les progrès en ingénierie financière, réalisés depuis cinq ou dix ans, dépassent tout ce qu'on a été capable de faire en progrès techniques et scientifiques. Il y a les *swaps* qui nous permettent de passer de taux variables à taux fixes d'une monnaie dans une autre monnaie. Il y a la faculté actuelle de passer assez facilement d'un endettement court à un endettement long. Il y a le fait que les financements qui viennent des banques (lignes de crédit, crédits effectifs, etc.) sont de plus en plus facilement remplacés par des financements qui viennent du marché obligataire, du prêteur final : obligations, euronotes, billets de trésorerie, etc.

Pour vous donner un exemple, ces dernières semaines nous avons fait un emprunt à taux variable sur le marché des billets de trésorerie. Nous avons fait un MOFF *(Multi Option Financing Facility)*, qui nous permet de remplacer le crédit bancaire par des euronotes. Nous avons des lignes de *stand-by* qui sont ouvertes et que nous pouvons utiliser ou ne pas utiliser. Il y a bien entendu les couvertures à terme et il est maintenant possible de s'assurer sur le marché des « *futures* » financières.

Nous avons donc à notre disposition toute une série de moyens et j'ai quelque peu privilégié l'exemple financier pour vous montrer que cette flexibilité est vraiment un thème général dans l'entreprise qui n'est pas limité aux aspects de production.

J'en arrive aux difficultés que pose cette flexibilité. D'abord, il y a un certain choix à faire entre flexibilité et productivité. À première vue cela ne paraît pas évident, mais il y a là un réel dilemme car la flexibilité implique une certaine surcapacité par rapport aux besoins instantanés : surcapacité des hommes, qui ont des compétences plus larges que nécessaires dans l'immédiat, mais aussi surcapacité des produits. Je vous ai parlé tout à l'heure de la variété des versions d'un même véhicule : il y a un certain nombre d'items qui ne sont pas commandés une seule fois dans l'année…

Il y a donc un choix nécessaire à faire entre productivité et flexibilité. On essaie de régler ce dilemme par un certain nombre de moyens : l'introduction des automates programmables qui remplacent des automates simples ; la standardisation de nombreux éléments de modèles différents et surtout la suppression très peu coûteuse d'un certain nombre de goulots d'étranglement qui évitent de créer des lignes nouvelles de production. Mais, malgré cela, nous touchons là une première limite de la flexibilité.

Il y en a une seconde qui résulte des résistances des hommes au changement. Il est entendu que nous n'avons pas le droit de démotiver les meilleurs de nos collaborateurs et je suis toujours un peu triste quand je vois un ouvrier qui, grâce à son travail, est devenu technicien ou agent de maîtrise et qui, soudain, à un moment où nous changeons de process ou de moyens de production, se retrouve à la base et parfois même moins compétent que des jeunes qui ont été formés pour exercer son métier tout en n'ayant pas son expérience. Nous avons là une sorte de barrière psychologique dont l'enjeu est de taille car, encore une fois, il s'agit de ne pas démotiver nos salariés qui ont été de très bons professionnels et des gens très dévoués à la maison.

Et puis – toujours dans les difficultés posées par la flexibilité – nous nous heurtons à toutes les réglementations dont je vous ai parlé tout l'heure, notamment les réglementations sociales et les réglementations techniques. Nous ne pouvons pas faire en sorte que l'Allemagne ne choisisse pas des normes de pollution différentes des normes françaises.

Il faut également bien être conscient qu'on ne peut pas toujours être flexible si les autres ne le sont pas. Je vais reprendre l'exemple financier. Je veux pouvoir rembourser par anticipation mes emprunts et je me trouve en face du Crédit National qui me dit : « Écoutez, tout cela est très bien, mais quand je vous ai prêté à douze ans, j'ai emprunté moi-même à douze ans, je vous ai prêté à faux fixe, mais j'ai emprunté moi-même à taux fixe sur douze ans, alors à partir de ce moment-là je ne peux rien faire pour vous. » Donc vous voyez que la flexibilité finit par trouver ses limites.

De même, si nous avons une période difficile et si nous jouons trop sur la réduction des investissements – sachant qu'il faut cinq ans avant de sortir un nouveau produit – nous aurons une incidence à moyen et long terme qui nous ramènera à un palier de compétitivité beaucoup moins élevé que celui que nous aurions pu conserver en ayant légèrement moins de flexibilité.

En ce qui concerne la flexibilité des hommes, si nous faisions partir trop d'hommes, à un certain moment, nous aurions peut-être des jeunes qui seraient plus adaptés au métier, mais en revanche, nous perdrions beaucoup d'expérience…

Voilà toute une série de raisons qui montrent que la flexibilité est une arme à double tranchant qu'il faut manier avec une certaine modération, bien que – j'espère vous l'avoir montré – les aspects positifs l'emportent largement sur les aspects négatifs.

Autrement dit, la flexibilité, si elle est maintenue dans des limites raisonnables, est nécessaire et productive, mais elle exige une coordination étroite entre les différentes fonctions de l'entreprise : recherche, développement, études, production, marketing, personnel, etc. Elle suppose une nouvelle logique industrielle bien différente du taylorisme. Cette logique doit être acceptée et comprise par tous.

Je termine en précisant que je suis très favorable à la responsabilité du chef d'entreprise mais que je considère que cette responsabilité doit jouer dans les deux sens. Laissons faire au chef d'entreprise ce qu'il a à faire quand il est en fonction mais séparons-nous-en lorsque son action ne produit pas les effets souhaités. J'ai, par ailleurs, la conviction qu'à l'heure actuelle un chef d'entreprise doit être capable de faire comprendre et partager un certain projet d'entreprise à base de flexibilité par l'ensemble de son personnel. S'il n'y parvient pas, il faudra qu'il s'en aille…

Corrigé commenté et évaluation

Analyse du sujet

1. Identification et définition des mots clés du sujet

Le libellé est très long et donne des indications très précises de travail. Aussi le sujet ne s'identifie pas à quelques mots clés positionnant le problème et la nature du travail à effectuer. Il y a ici abondance de pistes de travail, clairement identifiées, à partir d'un seul mot clé. Ce mot clé central définissant la thématique du sujet est bien sûr « **flexibilité** ».

La flexibilité peut se définir comme l'aptitude d'un élément à s'adapter quantitativement et qualitativement aux changements de son environnement (*cf.* la définition donnée par M. J. Calvet dans le texte de sa conférence).

Par ailleurs l'énoncé indique ce qui est attendu du candidat. Celui-ci doit :

- préciser le concept de flexibilité (définition du concept) ;
- distinguer ce concept d'autres notions (le texte suggère *productivité*) :
- indiquer les fonctions concernées (positionnement du concept),
- montrer les relations causales avec l'évolution économique et sociale (la flexibilité « reflet » de l'évolution économique).

Seul le mot clé « flexibilité » est conceptuel, les autres mots clés portent sur la nature des travaux à effectuer : « en vous inspirant », « précisez », etc., ou un point particulier à discuter (la flexibilité comme conséquence de l'évolution économique sociale).

2. Analyse du libellé du sujet et du contenu du document

Le libellé définit implicitement un plan au travers de ce questionnement très précis :

- la définition de la flexibilité (questions préciser et distinguer le concept),
- les conséquences pour l'entreprise (question sur les fonctions concernées),
- les causes (questions sur les causes et les relations avec l'évolution économique et sociale).

POINT DE MÉTHODE

- La longueur du document d'appui est telle qu'il faut soigneusement relever, au brouillon, la structure de ce document (plan) et surtout les informations qu'il contient.
- Il convient donc de faire une lecture en prenant en note (ou en soulignant) les idées essentielles.

Notes de lecture du document

- *Définition de la flexibilité : «capacité de s'adapter à des données qui sont très fluctuantes et, si possible, de les anticiper».*
- *La flexibilité est nécessaire, elle suppose des moyens et elle se heurte à des difficultés.*

A) La nécessité de la flexibilité en raison:
– de la variété de la demande (cf. l'exemple de la Peugeot 205) ;
– de la concurrence oligopolistique à l'échelle mondiale;
– de l'évolution rapide des techniques;
– du contraste des trois éléments ci-dessus avec la complexité et la rigidité des organisations en place chez les constructeurs automobiles comme PSA.

B) Les moyens évoqués portent sur:
– l'outil de production: la polyvalence des machines, la rapidité des changements d'outils;
– le personnel en termes d'ajustements quantitatifs, qualitatifs (formation) et de mobilité;
– l'organisation: gestion par l'aval, circulation de l'information, l'harmonisation des flux divers entre partenaires;
– la relation avec la clientèle pour essayer de réduire la diversité à la source;
– la structure financière qui doit s'ajuster en utilisant les différentes techniques disponibles pour profiter, mais aussi se protéger des fluctuations de taux, gérer l'endettement.

C) Les freins à la flexibilité :
– l'antagonisme entre productivité et flexibilité, car celle-ci peut conduire à des surcapacités;
– les résistances humaines au changement;
– les réglementations sociales et techniques (harmonisation avec les pays concurrents, par exemple) ;

En conclusion: Une nouvelle logique industrielle, différente du taylorisme, que le chef d'entreprise doit mettre en œuvre et faire partager à l'ensemble de son personnel au travers d'un projet d'entreprise.

Le document contient donc les pistes de réponse, voire l'intégralité des réponses, aux questions posées par le sujet !

3. Débats et questions autour du sujet

- L'émergence des notions de flexibilité, de production à flux tendus avec leurs conséquences sur l'organisation de la production marque-t-elle la fin du taylorisme ou sa résurgence sous d'autres formes (naissance d'un néo-taylorisme) ?
- Les conséquences sociales des organisations flexibles conduisent à s'interroger sur la précarité des emplois qui est contradictoire avec l'exigence d'implication dans le travail, laquelle est nécessaire pour développer la qualité de la production. Par ailleurs, la multiplication des emplois précaires ne peut manquer de conduire à s'interroger sur la notion d'entreprise citoyenne.
- Sur un plan strictement organisationnel, les exigences de la flexibilité constituent une base de recomposition de l'organisation du travail, en ce qui concerne les ateliers, mais aussi une base de réflexion sur la conduite stratégique de l'entreprise (opposition entre nécessité de la flexibilité et la démarche de planification stratégique).
- Une des raisons de l'importance de la question de la gestion du changement est la contradiction entre les nécessités d'une adaptation rapide aux fluctuations de l'environnement et les rigidités issues du mode taylorien d'organisation industrielle.

Inventaire des éléments pour traiter le sujet

1. Repères théoriques

Le texte de la conférence de J. Calvet conduit à s'appuyer éventuellement sur trois séries d'analyses théoriques :

– l'analyse des évolutions des méthodes de production ;

– l'analyse des formes de concurrence ;

– l'analyse des organisations en termes humains.

a) Analyse de l'évolution des méthodes de production

À partir du milieu des années 70, de nombreuses analyses montrent en quoi l'organisation taylorienne ne peut plus faire face à l'évolution des marchés.

W. Skinner énonce le principe de focalisation, selon lequel une unité de production, une usine, ne peut pas tout faire : réduction des coûts, diminution des délais, amélioration de la qualité et de la flexibilité.

W. Abernathy et K. Wayne montrent que la recherche d'effets d'apprentissage est source d'effets pervers essentiellement en termes de rigidification des entreprises.

• D'où les grands axes de renouveau de l'organisation de la production : la logique de la globalisation des opérations remplace celle de la parcellisation des tâches, par conséquent :

– la polyvalence des opérateurs est préférable à leur spécialisation ;

– de nouveaux indicateurs de performances sont à mettre en place (contrôle des flux) ;

– la conception modulaire des produits permet de multiplier des options (adaptation à la demande) à partir de matrices de base plus standardisées ;

– les nouvelles technologies de production flexible concilient recherche de la productivité (rapidité, etc.) et adaptation à la demande ;

– de nouveaux modes d'organisation du travail : élargissement des tâches et enrichissement des tâches.

• ***Distinction entre flexibilité statique et flexibilité dynamique***

La flexibilité statique résulte de l'aptitude de l'entreprise à faire face à des aléas grâce à des stocks, des surcapacités productives non employées.

La flexibilité dynamique suppose une adaptation constante de l'organisation aux fluctuations. Elle repose sur l'intégration du temps comme facteur organisationnel.

b) Analyse des formes de concurrence

• La plupart des marchés ont des structures de concurrence oligopolistique (*cf.* conférence de J. Calvet). Sur un marché oligopolistique, la compétitivité ne passe pas que par la maîtrise des coûts mais plutôt par une forte flexibilité pour s'adapter plus vite que les concurrents aux fluctuations.

c) Analyse des organisations en termes humains

• Le problème des relations humaines et de la motivation (*cf.* E. Mayo, A. Maslow, Mc Gregor, Herzberg).

• La nécessité de fédérer des énergies, des compétences, par la culture d'entreprise, le projet d'entreprise (*cf.* W. Ouchi, Peters et Waterman, Archier et Syriex) car l'organisation doit être plus souple (moins de procédures) mais garder son unité, sa cohérence.

• Concept d'organisation apprenante, d'organisation qualifiante pour prendre en compte le fait que le gestionnaire doit penser la formation du personnel, privilégier la notion de compétence sur celle de poste dans la définition de l'organisation.

POINT DE MÉTHODE

L'importance pratique du thème de la flexibilité en a fait un thème sous-jacent de nombreuses réflexions théoriques. Les différents points évoqués ci-dessus ne visent pas l'exhaustivité.

Ils cherchent seulement à vous montrer la nécessité de mobiliser des connaissances théoriques pour fonder un raisonnement. Il convient ultérieurement de ne pas tout vouloir dire pour ne retenir que les références étayant la problématique retenue.

2. Démarches et questionnements pour mobiliser les idées

POINT DE MÉTHODE

- Pour mobiliser des connaissances, pour développer rapidement des idées et des analyses, il peut être utile de se poser des questions génériques ou d'adopter un angle d'attaque particulier.
- Il ne faut pas hésiter à jeter sur le papier les idées, les questions.
- La phase suivante conduira à faire un tri, un choix en fonction de la problématique retenue.

2.1 Questionnement générique : qui, quoi, quand, comment...

• *Qu'est-ce que la flexibilité ? Cf.* définition donnée dans le document.

• ***Quels sont les types de flexibilité ?***

Flexibilité statique/dynamique (*cf.* « Repères théoriques » ci-dessus).

Flexibilité quantitative/qualitative:

- quantitative : ajuster le niveau de l'activité au volume de la demande ;
- qualitative : ajuster la nature de l'activité (produits/services) aux variations du contenu de la demande.

Flexibilité interne/externe:

- interne : l'entreprise régule les ajustements en interne par la polyvalence des outils, des hommes, par un effort soutenu de formation et d'anticipation ;
- externe : l'entreprise régule les ajustements par recours aux licenciements, au travail intérimaire, à la sous-traitance, etc., sans modifier réellement la logique de son processus d'organisation propre.

• *Qui est concerné* par les problèmes de flexibilité ?

En termes de taille d'entreprise ? La grande entreprise est « naturellement » plus rigide que la petite entreprise où la structure cloisonne moins les tâches, les fonctions, les services.

En termes de secteur d'activité ? Les caractéristiques de l'environnement (complexité et surtout incertitude) sont essentielles pour justifier le besoin du recours à la flexibilité.

En termes de fonctions (*cf.* informations dans le document):

- la *fonction production*: atelier flexible, machines polyvalentes (*cf.* exemple de la tôlerie polyvalente d'Aulnay, etc.);
- la *fonction commerciale*: détection et adaptation aux goûts de la clientèle;
- la *fonction personnel*: formation, polyvalence, etc.;
- la *fonction financière*: ajuster les capacités de financement aux besoins en temps, en volume;
- la *fonction administrative*: ne pas figer l'organisation par des procédures, mettre en place un système d'information permettant la détection et l'adaptation rapide aux fluctuations du marché.

• ***Quand le problème de la flexibilité s'est-il posé ?***

Concurrence forte du Japon (notamment dans le domaine automobile à partir de la fin des années 70) et des pays émergents, prise de conscience du phénomène de mondialisation.

Avec la crise économique qui a montré les limites de l'organisation taylorienne face à une demande plus sollicitée par les entreprises, une demande plus rare, plus volatile.

• ***Comment le problème se pose-t-il?***

En termes d'adaptation dans une triple dimension: en quantité, en qualité, en temps.

• ***Comment la flexibilité est-elle obtenue?***

Anticipation des évolutions par un système d'information détectant les évolutions.

Polyvalence des machines, des hommes, etc.

Réversibilité des processus (location plutôt qu'achat, sous-traitance plutôt qu'investissement, etc.)

2.2 Questionnement analytique: avantages et inconvénients

a) Les avantages de la flexibilité

• C'est le meilleur moyen de faire face à l'***incertitude*** de l'environnement qui empêche la planification et exige des adaptations rapides.

• En permettant aux entreprises de ***s'adapter***, donc de survivre, la flexibilité assure le plein emploi, favorise la création d'entreprises (nécessité d'avoir des sous-traitants, etc.).

• L'exigence de flexibilité est un puissant facteur d'innovation tant dans le domaine technologique au niveau des produits (conception modulaire, options, etc.) au niveau du processus de production (automates programmables, CFAO, etc.) que dans le domaine organisationnel et managérial, mais aussi dans le domaine financier (nouveaux instruments financiers pour gérer le risque, ajuster les sources de financements aux besoins).

b) Les inconvénients de la flexibilité

• ***Sur le plan humain et social:*** remise en cause des avantages acquis, émergence de formes précaires de travail (intérim, etc.).

• *Sur le plan économique:* les grandes entreprises utilisent leurs sous-traitants comme variable d'ajustement en rejetant sur eux les ajustements nécessaires, si bien que le tissu économique s'en trouve fragilisé et ce qui accroît encore l'instabilité (faillite des sous-traitants).

• *Sur le plan industriel:* l'accent mis sur l'adaptation conduit à négliger les efforts d'investissement à long terme, si bien que la créativité, l'innovation en souffrent.

2.3 *Positionnement de la flexibilité par rapport à d'autres concepts* (*cf. question du sujet*)

Recherche de ces concepts: productivité, mobilité, polyvalence, compétitivité, etc.

• *Productivité:* c'est le rapport entre un résultat (production) et les moyens mis en œuvre pour obtenir ce résultat (facteur de production. L'approche taylorienne privilégie les indicateurs de productivité or la flexibilité conduit souvent à une dégradation de ces indicateurs car la flexibilité suppose souvent une surcapacité de moyens.

• *Mobilité:* c'est la capacité d'un facteur à se déplacer (géographiquement, professionnellement, etc.). La mobilité est l'un des moyens de la flexibilité.

• *Polyvalence:* c'est la possibilité pour un élément de pouvoir remplir plusieurs fonctions ou d'exécuter plusieurs séries de tâches (robot polyvalent). La polyvalence est un moyen privilégié de rendre l'organisation flexible.

• *Compétitivité:* c'est la capacité d'une entreprise à répondre aux besoins des clients de manière durable et profitable. La flexibilité est l'un des moyens d'atteindre la compétitivité.

POINT DE MÉTHODE

- Un bon moyen de positionner un élément par rapport à d'autres consiste à les intégrer dans un enchaînement de cause à effet. Quel élément est la cause? Lequel est l'effet? Ici, par exemple, il est possible d'écrire:

  Polyvalence →
  Flexibilité → Compétitivité.
  Mobilité →

- De nombreux autres concepts peuvent être évoqués (par exemple: les flux tendus) mais il faut faire des choix. Le principe retenu ici est de reprendre les concepts voisins évoqués dans le texte de la conférence.

3. Éléments d'analyse intéressants à développer

• La flexibilité n'est *pas un réel «choix», c'est une nécessité* pour pouvoir réagir face à la complexité et à l'incertitude de l'environnement, des variables d'action et de décision, des partenaires.

• Le caractère *multidimensionnel* de la flexibilité contribue à son *ambiguïté*. Est-ce un moyen? un objectif? La flexibilité peut notamment être un facteur de blocage (donc de rigidité) si elle va à l'encontre de la motivation des acteurs, du gaspillage des ressources et des compétences de l'organisation.

• *La flexibilité se gère.* Ce n'est pas un état naturel des organisations. Elle ne dispense pas de prévoir, de planifier; mais la nature de ces prévisions, de ces plans a changé. Le gestionnaire doit notamment trouver un certain compromis entre souplesse (adaptation) et rigidité (organisation). Pour être flexible dans l'offre de biens et de service, il faut être plus rigoureux dans l'organisation des composants de cette offre (cf. adaptation des produits par assemblage de modules).

• Si la flexibilité doit se gérer, elle est cependant ***difficile à mesurer***, à évaluer, à contrôler.

Les outils comptables classiques ne l'isolent pas en tant que telle et des méthodes plus qualitatives d'évaluation sont peu développées et peu diffusées, voire parfois peu pertinentes.

La flexibilité ne doit pas introduire plus de complexité, difficile et coûteuse à gérer. La gestion de la flexibilité passe en général par une réflexion concrète sur des ***démarches de simplification*** des procédures, de standardisation des composants, de réduction du nombre des fournisseurs ; les produits sont diversifiés mais leurs composants et leurs processus de transformation doivent être plus simples, plus rapides, plus homogènes et transférables.

4. Connaissances pratiques, exemples d'entreprises

• Le texte contient déjà de nombreux exemples précis relatifs au cas de PSA et de l'industrie automobile en général. La lecture du texte doit avoir permis de les repérer et de les noter sur une feuille :

- la variété de la demande avec le nombre de versions de la 205, la qualité des sièges telle qu'elle est jugée dans les différents pays ; différences de règles sur les normes d'émission de pollution atmosphérique ;
- la flexibilité financière face aux fluctuations monétaires, etc. ;
- l'émergence de nouveaux métiers et de nouvelles qualifications ;
- la complexité des organisations : *cf.* programme Saturn de GM, nombre de fournisseurs de PSA ;
- la rigidité au travers du poids des investissements (exemple du lancement de l'AX) et du manque de mobilité de la main d'œuvre.

• Pour reprendre, en l'enrichissant le thème de la variété des modèles, l'exemple chiffré suivant (*cf.* Manuel des mêmes auteurs : *Organisation et gestion de l'entreprise*, DECF n° 3, Dunod, 1998) permet d'illustrer la contradiction entre la recherche de l'adaptation à la demande et le souci de réaliser des économies d'échelle. En effet, la diversité de la demande conduit à des micro-cadences incompatibles avec l'apprentissage qui suppose une assez forte répétitivité.

Les modèles de voitures produits par ***Renault*** voient leur nombre de variantes progresser fortement au cours des dernières décennies.

Modèle	Année	Nombre de variantes
Renault 4	1963	11
Renault 16	1971	6 000
Renault 18	1982	60 000

La Renault 18 étant produite à un rythme annuel de 300 000 véhicules, la production annuelle ne connaît en moyenne que 5 voitures identiques, ce qui est un chiffre trop faible pour que les ouvriers mémorisent des processus de montage. La diversité de la production (nécessaire pour répondre à la demande) se fait donc au détriment de la productivité telle qu'elle est obtenue dans une organisation tayloriste (économies d'échelle, courbe d'apprentissage, etc.).

• Les difficultés rencontrées par ***Boeing*** en 1997/98 constituent une bonne illustration de la difficulté à changer rapidement de cadences de production (passer d'une production de 14 avions de type 737 par mois à 21 n'a pas été possible contrairement à ce que la demande exigeait) et ceci d'autant plus que l'entreprise a été victime de la précarité qu'elle a instaurée dans la phase précédente du cycle : les ouvriers qualifiés licenciés quelques années plus tôt en phase de récession font défaut dans la phase d'expansion du cycle économique, si bien que Boeing connaît des retards, des baisses de qualité qui nuisent à son image et entraînent des pénalités. De plus, Boeing, en sous-traitant largement, crée le même type de perturbations chez ses sous-traitants qui ont moins de marge de manœuvre que Boeing.

• Les dérives constatées dans le ***transport routier*** où des chauffeurs sont contraints de créer leur propre entreprise pour devenir des sous-traitants et non plus des salariés constituent une bonne illustration des dérives sociales de la flexibilité, d'autant qu'il s'agit d'un secteur qui a une importance stratégique dans une production gérée à flux tendus.

POINT DE MÉTHODE

Les différentes approches précédentes ont permis de recenser de nombreux matériaux. Il ne faut pas chercher à vouloir exploiter tous ces éléments. Suivant la problématique et le plan choisis, vous devez retenir certains points et en écarter d'autres. Il faut en outre ne retenir que les aspects essentiels, compte tenu du temps limité dont vous disposez.

Structuration et développement

1. Problématiques envisageables et plans possibles associés

POINT DE MÉTHODE

- Une problématique est une façon de formuler le problème pour structurer l'argumentation et définir un axe de démonstration.
- Que voulez-vous dire et comment allez-vous le dire ?

1.1 Problématique large et neutre

• *Formulation:* L'évolution économique et sociale oblige les entreprises à être plus flexibles, ce qui a des conséquences importantes au-delà de leur propre organisation interne.

• *Portée:* Cette problématique permet une approche très mesurée du concept de flexibilité. Elle n'est pas propice à une prise de position très personnelle mais elle permet un traitement complet du sujet, éventuellement avec le seul appui des éléments évoqués dans la conférence de M. J. Calvet.

• ***Plan correspondant à cette problématique et intégrant très précisément les trois questions du sujet***

1. **Analyse du concept de flexibilité**
   1.1 Un concept global
   1.2 Un concept « pivot » (distinction avec d'autres notions).
   1.3 Un concept multidimensionnel (toutes les fonctions sont concernées)
2. **Les causes de la flexibilité**
   2.1 La volatilité de la demande
   - En quantité
   - En qualité

   2.2 Un nouvel espace de concurrence
   - Sur le plan géographique (mondialisation)
   - Sur le plan fonctionnel (chrono-compétition)

   2.3 La volatilité technologique
   - La vitesse de diffusion du progrès technique
   - L'incertitude technologique qui pousse à l'obsolescence accélérée
3. **Les effets de la recherche de la flexibilité**
   3.1 Les effets positifs attendus
   3.2 Les risques encourus

1.2 Problématique plus analytique

• *Formulation:* La flexibilité est devenue un nouvel enjeu de gestion face à la volatilité de l'environnement et elle définit un nouveau paradigme (nouvelle représentation formelle du fonctionnement des entreprises).

• *Portée:* Cette formulation conduit à une vision positiviste de la flexibilité et nécessite une approche plus abstraite, plus conceptuelle de la notion.

• ***Plan correspondant à cette deuxième problématique***

L'introduction contient la définition de la flexibilité.

1. **La flexibilité : un nouvel enjeu de gestion (pourquoi la flexibilité ?)**
   1.1 Enjeu commercial en raison de la volatilité de la demande
   1.2 Enjeu organisationnel pour répondre à une nouvelle catégorie d'incertitude
   - Avant : incertitude de résultat
   - Maintenant : gérer en plus l'incertitude des conditions de production
2. **La flexibilité : un nouveau paradigme (la flexibilité : comment ?)**
   2.1 Privilégier la sécurité au détriment de l'optimisation
   - Le processus de survie (s'adapter rapidement) est plus important que le processus d'optimisation

   2.2 Pacifier l'environnement pour maîtriser l'incertitude
   - Pour diminuer les risques de conflit et accroître la sécurité des flux afin de s'adapter plus vite sans disposer de « stocks » de sécurité.
   - Développement du partenariat (maîtriser un certain type de flexibilité externe)
   - Développement du projet d'entreprise (gérer la flexibilité interne)
   - D'où l'émergence de la logistique comme fonction stratégique.

1.3 Problématique plus polémique

• *Formulation:* Les entreprises, sous la contrainte de la logique de la compétitivité, prônent la flexibilité au détriment d'une véritable vision stratégique intégrant contraintes économiques et sociales, seule source de leur légitimité sociale à long terme.

• *Portée:* Il s'agit d'une formulation exprimant une opinion personnelle, plutôt négative par rapport à la flexibilité, qui adopte le point de vue de l'approche « entreprise citoyenne ».

2. Un exemple de devoir rédigé

POINT DE MÉTHODE

- La rédaction du développement n'est pas une phase créative. Il faut sélectionner une problématique et un plan en cohérence avec les idées, les références, les exemples que vous avez inventoriés.
- Rappelez-vous que le souci de la logique de l'argumentation (enchaînement cohérent et convaincant) doit l'emporter sur le désir d'exhaustivité.

Le plan retenu pour rédiger le devoir est celui correspondant à la première problématique.

Introduction

Confrontées aux conséquences de la crise des années 1970/80, les entreprises ont dû développer de nouvelles formes d'organisation, dont certaines se sont appuyées sur des concepts novateurs. La flexibilité est l'un de ces concepts qui sont apparus au début des années 80.

La persistance de la situation de crise économique, l'ampleur et l'intensité de la concurrence de nouveaux pays ont mis en évidence la difficulté d'adaptation de nombreuses entreprises occidentales en raison de leur organisation caractérisée par une trop forte rigidité. C'est dans ce contexte que M. Jacques Calvet a présenté un exposé sur la flexibilité au colloque de l'Association française de science économique en 1986. À l'époque, le concept était reconnu comme relativement nouveau ; de nos jours, il n'a pas perdu de son importance car son caractère multidimensionnel le rend difficile à gérer, et ses conséquences sont l'objet de débats, voire de polémiques.

1. L'analyse du concept

La définition de la flexibilité donne plusieurs directions d'analyse qui montrent clairement que cette notion est au carrefour de différentes approches et qu'elle concerne pratiquement toutes les fonctions de l'entreprise.

1.1 Un concept global

En première approche, la flexibilité peut se définir comme la capacité de s'adapter à des données qui sont très fluctuantes et, si possible, d'anticiper ces fluctuations.

D'une certaine manière, les entreprises ont toujours dû faire preuve d'une certaine flexibilité quantitative, pour ajuster le niveau de l'activité au volume de la demande. Le fait nouveau concerne la vitesse à laquelle cet ajustement quantitatif doit être réalisé. De plus, l'exigence contemporaine porte aussi sur un aspect qualitatif : il faut ajuster la nature de l'activité (produits et services) aux variations du contenu de la demande.

L'analyse des moyens de réaliser la flexibilité a conduit à préciser le concept en distinguant la flexibilité statique et la flexibilité dynamique. La flexibilité statique résulte de l'aptitude de l'entreprise à faire face à des aléas grâce à des stocks, des surcapacités productives non employées. La flexibilité statique correspond à une approche taylorienne de la gestion des aléas. Elle permet de faire face aux variations quantitatives de la demande mais elle va à l'encontre d'un ajustement qualitatif : les produits en stock risquent de ne pas correspondre à la demande si celle-ci fluctue fortement dans son contenu. La flexibilité dynamique permet d'intégrer les adaptations qualitatives. La flexibilité dynamique suppose en effet une adaptation constante de l'organisation aux fluctuations. Elle repose sur l'intégration du temps comme facteur organisationnel pour réguler les flux.

Les réflexions sur le concept ont très vite montré que la flexibilité ne se limitait pas à la production, mais qu'elle concernait l'organisation dans son ensemble. Avec le recours systématique à la sous-traitance, elle conduisait même à la remise en cause des frontières de l'entreprise. Ce qui a conduit, certains auteurs à distinguer la flexibilité interne et la flexibilité externe. La flexibilité interne correspond aux cas où l'entreprise régule les ajustements par la polyvalence des outils, des hommes, par un effort soutenu de formation et d'anticipation. La flexibilité externe regroupe les solutions où l'entreprise régule les ajustements par recours aux licenciements, au travail intérimaire, à la sous-traitance, etc., sans modifier réellement son processus d'organisation propre.

1.2 Un concept « pivot »

La flexibilité a donc un contenu riche mais un contour flou car c'est un élément difficilement mesurable en liaison avec de nombreux autres concepts.

La recherche de la flexibilité, notamment en termes de flexibilité quantitative statique, s'est souvent faite au détriment de la productivité. La productivité est le rapport entre un résultat (production) et les moyens mis en œuvre pour obtenir ce résultat (facteur de production. L'approche taylorienne a privilégié les indicateurs de productivité, or la flexibilité conduit souvent à une dégradation de ces indicateurs car la flexibilité statique suppose une surcapacité de moyens.

La flexibilité est souvent associée à la mobilité et à la polyvalence. La mobilité peut être définie comme la capacité d'un facteur à se déplacer (géographiquement, professionnellement, etc.). La mobilité est l'un des moyens de la flexibilité. La polyvalence est un autre des moyens privilégiés de la flexibilité : c'est la possibilité pour un élément de pouvoir remplir plusieurs fonctions ou d'exécuter plusieurs séries de tâches (*par exemple : robot polyvalent*).

Le contexte d'apparition de la flexibilité laisse clairement apparaître que la flexibilité n'est pas une fin en soi. Ce n'est que le moyen contingent (adapté à un moment donné dans des conditions données) d'assurer la compétitivité des entreprises. La compétitivité peut se définir comme la capacité d'une entreprise à répondre aux besoins des clients de manière durable et profitable.

1.3 Un concept multidimensionnel

Pour produire à faible coût, assurer des livraisons rapides, s'adapter aux exigences de la clientèle, les entreprises essaient d'introduire de la flexibilité dans toutes les dimensions de la gestion. La flexibilité est généralement déclinée dans plusieurs directions : la réactivité dans le temps, la diversité de l'offre, la souplesse de la structure, de la production, des hommes. La flexibilité est donc multiforme : technique productive et humaine, stratégique et structurelle, quantitative et qualitative.

Dans le domaine commercial, la flexibilité nécessite une force de vente à l'écoute du marché, et un système d'information capable de recueillir et de transmettre rapidement les informations significatives (ou simplement annonciatrices) de changements dans le volume et la nature de la demande.

Dans le domaine de la production, on distingue trois formes de flexibilité : des produits, des processus de production, des facteurs de production.

La flexibilité des produits fait référence à la conception modulaire des produits avec de multiples possibilités de combinaison à partir de composants standards de manière à pouvoir s'adapter à la variété qualitative de la demande.

La flexibilité des processus de production fait référence aux méthodes de gestion de la production qui permettent de piloter les flux par l'aval (par la demande) au lieu de faire reposer la gestion de la production sur un ordonnancement strict à partir de plans rigides. La flexibilité des facteurs de production fait directement référence à la polyvalence des machines et des hommes, ce qui accroît les possibilités d'adaptation en donnant une plus grande liberté de manœuvre dans l'aménagement des flux de production.

Pour les technologies, la flexibilité consiste à apporter une souplesse d'adaptation, de rapidité dans des systèmes auparavant figés (machine-outil à commande numérique, atelier flexible, systèmes d'information automatisés, en temps réel, etc., *cf.* l'exemple des ateliers d'Aulnay donné par M. Calvet). Le recours généralisé à l'informatique a permis de connecter entre eux des systèmes dont le couplage prenait antérieurement beaucoup de temps. C'est le cas notamment des réglages des machines pour passer de la production d'une série à une autre. En rendant le réglage automatique, l'informatisation a considérablement réduit les coûts de changement de série, rendant la production en petite série à la fois techniquement possible et économiquement rentable.

Sur le plan de la fonction personnel, la flexibilité suppose de donner plus de place à l'initiative des opérateurs pour faire face aux aléas. La formation du personnel devient un nouvel axe d'organisation. Les premières pistes explorées en termes d'élargissement des tâches (déspécialisation horizontale du travail en termes de variété des tâches) et d'enrichissement des tâches (déspécialisation verticale du travail en termes de pouvoir et de responsabilité) ont dû être complétées par une approche encore plus déconnectée du poste de travail pour passer à une réflexion en termes de polyvalence, puis à la prise en compte d'un potentiel de compétences des individus.

Les démarches en termes d'organisation apprenante s'inscrivent ainsi dans la recherche d'une plus grande flexibilité pour garantir une adaptation des hommes en s'intéressant non aux postes de travail mais aux processus d'apprentissage collectif des compétences requises par les évolutions du marché, de la technologie, de la concurrence.

Pour la structure, la flexibilité consiste à organiser les activités par projet, à accorder plus d'autonomie, à mettre en place des réseaux de petites unités, à réduire le nombre de niveaux hiérarchiques, à organiser le travail par processus. Le principe général souligné par de nombreux auteurs (*cf.* Mintzberg, W. Ouchi, Archier et Syriex) est de privilégier le passage d'une structure hiérarchique mécaniste figée à une structure organique dynamique apprenante et changeante. La définition des postes se fait plus à partir d'une définition des compétences à avoir et à acquérir qu'à partir d'une description des tâches à accomplir.

Pour la finance, la flexibilité consiste à choisir des systèmes de financement permettant la réversibilité des engagements (outils financiers à option, etc.). Le principe général, donné par M. Calvet, est de remplacer des financements bancaires, plus rigides, par des financements directs sur le marché obligataire. De manière plus générale, la désintermédiation est un facteur de flexibilité dans le choix des modes de financement.

Compte tenu de ce caractère multidimensionnel, la flexibilité est difficile à introduire, à faire accepter, à gérer. Cette évolution, et même pour certaines entreprises cette révolution, ne va pas sans poser de graves problèmes. Les entreprises n'ont pas réellement choisi d'être flexibles ; d'une certaine manière, l'analyse des causes de la flexibilité montre qu'elles y ont été contraintes.

2. Les causes de la flexibilité

Les entreprises ont dû faire face à un environnement de plus en plus turbulent en raison de la combinaison du changement de comportement des consommateurs, de l'évolution des conditions de la concurrence et enfin des évolutions technologiques.

2.1 La volatilité de la demande

À partir du milieu des années 70, de nombreuses analyses montrent en quoi l'organisation taylorienne ne peut plus faire face à l'évolution des marchés. La demande, en raison de la saturation relative des besoins et de la mondialisation des marchés, devient très fluctuante en volume et en contenu. Le consommateur, courtisé de toutes parts, se porte brusquement demandeur de produits non consommés quelque temps plutôt (*cf.* par exemple, le micro-ordinateur personnel, le téléphone mobile) et demande un produit spécifique, personnalisé, adapté à ses goûts. Ce type de comportement engendre une très grande diversification de la demande et généralise les phénomènes de mode à presque tous les types de production, et ceci d'autant plus que l'évolution sociologique montre l'importance des phénomènes de communication de masse et la primauté de l'instant dans l'attitude du consommateur (« tout et tout de suite »).

Or, les principes de production issus du taylorisme ne permettent pas de faire face à une demande aussi volatile.

En effet, conçue pour une production uniforme et relativement stable, l'unité de production taylorienne engendre trop de dysfonctionnements quand, au sein d'une même unité, les activités de production hétérogènes se multiplient pour répondre à la diversité de la demande. W. Skinner énonce le principe de focalisation, selon lequel une unité de production, une usine, ne peut pas tout faire : réduction des coûts, diminution des délais, amélioration de la qualité, et de la flexibilité.

W. Abernathy et K. Wayne montrent que la recherche d'effets d'apprentissage est source d'effets pervers, essentiellement en termes de rigidification des entreprises. En cherchant à réduire les coûts par effet d'apprentissage et économies d'échelle, les entreprises ne font pas évoluer correctement leur appareil de production pour répondre à la diversification de la demande (*cf.* l'exemple du nombre de versions de la Renault 18, de la Peugeot 205). Les grands axes de renouveau de l'organisation de la production visent alors à rendre compatible petite série de production (flexibilité) et rentabilité. D'un point de vue organisationnel, la logique de la globalisation des opérations (la flexibilité par la polyvalence) remplace celle de la parcellisation des taches (la rentabilité par la division du travail).

2.2 Un nouvel espace de concurrence

Cette évolution du comportement du consommateur correspond à une modification des conditions de la concurrence.

Sur le plan géographique, la plupart des marchés sont des marchés mondiaux. Aucune entreprise n'est à l'abri de l'apparition d'un nouveau concurrent qui trouve une meilleure formule commerciale pour séduire la clientèle. La communication de masse a rendu les marchés très perméables et très volatiles.

Si bien qu'à la dimension géographique de la concurrence (mondialisation) s'ajoute une dimension temporelle. Les quelques entreprises en compétition sur un marché (*cf.* les remarques de M.J. Calvet sur la structure oligopolistique des marchés) ont des compétences techniques proches, elles peuvent facilement imiter ce que font les autres. Quand un produit plaît au public, il faut donc profiter rapidement d'un avantage, d'une part parce que le consommateur risque de changer d'avis et, d'autre part, parce que les concurrents vont rapidement l'imiter. La guerre des services que se sont livrés les opérateurs de téléphone mobile en France est un bon exemple de ce principe d'imitation rapide par les concurrents (*cf.* les produits dits « *me too* »).

De plus, sur des marchés de concurrence oligopolistique, les actions de chaque concurrent interagissent fortement. Aucune stratégie ne peut être strictement délibérée. La compétitivité (capacité de s'imposer face aux autres) passe moins par la maîtrise des coûts que par une forte flexibilité pour s'adapter plus vite que les concurrents aux fluctuations (et disposer d'un monopole relatif), mais aussi réagir rapidement aux initiatives des autres oligopoleurs.

L'importance prise par le raccourcissement des délais de réaction en a fait un avantage concurrentiel spécifique. Le terme de « chrono-compétition » recouvre cette dimension nouvelle et primordiale de l'espace de concurrence.

La rapidité de réaction est d'autant plus importante que la technologie évolue elle-même très rapidement.

2.3 La volatilité technologique

La vitesse de diffusion du progrès technique s'est considérablement accélérée ; d'une part, parce que la structure oligopolistique des marchés favorise la maîtrise des technologies par un faible nombre de compétiteurs, et d'autre part, en raison de la place prise par la technologie comme facteur de compétitivité à la fois au niveau du produit et au niveau du processus de production.

En créant une incertitude technologique, le progrès technique oblige l'entreprise à être plus réactive, mais les nouvelles technologies apportent des solutions en rendant l'entreprise moins rigide.

En effet, les nouvelles technologies de production flexible, essentiellement les technologies issues de l'informatique, permettent de concilier recherche de la productivité (rapidité, etc.) et adaptation à la demande en intégrant les différentes phases de la production (CAO / CFAO / GPAO, etc.). Une modification est plus facile à concevoir (CAO), à intégrer dans la gamme de fabrication (CFAO), et à faire intégrer au processus de production (GPAO), grâce notamment à des automates programmables.

Mais dans le même temps, l'incertitude technologique pousse à l'obsolescence accélérée des produits. Les changements rapides qui en résultent empêchent l'entreprise de bénéficier des avantages traditionnels des grandes séries et il faut donc mettre en place des unités de production capables de s'adapter rapidement à de nouvelles séries de produits.

La composante technologique est donc à la fois cause et conséquence de la flexibilité et traduit bien l'ambiguïté de cette notion dont les retombées ne sont pas toutes et pas toujours bien maîtrisées.

3. Les effets de la recherche de la flexibilité

Nouvel enjeu de gestion, la recherche de la flexibilité doit permettre aux entreprises de faire face à de nouvelles conditions d'exploitation. Si les effets positifs attendus sont nombreux, les risques encourus ne doivent pas être ignorés.

3.1 Les effets positifs attendus

La recherche de la flexibilité constitue en soi une nouvelle approche de la gestion et contribue à créer les conditions d'une nouvelle dynamique économique et sociale.

a) Une nouvelle approche de la gestion

Face au degré d'incertitude de l'environnement contemporain, la planification ne peut plus être le moyen de pilotage à privilégier. La recherche de la flexibilité est donc le meilleur moyen de faire face à l'incertitude de l'environnement qui exige des adaptations rapides.

La flexibilité se gère. Ce n'est pas un état naturel des organisations. Elle ne dispense pas de prévoir, de planifier ; mais la nature de ces prévisions, de ces plans a changé. Le gestionnaire doit notamment trouver un certain compromis entre souplesse (adaptation) et rigidité (organisation). Pour être flexible dans l'offre de biens et de service, il faut être plus rigoureux dans l'organisation des composants de cette offre (cf. adaptation des produits par assemblage de modules).

La recherche de la flexibilité oblige donc à repenser les solutions issues de l'approche taylorienne tant sur le plan productif que sur le plan organisationnel.

La recherche de la flexibilité ne doit pas introduire plus de complexité, difficile et coûteuse à gérer. Aussi, la gestion de la flexibilité passe en général par une réflexion concrète sur des démarches de simplification des procédures, de standardisation des composants, de réduction du nombre des fournisseurs; les produits sont diversifiés mais leurs composants et leurs processus de transformation doivent être plus simples, plus rapides, plus homogènes et transférables. La recherche de la flexibilité permet donc de simplifier et de clarifier les organisations.

b) Un facteur de dynamique économique et sociale

En permettant aux entreprises de s'adapter, donc de survivre, la flexibilité assure le plein emploi, favorise la création d'entreprises et contribue à enrichir le tissu économique car la nécessité d'avoir des sous-traitants pousse à la création de structures plus petites, plus humaines que les grandes unités de production issues du taylorisme.

De manière générale, l'exigence de flexibilité est un puissant facteur d'innovation tant dans le domaine technologique au niveau des produits (conception modulaire, options, etc.), au niveau du processus de production (automates programmables, CFAO, etc.) que dans le domaine organisationnel (remise en cause de l'organisation fordiste) et managérial (mettre en place de nouvelles structures pour animer et motiver les hommes), mais aussi dans le domaine financier (nouveaux instruments financiers pour gérer le risque, ajuster les sources de financements aux besoins).

En privilégiant la polyvalence par rapport à la spécialisation, la recherche de la flexibilité remet l'homme au centre du dispositif de création de richesse. Elle contribue à l'épanouissement des individus en sollicitant leur initiative face aux aléas que les procédures bureaucratiques ne peuvent plus prendre en charge. En rendant obsolètes les formes d'organisation bureaucratique, la flexibilité contribue à l'émergence de formes d'organisation sociale plus motivantes pour les individus.

3.2 Les risques encourus

La flexibilité est peut-être une solution possible face à l'incertitude mais elle n'est pas exempte de risques tant pour l'entreprise que pour la société dans son ensemble.

a) La flexibilité : un facteur supplémentaire de perturbation

La flexibilité fragilise les organisations, notamment dans les cas de productions à flux tendus et lorsque l'entreprise recourt à la flexibilité externe. La recherche de la flexibilité peut même empêcher l'entreprise de produire dans de bonnes conditions.

Ainsi les difficultés rencontrées par Boeing en 1997/98 pour changer rapidement de cadences de production (passer d'une production de 14 avions de type 737 par mois à 21 n'a pas été possible, contrairement à ce que la demande exigeait) s'expliquent largement par le fait que l'entreprise a été victime de la précarité qu'elle a instaurée dans la phase précédente du cycle. En effet, les ouvriers qualifiés licenciés quelques années plus tôt en phase de récession font défaut dans la phase d'expansion du cycle économique, si bien que Boeing connaît des retards, des baisses de qualité qui nuisent à son image et entraînent des pénalités.

Sur le plan économique, les grandes entreprises utilisent leurs sous-traitants comme variable d'ajustement en rejetant sur eux les ajustements nécessaires, si bien que le tissu économique s'en trouve fragilisé, ce qui accroît encore l'instabilité (faillite des sous-traitants).

Sur le plan industriel, l'accent mis sur l'adaptation conduit à négliger les efforts d'investissement à long terme, si bien que la créativité, l'innovation en souffrent; l'entreprise ne mise pas assez sur le long terme.

b) Un modèle social contestable

Sur le plan humain et social, la recherche de la flexibilité conduit à une remise en cause des avantages acquis et à l'émergence de formes précaires de travail (intérim, etc.). De plus, la mondialisation de la concurrence conduit à pratiquer une forme de « dumping social » où les règlements de diverses natures paraissent toujours trop contraignants et doivent être réduits, voire supprimés (*cf.* le texte de la conférence de M. J. Calvet). La recherche de la flexibilité pousse alors à diminuer la protection sociale des salariés, voire des consommateurs. Dans certains cas extrêmes, les formes d'organisation flexible préconisées suppriment l'existence même du contrat de travail : l'ancien salarié doit devenir son propre employeur et louer ses services en tant que sous-traitant à un donneur d'ordres.

Les dérives constatées dans le transport routier où des chauffeurs sont contraints de créer leur propre entreprise pour devenir des sous-traitants et non plus des salariés constituent une bonne illustration des dérives sociales de la flexibilité, d'autant qu'il s'agit d'un secteur qui a une importance stratégique dans un contexte de production à flux tendus.

Sur le plan de la motivation, en instaurant des formes de précarité, d'insécurité, la flexibilité gêne la motivation des hommes (*cf.* échelle des besoins de Maslow, facteur d'hygiène de F. Herzberg) ; la recherche de la flexibilité peut donc s'avérer non seulement socialement nuisible mais économiquement contre-performante.

De façon générale, la multiplication des formes de travail précaire ne peut qu'être en contradiction avec la nécessité de donner du sens au travail productif, notamment dans le cadre d'un projet d'entreprise centré sur la recherche de la qualité. Il paraît illusoire de vouloir motiver, intégrer un personnel qui se sent et se sait menacé de perdre son emploi en fonction des fluctuations du niveau d'activité.

Conclusion

La flexibilité n'est sans doute pas en soi une solution universelle valable pour toutes les entreprises mais il est difficile pour un gestionnaire d'esquiver ce débat, tant l'environnement contemporain nécessite une remise en cause des modes d'organisation issus du taylorisme.

Mais si une remise en cause de la bureaucratie, de la planification est assurément nécessaire, la recherche d'une moins grande rigidité dans les organisations ne doit peut-être pas conduire à une remise en cause complète des formes d'organisation sociale assurant une certaine protection aux salariés.

La flexibilité, enjeu et moyen de gestion, n'est que le volet d'un problème plus vaste, l'organisation sociale, qui ne peut sans doute pas se satisfaire d'une approche strictement économique bien que celle-ci soit importante. Une société minée par les inégalités de statuts, rongée par les diverses conséquences de la précarité de l'emploi, ne pourrait que générer un environnement encore plus incertain et encore plus perturbé pour l'activité économique.

L'exigence de flexibilité doit donc être raisonnée pour trouver un compromis socialement acceptable et économiquement viable.

3. Éléments d'auto-évaluation

Les **erreurs à éviter** sont à regrouper en deux séries dont chacune est caractérisée par deux cas extrêmes.

- ***Par rapport au long texte,*** il faut absolument éviter :

– la *paraphrase du texte,* qui peut conduire à une note éliminatoire ;

– un *développement sans aucune référence au texte* de la conférence : le texte de J. Calvet doit servir de point d'appui, au moins pour la partie « réflexions personnelles ».

• ***Par rapport aux questions de l'énoncé,*** deux écueils extrêmes sont à éviter :

– *ne pas répondre aux questions* de l'énoncé en privilégiant un plan personnel, trop original dont la problématique traite de la flexibilité, mais sous des angles n'abordant pas les points demandés par l'énoncé ; c'est le cas si votre réflexion personnelle vous conduit à faire un exposé quasi exclusivement consacré aux problèmes sociaux ou macro-économiques engendrés par la flexibilité ;

– ne pas construire de développement est l'erreur symétrique à proscrire. Une *simple réponse point à point* aux questions posées n'est pas tolérable et conduirait à une note éliminatoire. En effet, le jury attend que le candidat fasse la preuve de son aptitude à établir un lien entre les questions. Une réponse ponctuelle ou trop diffuse (sans problématique synthétique) est donc pénalisée.

1991

Sujet conforme à la réforme

Thème : **La qualité**

Énonce

La gestion de la qualité dans l'entreprise : aspects stratégique et organisationnel.

Comment situer le sujet dans le programme ?	
Thème du programme abordé	**Correspondance avec le manuel**(1)
6.1. Les fonctions opérationnelles : la qualité	Chap. 16 – La gestion de la qualité et de la maintenance Chap. 19 – Les approches transversales : la gestion de la qualité
Indication de temps(2)	**Niveau de difficulté**(3)
Lecture et analyse du sujet : 15 minutes Recherche des idées : 1 heure 45 Rédaction : 2 heures	2

(1) Manuel de référence : J.-L. Charron et S. Sépari, *Organisation et gestion de l'entreprise, DECF n° 3*, Dunod, 1998.
(2) Durée globale de l'épreuve : 4 heures.
(3) Niveaux de difficulté notés de 1 à 4 par ordre croissant.

Les spécificités du sujet

1. Type de sujet

C'est une dissertation classique qui est demandée.

Il n'y a pas de texte annexé ou de phrase de contexte ; le libellé est direct et ne comporte aucune indication particulière.

2. Problème posé par le sujet

La qualité est en même temps un objectif et un moyen ; elle induit donc de multiples questions et de nombreuses dimensions d'analyse.

Le cœur du débat posé par le sujet se résume dans les deux questions : *pourquoi* faut-il gérer la qualité et *comment* gérer la qualité ?

3. Esprit et spécificité du sujet (le sujet dans le temps et l'espace)

• La première spécificité du sujet est sa ***transversalité*** : la qualité touche toute l'organisation, toutes les fonctions et les domaines de la gestion.

• Le débat concerne ***toutes les entreprises,*** quelle que soit l'activité, quelle que soit la taille. Aujourd'hui la qualité est une variable qu'il faut gérer de manière continue, ce n'est plus une mode ou une dimension propre à certaines organisations ; c'est donc un ***problème de gestion actuel incontournable***.

Corrigé commenté et évaluation

Analyse du sujet

1. Identification et définition des mots clés du sujet

• *«Qualité»*

La définition contemporaine, synthétique, peut être donnée: *«La qualité est la capacité à répondre aux attentes du client à un coût accepté par l'entreprise et à un prix acceptable par le client.»*

Il est possible d'approfondir plusieurs dimensions de la qualité:

- la qualité se rapporte au produit ou au service, ses caractéristiques intrinsèques, mais elle intègre aussi un ensemble d'éléments attachés au produit ou service (délai, services, prix...);
- la qualité est définie du côté du producteur par des normes, des standards, mais elle est définie par le client de manière plus subjective par l'aptitude à satisfaire ses attentes. La qualité est donc un compromis qui a un coût;
- enfin, il faut aujourd'hui définir la qualité comme une variable stratégique, facteur de compétitivité et de différenciation par rapport aux concurrents.

• *«Gestion de la qualité»*

C'est l'implication de toutes les fonctions de l'entreprise qui interviennent dans la vie d'un produit ou d'un service pendant la durée du cycle, avec la totalité du personnel, orientant tous les moyens vers la prévention des défaillances, systématisant la relation client-fournisseur, prenant en compte tous les besoins des clients relatifs à la qualité, aux délais, aux prix, aux performances, avec pour objectif final la satisfaction totale des clients.

• ***Stratégie***

C'est la détermination des objectifs à long terme pour l'ensemble d'une entreprise et l'allocation des ressources pour atteindre ces objectifs. Il s'agit donc ici d'analyser la portée à long terme de la qualité dans un système d'objectifs pour toutes les ressources de l'entreprise.

• ***Organisation***

C'est l'ensemble des procédures, des règles qui permettent de coordonner les activités d'une entreprise et de faire coopérer ses acteurs; les aspects organisationnels se définissent aussi bien par la structure choisie que par les systèmes de décision et d'information mis en place. Ici, il s'agit donc d'analyser les procédures, les pratiques à élaborer pour mettre en œuvre la gestion de la qualité.

2. Analyse du libellé du sujet

Le point essentiel à noter est que le sujet ne porte pas... sur la qualité mais sur la gestion de la qualité. Attention aux analyses trop hâtives.

• *«La gestion»*

Il ne faut pas développer une analyse sur la qualité en tant que concept, objectif ou variable; *l'analyse doit se focaliser sur la gestion* de cette qualité, donc sur les éléments à maîtriser, les pratiques, les difficultés rencontrées, les limites des moyens de gestion, etc.

• *Dans*

Le libellé semble restreindre le champ d'analyse à l'intérieur de l'organisation; il est vrai que le sujet date de 1991. Aujourd'hui, avec la forte diffusion des alliances (sous-traitance et partenariats divers), il est tout à fait possible d'évoquer la mise en œuvre d'une gestion de la qualité au-delà des frontières de l'entreprise, pour maîtriser toute la filière de production, même si une partie est externalisée.

En revanche, l'analyse doit se limiter à la gestion par les entreprises et ne pas s'étendre aux divers organismes qui peuvent s'y intéresser.

• *Aspects «stratégiques et organisationnels»*

Le libellé précise qu'il faut analyser toutes les dimensions de la gestion de la qualité; même si le terme « stratégique » peut paraître contradictoire avec le terme « gestion », il est nécessaire de poser les deux questions: pourquoi et comment gérer la qualité?

• La *forme* du sujet n'est pas interrogative mais il faut cependant présenter un développement analytique structuré pour expliciter les mécanismes en jeu et non pas se limiter à un exposé descriptif, cataloguant les différents points de cours.

Le libellé donne une *indication* pour traiter le sujet (aspect stratégique et aspect organisationnel) mais il n'est pas obligatoire d'utiliser cette classification comme plan du développement, dès lors que ces deux aspects sont traités.

3. Débats et questions autour du sujet

• Quelles sont toutes les dimensions de la qualité? Sont-elles toutes de même nature, de même importance? Sont-elles toutes utiles pour les entreprises selon leur activité?

• La qualité est-elle nécessaire et suffisante?

• La qualité et les avantages concurrentiels obtenus: sont-ils sûrs? définitifs? marginaux ou importants?

• La qualité et la chaîne de valeur: y a-t-il des fonctions, des activités qui génèrent plus de qualité? qui freinent plus la gestion de la qualité? quelle relation entre qualité et valeur? pour qui?

• La gestion de la qualité pour les entreprises de production et les entreprises de service: est-elle identique ou différente? les objectifs, les moyens sont-ils les mêmes?

• L'évaluation de la qualité: pour qui? par qui? Les difficultés de mesure.

• Les coûts liés à la qualité (coût de non-qualité et coût de gestion de la qualité), comment les calculer? comment les réduire?

POINT DE MÉTHODE

Les débats engendrés par la gestion de la qualité sont très nombreux et très riches. Il n'est pas envisageable de tous les développer dans le temps limité de l'épreuve. Il convient donc, dans le cadre de la problématique retenue, de s'attacher aux points les plus importants.

Inventaire des éléments pour traiter le sujet

1. Repères théoriques

• Les premiers auteurs qui ont essayé de formaliser la notion de qualité sont des Américains, peu écoutés dans leur pays et qui sont partis au Japon pour mettre en pratique leurs analyses : ***Juran et Deming*** (dans les années 70).

• ***Colignon*** et ***Wissler*** (1984) décomposent le système de gestion de la qualité en quatre sous-systèmes : les activités de finalisation, pour définir la politique de qualité, les activités de prévention pour empêcher l'apparition de la non-qualité, les activités de détection pour mesurer la qualité obtenue et les activités de correction.

• ***Ishikawa*** (1980) montre l'importance de la gestion de la qualité en élaborant une méthode, les cercles de qualité, diagramme cause-effet.

• D'autres Japonais comme ***Shingo*** (1980) proposent des outils pour améliorer la qualité ; système poka-yoke, etc.

• ***Savall*** (1987) élabore la notion de coûts cachés pour faire ressortir les impacts mal évalués de la non qualité.

• En France, des organismes ont formalisé des normes, des méthodes, comme l'AFNOR (Association française de normalisation), comme l'AFCEQ (l'Association française des cercles de qualité) ou comme l'AFAV (l'Association française d'analyse de la valeur).

POINT DE MÉTHODE

Ici les repères théoriques correspondent plutôt à des formalisations de pratiques, de méthodes pour gérer la qualité plutôt qu'à l'élaboration de concepts abstraits.

2. Démarches et questionnements pour mobiliser les idées

2.1 Questionnement générique : qui, quoi, quand, comment...

• *Qu'est-ce-que* la qualité ?

Notion concrète, limitée à un aspect technique productif avant 1960, la qualité est devenue une variable stratégique qu'il faut gérer de manière continue dans toutes les fonctions et les activités d'une organisation.

• *Qui* est concerné ?

Tous les produits et les services proposés sur les marchés, donc toutes les organisations privées ou publiques, de petite ou de grande taille, dans l'économie mondiale.

• *Pourquoi?*

La qualité devient un levier de compétitivité, un moyen de gagner des marchés, d'économiser des coûts, donc un instrument de gestion incontournable pour toutes les activités.

• *Quand?*

Depuis les années 60 aux États-Unis et au Japon, depuis les années 80 en Europe.

• *Où ?*

À tous les niveaux d'une organisation, dans toutes les entreprises, sur tous les marchés.

• *Comment?*

Avec de multiples moyens, outils, méthodes puisés dans divers domaines de la gestion.

2.2 Démarche historique : quelles sont les évolutions constatées dans la gestion de la qualité ?

• La notion de qualité a évolué, donc sa gestion a également évolué.

Si, au début du siècle, la qualité est synonyme de haut de gamme et de prix élevé, elle se transforme dans les grandes entreprises industrielles en respect de normes de production (et donc en rejet des défauts), puis elle s'étend à la prévention de la non-qualité. Enfin, les préoccupations qualitatives dépassent le seul domaine de la production et intègre les approvisionnements, les processus de fabrication, les marchés avals. Aujourd'hui, la qualité se comprend comme un processus d'amélioration permanente du fonctionnement global de l'entreprise.

• Donc, la gestion de la qualité qui n'était au début qu'un *contrôle technique* des produits en fin de chaîne, se transforme progressivement en un *contrôle continu* tout au long des étapes de production, puis en un *service qualité* qui gère toutes les fonctions de l'entreprise pour assurer un certain niveau de satisfaction, et enfin l'approche en termes de « gestion de la qualité totale » marque la place prise par la qualité en tant que *méthode transversale et globale de gestion*.

2.3 Démarche technique et pratique : quels sont les moyens utilisés pour gérer la qualité ?

• Les outils et moyens pour gérer la qualité font appel à des domaines et des disciplines variés : les statistiques comme le diagramme de Pareto, les calculs de coûts avec les coûts cachés, l'analyse de la valeur, le «*brain-storming*» avec les cercles de qualité, le diagramme cause-effet, etc.

• Les méthodes ont majoritairement été élaborées sur le terrain en essayant de résoudre les problèmes de qualité qui apparaissaient.

POINT DE MÉTHODE

Si la démarche de questionnement s'applique généralement à tous les sujets, les autres méthodes de mobilisation des connaissances ont une efficacité plus spécifique.

3. Éléments d'analyse intéressants à développer

3.1 Les dimensions à intégrer aujourd'hui dans la gestion de la qualité

Pour comprendre tous les enjeux de la gestion de la qualité, pour appréhender tous les moyens et méthodes pour gérer la qualité, il est nécessaire de mettre en évidence la multiplicité des aspects très différents, du plus objectif au plus subjectif, qui constituent aujourd'hui ce levier organisationnel et stratégique qu'est la qualité :

– la conformité à un cahier des charges,
– le respect de normes techniques,
– la fiabilité,
– la sécurité,
– la durée de vie,
– le délai associé,
– les services attachés,
– le prix,
– l'esthétique.

Ces éléments s'appliquant aussi bien aux produits ou services qu'aux processus d'approvisionnement, de production, de distribution qui s'y rattachent.

3.2 Les fondements stratégiques de la qualité

• C'est parce que la qualité est devenue une variable stratégique, c'est-à-dire un levier, un moyen pour rendre l'entreprise plus performante et plus compétitive dans l'environnement économique et technologique actuel, que la gestion de la qualité devient, elle aussi, une composante stratégique nécessaire pour que l'entreprise dégage de la valeur et soit bien perçue par les clients.

• La gestion de la qualité correspond à de nombreux enjeux.

• D'abord la ***différenciation*** des produits et des services d'une entreprise par rapport à ses concurrents, c'est donc un moyen de conserver ou d'agrandir ses parts de marché.

• Ensuite, la ***rentabilité*** à long terme : la gestion de la qualité peut certes engendrer des coûts supplémentaires mais elle génère surtout des réflexions et des améliorations pour mieux répondre aux besoins tout en gérant au mieux et au moindre coût les ressources nécessaires.

• Par ailleurs, la gestion de la qualité nécessite la mise en place d'un système d'information pour assurer une ***écoute permanente des clients*** afin de répondre à leurs attentes (nécessité de capter de nombreuses informations) et d'une attention continue vis-à-vis de tout le personnel, principale source d'améliorations (suggestions, etc.)

• Ensuite la gestion de la qualité, prise au sens large, inclut la gestion des services, la gestion des délais, la gestion des stocks, la gestion des prix, c'est-à-dire tous les éléments sources de ***performance*** et de ***compétitivité***.

• Enfin, la gestion de la qualité peut être une source ***d'innovations*** tant de produits que de procédés, d'organisation, de matériaux, donc là encore une source de différenciation et/ou de domination par les coûts.

3.3 La gestion de la qualité totale

La gestion de la *qualité totale* cherche à satisfaire pleinement le client tout en maîtrisant les coûts ; par cette gestion, l'entreprise doit fidéliser des clients qu'elle connaît bien et dont elle satisfait en permanence les attentes, réduire les coûts liés au gaspillage des ressources, motiver tout son personnel en le mobilisant sur cet objectif, améliorer son image de marque.

Le *management global de la qualité* (TQM, *«Total Quality Management»*) peut expliquer une part importante des performances d'une entreprise et c'est pourquoi des analystes financiers y sont sensibles.

Dans un système contemporain d'objectifs, la qualité totale prend une place majeure en interdépendance avec la productivité et la flexibilité pour assurer performance et compétitivité.

3.4 La qualité et le comportement des dirigeants

• La qualité n'existe pas de manière intrinsèque dans l'ambiance d'une organisation ; il faut la provoquer, la canaliser, l'entretenir en permanence.

Si tous les acteurs d'une organisation sont concernés, il est clair que le ou les dirigeants, les chefs d'entreprises des PME, les différents directeurs d'une grande entreprise doivent être les leaders, les *moteurs* de cette gestion de la qualité.

• L'autorité et/ou le pouvoir, représentés par un ou plusieurs hommes, doivent inciter, stimuler, montrer en permanence par leurs discours et leurs actes qu'ils *adhèrent à cet esprit* de gestion de la qualité, qu'ils recherchent en permanence à l'améliorer, qu'ils *suivent et évaluent* les efforts faits par l'ensemble du personnel pour gérer tous les éléments de la qualité à tous les niveaux de la structure, dans toutes les activités de l'entreprise.

3.5 La communication, l'animation et la formation des acteurs

• La culture de la gestion de la qualité ne peut se développer que si tous les acteurs de l'organisation sont *informés et formés en permanence.* La communication doit être transversale entre les métiers, les activités ; elle doit être aussi bien descendante qu'ascendante pour associer le terrain et les décideurs.

• Au-delà de l'organisation, il faut gérer l'information et la communication à l'extérieur aussi bien pour diffuser des messages à son environnement que pour en capter en provenance de tous les partenaires et concurrents ; c'est le rôle de toutes les formes de *veille* : commerciale, technologique, stratégique.

3.6 La qualité et l'organisation du travail

• La gestion permanente de la qualité suppose la mise en place de *procédures de travail*, de règles de fonctionnement pour respecter les normes, les standards, pour résoudre les problèmes de non-qualité qui apparaissent, pour réfléchir à des améliorations possibles.

• La structure doit permettre une certaine *souplesse* de fonctionnement pour faire évoluer ses procédures ; elle doit laisser une *autonomie* et une *responsabilité* aux acteurs pour qu'ils décident et qu'ils agissent.

• Les structures par projet, les structures aplaties, l'ingénierie simultanée peuvent faciliter la gestion de la qualité.

• Avec la multiplication des stratégies d'alliance, la gestion de la qualité passe aussi par l'élaboration de procédures au-delà des frontières propres de l'entreprise, chez ses fournisseurs et partenaires divers. Cela suppose des similitudes de fonctionnement, de contrôle, de formation, d'évolution.

Mais il faut bien noter que l'organisation de la gestion de la qualité est contingente à chaque entreprise en fonction de son activité, de sa taille, de sa technologie, de son environnement. Il n'y a pas de modèle standard pour gérer la qualité et être sûr de sa « rentabilité ».

4. Connaissances pratiques, exemples d'entreprise

• L'entreprise française ***Thibaud***, PME du Calvados, est devenue leader mondial des machines à surfacer et à polir grâce à une qualité inégalée par ses concurrents, alliant performance et fiabilité. Ses machines sont considérées comme les « Rolls » de la spécialité.

• C'est aussi par la qualité de ses produits que ***France Lames*** s'est imposé dans 70 pays en proposant les meilleures lames d'escrime au monde. Pour conserver et améliorer son savoir-faire, l'organisation contrôle toutes ses matières premières et utilise un laboratoire indépendant pour ses tests.

• La normalisation de standards de qualité technique mise en place par chaque pays (en France, c'est l'AFNOR) laisse progressivement la place à une harmonisation mondiale : des organismes de normalisation rassemblés sous l'égide de l'International Standard Organization ISO publient des normes internationales pour homogénéiser les systèmes d'assurance-qualité des entreprises, (par exemple, les normes ISO 9000 pour des processus industriels). La procédure longue et difficile pour obtenir ce label qualité (qui englobe le produit, le processus de production à l'intérieur de l'entreprise et chez ses fournisseurs, les services attachés) s'appelle la ***certification***.

Structuration et développement

1. Problématiques envisageables et plans possibles associés

POINT DE MÉTHODE

Une problématique est une façon de formuler le problème pour structurer l'argumentation et définir un axe de démonstration. Que voulez-vous dire et comment allez-vous le dire ?

1.1 Problématique directement liée au libellé du sujet

• ***Formulation:*** La gestion de la qualité a des aspects de nature stratégique et d'autres de nature organisationnelle.

• ***Portée:*** Le développement large n'indique aucune orientation particulière ; il n'y a pas d'apport analytique personnel par rapport aux indications du sujet.

• ***Type de plan directement induit par cette première problématique***

1. **La gestion stratégique de la qualité**
   1.1 Source d'avantages concurrentiels
   1.2 Source d'innovations, de marchés
2. **La gestion organisationnelle de la qualité**
   2.1 Les composantes structurelles de la gestion de la qualité
   2.2 La gestion de la qualité et les hommes

• ***Autre plan possible lié à cette première problématique***

1. Pourquoi faut-il gérer la qualité ? (stratégique)
2. Qui gère la qualité ? (stratégique et organisationnel)
3. Comment gérer la qualité ? (stratégique et organisationnel)

1.2 Problématique large et neutre

• *Formulation:* La gestion de la qualité est nécessaire mais elle reste difficile.

• *Portée:* Le développement va pouvoir apporter une orientation plus personnelle et analytique tout en englobant un champ d'analyse large. Au-delà de l'exposition des faits, il y un «jugement» sur la logique des faits (nécessité et difficulté).

• *Type de plan possible pour cette deuxième problématique (choisi pour le devoir rédigé)*

1. **La gestion de la qualité est nécessaire:**
   1.1 pour la stratégie, source d'avantages concurrentiels
   1.2 pour l'organisation, source de motivation
2. **La gestion de la qualité est difficile**
   2.1 difficile à évaluer pour le client et pour l'entreprise (coûts)
   2.2 difficile à canaliser dans les structures et chez les acteurs de l'organisation

• *Autre plan possible pour cette deuxième problématique et qui fait ressortir les deux dimensions du libellé du sujet*

1. **La gestion stratégique de la qualité est nécessaire mais incomplète**
   1.1 Source d'avantages concurrentiels
   1.2. Difficile à évaluer
2. **La gestion organisationnelle de la qualité est possible mais difficile**
   2.1 Il y a des structures, des méthodes qui facilitent la gestion de la qualité
   2.2 Il y a des dysfonctionnements et des résistances humaines

1.3 Problématique plus orientée

• *Formulation:* La gestion de la qualité est un atout pour l'entreprise

• *Portée:* Le développement veut présenter une analyse optimiste intégrant aussi bien la stratégie que l'organisation.

• *Type de plan possible pour cette troisième problématique*

1. **La gestion de la qualité est un atout pour la stratégie de l'entreprise**
   1.1 Atout vis-à-vis des clients
   1.2 Atout vis-à-vis des concurrents
2. **La gestion de la qualité est un atout pour l'organisation de l'entreprise**
   2.1 Source de cohésion des équipes
   2.2 Source de dialogue, de communication, de synergie

1.4 Problématique plus orientée vers la gestion et l'organisation

• *Formulation:* La gestion de la qualité implique toute l'entreprise.

• *Portée:* Le développement veut présenter une analyse des opportunités et des difficultés de la gestion de la qualité mais en insistant sur sa globalité, sa transversalité.

• *Type de plan pour cette quatrième problématique*

1. **La gestion de la qualité implique toutes les décisions et les acteurs**
   1.1 Toutes les décisions de LT et de CT
   1.2 Tous les acteurs dans toutes leurs activités et leurs fonctions

2. La gestion de la qualité implique toute la structure et les systèmes d'information
2.1 Toutes les procédures de travail et d'organisation de la structure
2.2 Tous les moyens et outils d'informations internes et externes, de contrôle, de coûts.

POINTS DE MÉTHODE

- Compte tenu de la problématique retenue et du plan choisi, remarquez l'intégration des éléments de connaissance mobilisés dans la phase préparatoire. Tous ne sont pas repris.
- Les phases « recherche des idées », « formulation de la problématique », « construction du plan » constituent un processus itératif.

2. Un exemple de devoir rédigé

Plan retenu : 1er plan de la 2e problématique (1.2).

Introduction

POINT DE MÉTHODE

L'enchaînement de l'introduction correspond aux points suivants :

- Observation de l'actualité de la notion
- Définition de la qualité dans un sens strict et de son évolution
- Importance des enjeux de cette notion
- Les nombreuses questions du thème
- Délimitation du champ d'analyse
- Justification de l'angle d'attaque choisi, problématique
- Annonce du plan déduit

La qualité se décline à tous les niveaux de l'économie : la publicité insiste sur la qualité d'un produit ou d'un service, le gestionnaire met en place des cercles de qualité avec les opérateurs, les écologistes s'inquiètent de la qualité de l'air et de l'eau.

Les entreprises prônent la qualité comme un objectif et un moyen pour se différencier des concurrents ; si bien que la qualité est omniprésente dans les formalisations, les pratiques, les discours des gestionnaires.

Mais la conception de la qualité a beaucoup évolué, et sa gestion est une préoccupation relativement récente.

En effet, la notion de qualité s'est profondément enrichie au cours du développement de l'économie et des entreprises. Au début du siècle, la qualité se limitait à quelques productions de petite série, dans une seule optique technique de produit de luxe, avec des matériaux exceptionnels.

Aujourd'hui, pour la gestion des entreprises, la qualité est définie comme la capacité à répondre aux attentes du client à un coût accepté par l'entreprise et à un prix acceptable par le client.

Cette définition conduit à distinguer plusieurs dimensions de la qualité.

D'une part, la qualité se rapporte au produit ou au service, ses caractéristiques intrinsèques mais elle intègre aussi un ensemble d'éléments attachés au produit ou service (délai, services, prix...).

Par ailleurs, la qualité est définie du côté du producteur par des normes, des standards, mais elle est définie par le client de manière plus subjective par l'aptitude à satisfaire ses attentes. La qualité est donc un compromis qui a un coût.

Enfin, la qualité s'analyse comme une variable stratégique, c'est-à-dire comme paramètre à ajuster pour être compétitif et se différencier par rapport aux concurrents.

C'est pourquoi il est important de l'analyser et de l'intégrer dans la gestion de l'entreprise, tant au plan stratégique qu'opérationnel.

La qualité est un paramètre de gestion très transversale par rapport aux fonctions de l'entreprise, car elle touche toutes les activités et toutes les fonctions, c'est pourquoi elle suscite de nombreuses questions.

La qualité est-elle nécessaire et suffisante pour assurer la réussite de l'entreprise ?

Les avantages concurrentiels obtenus : par la qualité sont-ils sûrs ? définitifs ?

Y a-t-il des organisations, des structures qui génèrent plus de qualité que les autres ou au contraire qui freinent plus la gestion de la qualité ?

Qui évalue la qualité et pour qui ? Comment ? Peut-on mesurer les coûts liés à la qualité ? Comment les réduire ?

Pour analyser l'importance, les enjeux et les difficultés de la mise en œuvre de la qualité, il est donc nécessaire d'intégrer les deux dimensions de la gestion : gestion stratégique et gestion organisationnelle.

L'étude des pratiques des entreprises fait apparaître que la gestion de la qualité est nécessaire mais difficile tant dans ses aspects stratégiques qu'organisationnels.

Après l'analyse des facteurs démontrant la nécessité de la gestion de la qualité (1re partie), les difficultés de cette gestion seront abordées (2e partie)

1. La gestion de la qualité est nécessaire

Il est possible d'analyser la qualité au plan stratégique comme sources d'avantages concurrentiels (1.1), puis au plan organisationnel comme source de dynamique structurelle (1.2).

1.1 La qualité comme source d'avantages concurrentiels

La qualité, élément objectif par rapport à des normes de produit ou de service et subjectif par rapport aux clients qui la perçoivent, peut apporter un positionnement concurrentiel avantageux à une entreprise.

En effet, c'est une variable stratégique associée à la productivité, à la flexibilité, au coût et au délai dans le système d'objectifs de toute entreprise aujourd'hui.

Si le gestionnaire est en mesure de déterminer un niveau de qualité de ses produits et services attachés qui est susceptible de satisfaire la demande tout en en maîtrisant le coût, l'entreprise va pouvoir bénéficier d'une situation de marché forte.

La qualité peut apporter deux types d'avantages concurrentiels selon la typologie de M.Porter :

- la différenciation : une meilleure qualité de conception, de processus de fabrication, de distribution, de services peut engendrer une différence reconnue entre deux produits à la même utilité et générer ainsi une croissance de la part de marché et une certaine fidélité des clients, source de stabilité pour l'entreprise.

  Ainsi l'entreprise française Thibaud, PME du Calvados, est-elle devenue leader mondial des machines à surfacer et à polir grâce à une qualité inégalée par ses concurrents, alliant performance, fiabilité ; ses machines sont considérées comme les « Rolls » de la spécialité ;
- la domination par les coûts : une meilleure rentabilité peut être obtenue par une maîtrise de la qualité des matières, des composants, des processus de transformation, par une gestion stricte des flux et des délais de production. Cette qualité de gestion procure ainsi des économies, des baisses de coûts qui peuvent être utilisées pour lutter contre la concurrence.

Devenue une variable stratégique, et non pas une propriété du produit, la qualité est un paramètre à gérer pour que l'entreprise soit plus performante et plus compétitive. La gestion de la qualité devient elle aussi stratégique, et s'avère nécessaire pour que l'entreprise dégage de la valeur et soit bien perçue par les clients.

Dans cette optique, la gestion de la qualité totale cherche à satisfaire pleinement le client tout en maîtrisant les coûts. Le management global de la qualité (TQM *Total Quality Management*) peut expliquer une part importante des performances d'une entreprise et c'est pourquoi des analystes financiers y sont sensibles.

Dans cette optique de qualité totale, l'entreprise valorise son image de marque en fidélisant ses clients qu'elle connaît bien et dont elle satisfait en permanence les attentes, tout en s'efforçant de réduire les coûts liés au gaspillage des ressources, de motiver tout son personnel en le mobilisant sur cet objectif de qualité.

Dans un système contemporain d'objectifs, la qualité totale est un paramètre clé qui prend place dans les outils de pilotage en interdépendance avec la productivité et la flexibilité pour obtenir performance et compétitivité.

Dans cette approche, l'entreprise doit fidéliser des clients qu'elle connaît bien et dont elle satisfait en permanence les attentes, réduire les coûts liés au gaspillage des ressources, motiver tout son personnel en le mobilisant sur cet objectif, améliorer son image de marque.

La gestion de la qualité, prise au sens large, inclut la gestion des services, la gestion des délais, la gestion des stocks, la gestion des prix, donc tous les éléments qui sont sources de performance et de compétitivité dans l'environnement contemporain.

La gestion de la qualité nécessite la mise en place d'un système d'information permettant l'écoute permanente des différents niveaux de clientèles pour répondre à leurs attentes. En captant de nombreuses informations, ce système de veille va être un puissant facteur de mobilisation des ressources humaines.

Enfin, en recherchant des améliorations constantes pour s'adapter aux attentes de la clientèle, la gestion de la qualité est un puissant facteur d'innovation tant de produits que de procédés.

La qualité peut procurer des avantages stratégiques certains, elle doit donc être gérée en tant que telle.

1.2 La gestion de qualité est une source de dynamique organisationnelle

La prise en compte de la qualité comme paramètre suppose des moyens et une animation de ces moyens. La dynamique organisationnelle qu'implique la gestion de qualité contribue au bon fonctionnement de l'entreprise.

a) Une meilleure cohésion des acteurs

La mise en place de méthodes de gestion de la qualité et de démarches de qualité totale instaure dans l'organisation un état d'esprit et une culture commune pour tous les acteurs, pour toutes les activités de manière transversale sans distinction de métier ou de niveau hiérarchique.

Cette cohésion des acteurs peut produire des effets bénéfiques bien au-delà du seul domaine de la qualité.

b) Un état permanent de recherche d'innovations et d'adaptations

De plus, cette gestion de la qualité permet un état permanent de recherche d'améliorations (démarche Kaisen), d'innovations et d'adaptations dans tous les domaines de la production mais aussi de la distribution et de l'organisation.

Au-delà des gains de productivité directs issus de la gestion de la qualité, une meilleure adéquation de la structure aux produits et aux marchés est souvent obtenue.

2. La gestion de la qualité reste difficile

Mais l'observation des pratiques et des résultats des démarches de gestion, au sein des entreprises françaises et étrangères de toutes tailles, montre que de nombreuses difficultés apparaissent tant dans les méthodes (2.1) que dans l'organisation et ses acteurs (2.2)

2.1 Les méthodes de gestion de la qualité

a) Les premières formalisations de la gestion de la qualité

Comprenant les enjeux de la qualité tout en observant la diversité et les difficultés des pratiques dans les entreprises, plusieurs auteurs ont essayé de formaliser des démarches et des méthodes pour faciliter la gestion de la qualité.

• Ainsi, Colignon et Wissler (1984) décomposent le système de gestion de la qualité en quatre sous-systèmes : les activités de finalisation, pour définir la politique de qualité, les activités de prévention pour empêcher l'apparition de la non-qualité, les activités de détection pour mesurer la qualité obtenue et les activités de correction.

• Ishikawa (1980) montre l'importance de la gestion de la qualité en élaborant un outil, les cercles de qualité et une démarche de recherche des causes de non-qualité (le diagramme cause-effet).

De nombreux praticiens comme Shingo (1980) proposent des outils ponctuels pour améliorer la qualité, comme le système poka-yoke, pour éviter les erreurs de manipulation dans le processus de production.

Par ailleurs, divers organismes ont contribué en élaborant des normes à formaliser des méthodes pour arriver à satisfaire à ces normes. C'est le cas en France d'organismes comme l'AFNOR (Association française de normalisation), comme l'AFCEQ (l'Association française des cercles de qualité), comme l'AFAV (l'Association française d'analyse de la valeur).

Les outils et moyens pour gérer la qualité font appel à des domaines et des disciplines variées : les statistiques comme le diagramme de Pareto, les calculs de coûts, l'analyse de la valeur, le « brainstorming » avec les cercles de qualité, le diagramme cause-effet, etc.

Le caractère très empirique de ces méthodes, la diversité des approches proposées montrent bien la difficulté à transformer l'objectif stratégique de qualité en une méthode opérationnelle de conduite de l'entreprise. Mais paradoxalement, cette difficulté à maîtriser la qualité, conduit à une remise en cause permanente de l'organisation et contribue largement à son dynamisme.

b) Les méthodes ne suffisent pas

L'élargissement des préoccupations de la gestion de la qualité n'a pas été accompagné par des progrès comparables des outils de gestion.

En effet, la gestion de la qualité n'était au début qu'un contrôle technique des produits en fin de chaîne : les méthodes à mettre en œuvre sont celles relevant de la production. Puis, la gestion de la qualité se transforme progressivement en un contrôle continu tout au long des étapes de production, et enfin en un service qualité qui gère toutes les fonctions de l'entreprise pour assurer un certain niveau de satisfaction.

En devenant encore plus globale, avec l'approche « qualité totale », la gestion de la qualité doit intégrer des éléments organisationnels et humains, au-delà des seuls éléments techniques. En effet, les paramètres à gérer, pour maîtriser la qualité tout au long du processus, sont nombreux et complexes, des plus objectifs au plus subjectifs comme la conformité à un cahier des charges, le respect de normes techniques, la fiabilité, la sécurité, la durée de vie, le délai associé, les services attachés, le prix, l'esthétique.

Ces éléments s'appliquant aussi bien au produit (ou service) qu'aux processus d'approvisionnement, de production, de distribution qui s'y rattachent, il est donc difficile de tous les maîtriser et de les améliorer en permanence. Les méthodes disponibles sont le plus souvent parcellaires, alors que l'approche doit être globale ; de plus, leur efficacité est très contingente.

c) L'évaluation de la gestion de la qualité

En effet, la mise en place de ces démarches constitue un investissement en temps, en hommes, en capitaux dont il est difficile de mesurer la rentabilité.

L'évaluation subjective faite par les clients n'a pas la même rigueur et la même logique qu'un calcul du contrôleur de gestion. La définition même de la qualité, liée à la satisfaction du client, la rend difficile à évaluer.

Sans pouvoir mesurer la qualité, les efforts faits pour l'évaluer ont été un facteur considérable de remise en cause des procédures de la comptabilité analytique. Ainsi la notion de coûts cachés, mise en évidence par H. Savall (1987), a permis de mettre en évidence que les coûts de la non-qualité sont plus importants qu'ils n'apparaissent de prime abord, et surtout qu'une gestion efficace de la qualité doit comparer coût de la qualité et coût de la non-qualité.

La difficulté à évaluer la qualité (sa mesure, son coût, son impact), bien que pénalisante pour prendre des décisions, constitue un puissant facteur de stimulation et d'innovation, ce qui contribue fortement à la dynamique organisationnelle des entreprises engagées dans le management de la qualité totale.

2.2 Les problèmes de structure

a) L'adéquation de la structure

La gestion permanente de la qualité suppose la mise en place de procédures de travail, de règles de fonctionnement pour respecter les normes, les standards, pour résoudre les problèmes de non-qualité qui apparaissent, pour réfléchir à des améliorations possibles.

La structure de l'organisation doit donc permettre une certaine souplesse de fonctionnement pour faire évoluer ces procédures, doit laisser une autonomie et une responsabilité aux acteurs pour qu'ils décident et qu'ils agissent. Aussi, les structures par projet, les structures aplatles, l'Ingénierie simultanée semblent faciliter la gestion de la qualité.

Avec la multiplication des stratégies d'alliance, la gestion de la qualité passe aussi par l'élaboration de procédures au-delà des frontières propres de l'entreprise, chez ses fournisseurs et partenaires divers. Cela suppose des similitudes de fonctionnement, de contrôle, de formation, d'évolution entre partenaires. Ainsi, les constructeurs automobiles comme Renault, ou PSA, ont-ils engagé des programmes conjoints avec leurs fournisseurs pour améliorer la qualité, qui ont nécessité d'harmoniser les structures (systèmes d'information, niveau de décision homogène entre partenaires pour gérer les flux de production, etc.).

Ces conditions structurelles ne sont pas toujours remplies, et la structure, mal adaptée aux changements rapides qu'exige la gestion de la qualité, peut être un frein. Si bien que l'organisation de la gestion de la qualité est très contingente à chaque entreprise en fonction de son activité, de sa taille, de sa technologie, de son environnement. Il n'y a pas de modèle structurel standard pour gérer la qualité et être sûr de sa « rentabilité », d'autant que l'impact de la structure sur la gestion de la qualité est très lié aux comportements des acteurs.

b) La résistance des acteurs

La qualité n'existe pas de manière intrinsèque dans l'ambiance d'une organisation ; elle n'est pas une préoccupation naturelle de l'organisation : il faut la provoquer, la canaliser, l'entretenir en permanence. Il faut impliquer les acteurs pour créer la dynamique organisationnelle qui permettra d'atteindre la qualité et de la maintenir.

Si tous les acteurs d'une organisation sont concernés, il est clair que le ou les dirigeant(s), les chefs d'entreprises des PME, les différents directeurs d'une grande entreprise doivent être les leaders, les moteurs de cette gestion de la qualité.

L'autorité et/ou le pouvoir, représentés par un ou plusieurs hommes, doivent inciter, stimuler, montrer en permanence par les discours et les actes l'adhésion à cet esprit de gestion de la qualité. Les différents responsables, chacun à son niveau (entreprise, département, usine, atelier), doivent chercher en permanence à améliorer la qualité en suivant et en évaluant les efforts faits par l'ensemble du personnel pour gérer tous les éléments de la qualité à tous les niveaux de la structure, au sein de toutes les activités de l'entreprise.

De plus, les exigences de la gestion de la qualité s'opposent aux procédures routinières, aux habitudes et rencontrent, de ce fait, une opposition de la part des acteurs qui peuvent y voir une remise en cause de leur zone de pouvoir. Il faut alors montrer en quoi la gestion de la qualité peut leur fournir de nouvelles possibilités de prérogatives personnelles.

La gestion de la qualité nécessite, le plus souvent, une culture particulière.

c) La communication interne et externe

La culture de la gestion de la qualité ne peut se développer que si tous les acteurs de l'organisation sont informés, formés en permanence. La communication doit être transversale entre les métiers, les activités ; elle doit être aussi bien descendante qu'ascendante pour associer le terrain et les décideurs. Ainsi, le slogan d'EDF, « On vous doit plus que la lumière », est-il un puissant élément de mobilisation interne transversale. La même campagne, en mettant en avant des éléments de service (ponctualité des rendez-vous donnés, conseils sur la puissance à installer, etc.), insiste sur la qualité due au client au-delà des éléments techniques (la production d'électricité) qui ont été longtemps la seule base de la culture d'EDF.

Au-delà de l'organisation, il faut gérer l'information et la communication à l'extérieur aussi bien pour diffuser des messages à l'environnement que pour capter de l'information en provenance de tous les partenaires et des concurrents. C'est le rôle de toutes les formes de veille commerciale, technologique, stratégique.

Conclusion

Si la qualité est devenue une nécessité dans toutes les dimensions de la stratégie des entreprises, ce n'est pas une préoccupation qui apparaît de manière simple et naturelle dans l'organisation. La qualité doit être voulue et pensée dans l'organisation. Elle doit être gérée en tant que telle, en permanence, dans toutes les procédures de l'organisation (administratives, commerciales, etc.) et pas seulement au stade de la production.

La gestion de la qualité ne peut donner de résultats positifs que si elle est pensée globalement comme un processus général d'amélioration permanente de l'organisation, dans un contexte de maintenance préventive.

Dépassant l'effet de mode lié à son émergence et à sa reconnaissance comme facteur de compétitivité des entreprises japonaises, la gestion de la qualité s'avère être un outil de gestion efficace et durable dès lors qu'elle correspond à un état d'esprit, une culture partagés par l'ensemble des acteurs de l'entreprise.

3. Éléments d'auto-évaluation

• Le plan « minimum » attendu sur ce libellé de sujet par le jury est bien sûr «1. aspects stratégiques et 2. aspects organisationnels » ; les correcteurs valoriseront donc par des points supplémentaires un autre plan analytique plus orienté qui intégrera ces deux dimensions.

• Le sujet est considéré comme classique parce que étudié depuis longtemps dans de nombreux ouvrages ; les connaissances ne doivent donc pas faire défaut.

Les correcteurs ne peuvent se contenter d'une définition succincte non décortiquée, d'analyses partielles.

La note sera d'autant meilleure que le candidat présentera toutes les questions et les problèmes qui se posent aujourd'hui pour les entreprises en intégrant les caractéristiques de l'environnement économique et technologique.

POINT DE MÉTHODE

Ceci est un point méthode important qui devient un point d'évaluation également important : sur des thèmes récurrents en gestion, le candidat se différenciera des autres s'il sait, au-delà des définitions et analyses générales, situer le problème c'est-à-dire le replacer dans le contexte actuel en soulevant les nouvelles dimensions qui apparaissent, les nouvelles solutions ou les nouvelles difficultés.

- Des points supplémentaires seront accordés si le candidat introduit au bon moment quelques illustrations et intègre des références d'auteurs lorsqu'il en présente les concepts essentiels.

1992

Sujet conforme à la réforme

Thème : **Diagnostic d'entreprise**

Énoncé

Vous rédigerez un rapport faisant ressortir diagnostic et solutions proposées pour essayer de pallier les difficultés passagères éprouvées par Herbeco, surtout dans le domaine de la production et dans le domaine financier.

(Voir documents annexés pages 67 à 69.)

Comment situer le sujet dans le programme ?

Thèmes du programme abordés	Correspondance avec le manuel[1]
3. Les stratégies : analyse stratégique	Chap. 14 – Stratégie et démarche stratégique Chap. 15 – Diagnostic de la dynamique concurrentielle Chap. 16 – Diagnostic de la dynamique organisationnelle
6. Les fonctions des organisations	Les différents chapitres consacrés aux fonctions concernées

NB: Un sujet portant sur le diagnostic d'un cas concret d'entreprise est nécessairement assez transversal et concerne en fait presque l'intégralité du programme.

Indication de temps[2]	Niveau de difficulté[3]
Lecture et analyse du sujet : 1 heure Recherche des idées : 1 heure 30 Rédaction : 1 heure 30	2

(1) Manuel de référence : J.-L. Charron et S. Sépari, *Organisation et gestion de l'entreprise, DECF n° 3*, Dunod, 1998.
(2) Durée globale de l'épreuve : 4 heures.
(3) Niveaux de difficulté notés de 1 à 4 par ordre croissant.

Les spécificités du sujet

1. Type de sujet

Il s'agit d'une étude de cas. La nature de l'épreuve, telle qu'elle est définie dans le programme, peut être une « dissertation ou étude d'un ou plusieurs cas pratiques et commentaires ».

C'est donc un cas pratique où le candidat doit faire un diagnostic général qui devra conduire à formuler des propositions d'amélioration de la gestion.

Bien qu'il s'agisse d'une analyse d'un cas concret, la trame générale de traitement d'un sujet s'applique en tant que démarche de travail.

2. Problème posé par le sujet

Le cas présenté est celui d'une entreprise de taille moyenne, récemment créée, qui connaît des difficultés passagères.

Le diagnostic ne semble pas devoir remettre en cause la stratégie (rappel : Herbeco est présentée comme une « entreprise qui réussit bien »). Le positionnement stratégique sur le secteur des produits cosmétiques à base de produits naturels n'est pas contesté mais les moyens mis en œuvre dans le domaine de la gestion de la production et la finance sont à revoir.

Le problème posé par le cas est celui de la ***maîtrise de la croissance*** dans le cadre d'une PME/PMI.

3. Esprit du sujet

De manière générale, une étude de cas n'est ***ni un «problème», ni un «exercice»,*** dans la mesure où il n'y a ***pas de solution unique*** mais des pistes diverses de solution, plus ou moins satisfaisantes.

De plus, dans toute situation réelle, il est pratiquement impossible d'avancer des solutions sans intégrer le contexte humain (le comportement, la personnalité, le climat social, etc.) ce qui conduit souvent à proposer une solution de « compromis » et non pas la meilleure solution « mathématiquement » parlant.

La cohérence d'ensemble (diagnostic + propositions d'amélioration) est primordiale dans le jugement du jury sur le travail du candidat.

(*NB:* Ici toutefois le cas est relativement fermé et l'énoncé oriente fortement le rapport que le candidat doit rédiger.)

Par ailleurs, les données fournies dans un cas ne sont pas toutes nécessaires, elles ne sont pas non plus suffisantes. Il faut donc ***faire un tri*** entre :
- les informations pertinentes et celles qui ne le sont pas ;
- les informations fournies et celles qu'il serait nécessaire de demander en complément.

En cas de manque flagrant d'informations, il est possible au candidat de faire des hypothèses, des estimations ; il faut toutefois ne pas abuser de cette possibilité.

Il convient aussi de rapprocher les informations entre elles pour s'assurer de leur cohérence, de leur validité. Une incohérence entre des informations n'est généralement pas la marque d'une erreur dans le sujet mais plus vraisemblablement d'une contradiction dans le réel, contradiction significative d'un problème, d'une différence d'appréciation entre deux points de vue.

Document annexé

Herbeco SA

La société anonyme Herbeco, dont le siège social se situe dans les Alpes-Maritimes, a été créée en 1982 par des associés très sensibilisés par les problèmes écologiques. Cette entreprise, qui réussit bien, est spécialisée dans la production et la commercialisation de produits cosmétiques naturels et de produits de saponification.

De 1982 à 1985, la croissance a été modérée, les clients étant surtout de petites parfumeries locales, voire des droguistes. Le nombre de références, à l'époque, était d'environ 150 avec une dizaine de lignes de produits. En novembre 1985, un tournant est pris par la signature d'un contrat important avec la centrale d'achat d'un groupe important spécialisé dans la commercialisation de cosmétiques en général.

Herbeco SA, pour satisfaire cet important client, investit alors dans une chaîne moderne de moulage des savons qu'elle acquiert toutefois à un prix modique (rachat à une entreprise défaillante).

La prudence de l'équipe de direction et la créativité des hommes du laboratoire vont entraîner ensuite un développement harmonieux de la société par l'innovation permanente, la veille technologique et la satisfaction d'une clientèle toujours plus exigeante, tant sur le plan de la nouveauté que sur celui de la prise en compte des problèmes de santé et d'hygiène.

En 1991, la société compte plus de 400 références ! Entre-temps, bien sûr, la distribution s'est singulièrement étoffée, en quantité et en qualité : 52 boutiques spécialisées à l'enseigne Herbeco, non tenues par un contrat de franchise, mais par un « contrat moral » de coopération entre un commerçant et le fournisseur. Le système est très efficace et donne globalement satisfaction à tous les partenaires.

Depuis 1985, les investissements en production et en commercial ont été réalisés régulièrement, sans bouleversement des modes de production.

Pourtant, quelques problèmes vont apparaître à partir de l'année 1990. Les stocks et les en-cours ont augmenté de façon importante (surtout les en-cours), et des problèmes de réclamations ont été constatés (surtout concernant la casse et la fiabilité des emballages lors des livraisons). Les dirigeants ne s'inquiètent pas trop, mais les commissaires aux comptes les ont alertés sur les conséquences dommageables de surstockage au niveau de la trésorerie de l'entreprise.

On peut noter aussi qu'un grand nombre de boutiques, en particulier au nord de la Loire, ne sont pas livrées correctement : des retards, des ruptures inexplicables qui irritent considérablement leurs responsables. Ceux-ci se sentent moins bien estimés que leurs homologues du Midi et ils le font vertement remarquer lors des réunions annuelles organisées par l'état major d'Herbeco.

Il est à observer enfin une grande rotation des produits qui ont une durée de vie beaucoup trop éphémère. Le contrôleur de gestion a suggéré récemment la mise en place d'une comptabilité analytique plus performante avec, en particulier, une modification de la clef de répartition des coûts fixes. Cette réforme permettrait de mieux rentabiliser les produits « dilemmes ».

La fin de l'année 1991 voit la naissance de quelques inquiétudes de la part des dirigeants qui vont envisager un audit complet de leur société.

Vous êtes l'éminent collaborateur d'un cabinet de conseil en management, et, à ce titre, le président du conseil d'administration de la société Herbeco SA sollicite vos conseils.

ANNEXE 1

Diagnostic audit social

Forces

- Forte cohésion du personnel avec les dirigeants.
- Accords d'intéressement depuis trois ans.
- Assez bonne motivation des salariés.
- Présence d'un journal interne.
- Existence de deux cercles de qualité se réunissant deux fois par semestre.
- Structure DPPO (Direction Participative Par Objectifs).

Faiblesses

- Manque de suivi de la politique de ressources humaines.
- Nouveaux embauchés souvent peu formés.
- Coûts importants en main-d'œuvre temporaire.
- Relations publiques peu développées.
- Tensions dans les ateliers pendant les périodes de « crêtes saisonnières ».
- Échec d'un projet d'individualisation des salaires.

ANNEXE 2

Herbeco SA

Soldes intermédiaires de gestion

En millions de francs

	1986	**1987**	**1988**	**1989**	**1990**	**1991**
Production vendue	18	27	40	49	62	80
Production stockée	(0,4)	(0,2)	0,1	4	8	10
Production/exercice	**17,6**	**26,8**	**40,1**	**53**	**70**	**90**
Achats d'approvisionnements	10,5	15,5	20,5	24,5	32,5	40
Variation stocks approvisionnements	0,1	0,1	0,2	0,8	(1,8)	(2)
Services extérieurs	1,8	3,2	4,7	5,9	8,4	12
Valeur ajoutée	**5,2**	**8**	**14,7**	**21,8**	**30,9**	**40**
Charges de personnel	3,8	6	9,1	13,1	15,5	22
Excédent brut d'exploitation	**1,4**	**2**	**5,6**	**8,7**	**15,4**	**18**
Dotations aux amortissements	0,3	0,8	0,8	0,8	1,1	1,2
Autres charges	0,2	0,3	1,7	3,4	5	5,8
Résultat d'exploitation	**0,9**	**0,9**	**3,1**	**4,5**	**9,3**	**11**
Produits financiers	–	0,5	0,6	0,3	0,1	0,1
Charges financières	0,2	0,9	1,8	2,3	5,2	7,2
Résultat courant	**0,7**	**0,5**	**1,9**	**2,5**	**4,2**	**3,9**
Participation des salariés	0,2	0,1	0,8	1,1	2,5	2,8
Résultat net comptable avant impôts	***0,5***	***0,4***	**1,1**	***1,4***	***1,7***	***1,1***

ANNEXE 3

Données sur les effectifs

- Le personnel est passé de 40 salariés en 1986 à 140 en 1991.
- Le *turn-over*, quant à lui, s'élevait à 25 % en 1986. Il est monté à 37,5 % en 1991.

Données sur les produits

Ce sont des cosmétiques naturels, des « savons de Marseille », des huiles essentielles, des lignes de parfums pour hommes, dames et enfants, déodorants, bouquets de fleurs séchées, souvenirs de Provence, etc.

Données sur le marché

Évolution du marché des cosmétiques naturels et des produits de beauté à base de plantes :

- 1990 : + 9 % (10,5 % en réalité)
- 1991 : + 7 %
- 1992 : + 7 %
- 1993 : + 5 %
- 1994 : + 5 %

Source : Étude d'un cabinet privé d'études de marché.

Données sur les implantations de boutiques

La société Herbeco SA possède un réseau de distribution constitué de magasins « en fausse franchise », implantés surtout dans le Sud de la France, mais aussi dans le Nord.

- 1986 : 25 boutiques dont 2 au Nord.
- 1991 : 52 boutiques dont 23 au Nord.

Perspectives pour les cinq années à venir

Cinq implantations nouvelles par an en évitant que les boutiques ne se fassent une « fausse concurrence » par la signature de contrats d'exclusivité de zone.

Corrigé commenté et évaluation

Analyse du sujet

1. Identification et définition des mots clés du sujet

L'énoncé du cas contient des informations sur le fond qu'il faut repérer par une lecture attentive, alors que l'énoncé du travail à faire donne les informations sur la forme que doit prendre le travail. Trois mots clés donnent les pistes de travail : « rapport », « diagnostic », « solutions ».

• *«Rapport»*

Ce n'est pas une dissertation qui est demandée mais un rapport, c'est-à-dire un exposé sur la situation de l'entreprise et l'avis que le candidat a sur cette situation.

• *«Diagnostic»*

C'est l'identification de la nature d'un problème (d'une maladie) par l'interprétation des signes extérieurs (symptômes). Il faut donc partir des « signes » qui sont donnés dans le dossier de présentation du cas.

Bien souvent, ces signes sont insuffisants. Dans la réalité, il faudrait recourir à des études, des recherches complémentaires, tout comme un médecin demande des examens complémentaires pour compléter un diagnostic. Dans le cadre d'un sujet d'examen, le candidat peut faire part des informations importantes qui paraissent lui manquer et qui devraient faire l'objet d'une investigation complémentaire.

• *«Solutions»*

Le sujet demande, de façon nette, au candidat d'insister dans son rapport sur les faiblesses de la situation, plutôt que sur les forces, et de faire des propositions pour résoudre ses difficultés.

2. Analyse du libellé du sujet et des documents annexés

• *Les mots clés définissent clairement ce qui est attendu du candidat*

Le sujet est très précis sur le diagnostic demandé : les difficultés sont annoncées comme « passagères » et concentrées dans deux domaines, la production et la finance. Le diagnostic du candidat est donc guidé par ces indications, mais il doit les confirmer et les compléter.

• *Repérage des informations dans le dossier de présentation du cas*

Le dossier a la structure suivante :

– présentation générale de la société ;
– diagnostic du volet social donnant à la fois des indications sur les ressources humaines d'Herbeco et une trame de présentation (à généraliser à votre devoir ?) en termes de forces et de faiblesses ;
– tableau des soldes intermédiaires de gestion ;

– annexe présentant des données ponctuelles complétant/précisant des points particuliers.

Après un balayage rapide pour identifier la teneur du dossier, il convient de procéder à une lecture plus approfondie pour repérer les informations les plus importantes donnant des pistes de travail (*cf.* § Démarches et questionnements ci-après).

POINT DE MÉTHODE

- Dans le dossier d'un cas pratique, des données sont inutiles, d'autres sont manquantes.
- Dans la solution d'un cas pratique, la cohérence de la proposition faite par le candidat prime sur sa conformité formelle à une solution type.

3. Débats et questions autour du sujet

• La construction et l'interprétation d'un ***tableau de bord*** pour piloter l'entreprise, tant sur le plan opérationnel que sur le plan stratégique, peuvent être évoquées.

• Le ***dilemme croissance/rentabilité***: la croissance se fait souvent au détriment de la rentabilité, mais la rentabilité est nécessaire pour pouvoir financer durablement la croissance.

• La question de la ***structure de financement***: le poids excessif des charges financières peut conduire à s'interroger non seulement sur le surstockage mais sur la faiblesse des capitaux propres pour financer le besoin en fonds de roulement. En effet, l'accroissement des stocks est réputé dû essentiellement aux en-cours (*cf.* texte de présentation de la société Herbeco), il se peut que le processus de production « écologique » génère techniquement ce gonflement des en-cours (par exemple : séchage naturel des plantes), c'est alors la structure de financement qui est en cause et non pas la gestion de la production.

• Toutefois, dans le cas présent, comme l'illustre la remarque précédente, toute interrogation qui sort du cadre prévu par l'énoncé se heurte au manque de données pour conduire un diagnostic global sur l'entreprise. Il convient donc de s'en tenir aux pistes suggérées par l'énoncé.

Inventaire des éléments pour traiter le sujet

1. Repères théoriques

En termes de supports d'analyse, ils sont relativement peu nombreux.

• L'expression de « ***produits dilemmes*** » fait référence à la matrice de positionnement stratégique des produits du Boston Consulting Group.

• L'importance des stocks conduit à s'interroger :

– d'une part, sur la place de la ***fonction mercatique*** dans cette entreprise : les besoins du marché sont-ils bien détectés en nombre et en qualité ?

– d'autre part, sur la ***gestion de la production***: une gestion de production à flux tendus (production en juste à temps, méthode Kanban, etc.) peut être proposée comme piste d'amélioration.

• Le ***diagnostic en termes de forces et de faiblesses*** évoque la matrice TOWS (ou SWOT) de Weihrich : menaces (*Threats*), occasions (*Opportunities*), forces (*Strenghts*), faiblesses (*Weaknesses*).

• De façon plus générale, les ***outils de diagnostic stratégique*** peuvent être évoqués (comme la chaîne de la valeur de Porter, etc.), mais il ne semble ni techniquement possible ni fonctionnellement pertinent d'y recourir. D'une part, le peu d'informations données dans le cas ne permet pas de nourrir des modèles d'analyse stratégique ; d'autre part, l'énoncé confie une mission sur des problèmes plus opérationnels et indique que la stratégie n'est pas à remettre en cause (*cf. «une entreprise qui réussit bien», «difficultés passagères»*).

Ce sujet se prête donc assez peu aux références théoriques, et ce d'autant plus que, compte tenu de l'énoncé, le candidat est supposé effectuer un diagnostic dans le cadre d'un cabinet conseil. Les dirigeants de la société sont donc demandeurs d'un diagnostic concret où les références théoriques n'ont qu'un intérêt limité, sauf s'il s'agit de supports d'une démarche.

En termes de connaissances, presque chaque information donnée dans l'énoncé fait référence à des connaissances « théoriques » supposées maîtrisées par le candidat (par exemple, interprétation des soldes intermédiaires de gestion) mais le sujet ne demande pas au candidat de réciter des connaissances.

Il n'est pas inutile de rappeler la formulation officielle de l'objectif de l'épreuve :

> « L'objectif de l'épreuve est de montrer que le candidat a une bonne connaissance :
> – des cadres théoriques de réflexion sur les organisations ;
> – des outils de diagnostic et d'intervention en matière d'organisation des entreprises et autres entités.
>
> Dans ce dernier cas, il doit être capable de localiser tous les dysfonctionnements au regard d'un certain nombre de critères usuels en organisation. »

Le cas demande que le candidat utilise ses connaissances pour comprendre les données, les interpréter et en tirer des conclusions en termes de propositions d'améliorations.

2. Démarches et questionnements pour mobiliser les idées

POINT DE MÉTHODE

- Compte tenu du caractère très pratique de ce sujet, l'essentiel des idées à mobiliser résulte de l'analyse des documents décrivant la situation de l'entreprise.
- Le questionnement doit porter sur les liens entre les données contenues dans le dossier.

2.1 Questionnement générique : qui, quoi, quand, comment...

• Quelles méthodes de diagnostic utiliser ?

• Quels sont les indicateurs qui permettent de dire que l'entreprise Herbeco « a bien réussi » ?

• Quels sont les indicateurs qui révèlent les difficultés évoquées dans l'énoncé ?

• Comment repérer les causes, les conséquences d'un surstockage ?

• Comment repérer les causes, les conséquences de problèmes de gestion de la production ?

• Quelle peut être la nature des problèmes de gestion de la production évoqués dans l'énoncé ?

• Même question pour les problèmes financiers.

• Depuis quand est-il possible de dire qu'Herbeco connaît des difficultés ?

• Qui sont les décideurs ? Où sont prises les décisions ? Qui est « responsable » ?

2.2 *Analyse des informations descriptives du cas*

a) Présentation générale de la société

• Réussite de l'entreprise créée en 1982.

• Domaine d'activités : production et commercialisation de produits cosmétiques naturels.

• Croissance modérée jusqu'en 1985 : clientèle de petites parfumeries locales, 10 lignes de produits et 150 références.

• Fin 1985 : contrat avec une importante centrale d'achat, ce qui fait changer d'échelle de production.

• Investissement dans une chaîne de moulage et ensuite investissements réguliers en production et en commercial. mais sans changement des modes de production.

• Développement harmonieux : prudence des dirigeants + créativité des hommes de laboratoire.

• 1991 : réseau de distribution étoffé de 52 boutiques avec « un contrat moral », 400 références.

Les problèmes évoqués :

• Gonflement des stocks (notamment d'en-cours) et réclamations liées à des problèmes de casse, d'emballage, etc.

• Mauvaise livraison des boutiques dans le Nord de la France.

• Durée de vie éphémère des produits et système d'information à revoir pour connaître la rentabilité exacte des produits.

b) Diagnostic audit social (annexe 1)

Des forces et des faiblesses significatives d'un dualisme des ressources humaines : les forces résultent du personnel permanent, les faiblesses sont imputables à la main-d'œuvre temporaire.

c) Soldes intermédiaires de gestion (annexe 2)

Il convient de noter que le tableau des SIG n'est donné que pour les 6 derniers exercices, c'est-à-dire après le tournant de 1985 constitué par le contrat avec la centrale d'achat.

Compte tenu du temps imparti pour l'épreuve, il convient de s'attacher aux grandes tendances d'évolution et de faire le lien entre les grandeurs significatives.

• Croissance ininterrompue de la production de l'ordre de 35 % par an.

• Gonflement net de la production stockée (multipliée par 100 de 89 à 91), elle représente plus de 10 % de la production de l'exercice en 91.

• Augmentation de la productivité du personnel puisque l'effectif employé est multiplié par 3,5 (28 % par an en moyenne) sur la période alors que la production est multipliée par 4,44 (35 % par an). D'où, logiquement, une hausse de la production et de la valeur ajoutée par salarié.

• Augmentation plus forte des charges de personnel que l'accroissement de la production vendue.

• Une croissance des services extérieurs (transports ?) supérieure à celle de la production.

• La croissance considérable des frais financiers, multipliés par 36 sur la période (plus de 100 % d'augmentation par an !) ; il faudrait sans doute faire la part due à une éventuelle hausse brutale des taux d'intérêt mais la tendance traduit cependant le poids des stocks dans le besoin en fonds de roulement.

• De façon générale, les indicateurs de résultat de l'entreprise se sont améliorés nettement jusqu'au résultat d'exploitation mais la dérive des frais financiers et l'importance de la participation des salariés conduisent à une régression du résultat net avant impôts qui, après une hausse forte de 86 à 88, plus faible de 88 à 90, régresse en 91. Si bien que, par rapport à la production vendue, le résultat net a diminué de moitié entre 1986 et 1991.

d) Informations générales (annexe 3)

Cette annexe est constituée d'une série de données complétant/précisant certains points.

• Les flux de personnel et le *turn-over* à rapprocher de la progression de la production, des frais de personnel et des données de l'audit social sur le dualisme des ressources humaines employées.

• Précisions sur la nature des produits (pas d'intérêt véritable).

• Les données sur le marché montrent un relatif tassement de la progression de la demande. La demande continue de croître mais le taux sera décroissant.

• La croissance du réseau des boutiques s'est faite essentiellement dans le Nord à partir de 1986 (27 boutiques nouvelles dont 21 dans le Nord, soit un peu plus de 5 boutiques nouvelles par an).

• Prévision d'implantation : 5 boutiques nouvelles par an. À rapprocher du chiffre précédant alors qu'il est indiqué que la demande va croître un peu moins vite que par le passé.

3. Éléments d'analyse intéressants à développer

• ***Le caractère interdépendant des problèmes*** doit être mis en avant, comme le lien mécanique entre croissance du chiffre d'affaires et accroissement du besoin en fonds de roulement, et donc nécessité de trouver des solutions de financement de ce besoin (ici accroissement des charges financières en raison du poids des concours bancaires).

• ***Tout point fort s'accompagne souvent d'un point faible*** corrélatif : ainsi la dynamique commerciale qui engendre une forte innovation (point positif) se traduit par un excès relatif de références, ce qui provoque un surstockage (point négatif) ; les impacts positifs de l'implication du personnel permanent (due notamment à un accord d'intéressement) se trouvent en partie contrebalancés par des difficultés rencontrées avec le personnel intérimaire.

Cette idée d'***équilibre systémique*** montre l'importance qu'il y a à s'attacher à maîtriser un processus dynamique comme la croissance : toute force mise en œuvre (par exemple, l'innovation) doit être contrôlée pour limiter l'entropie propre à toute action.

4. Connaissances pratiques, exemples d'entreprises

S'agissant d'un cas pratique, il n'est pas opportun de rechercher des exemples d'entreprises sauf, éventuellement, comme référence pour illustrer (par similitude ou par opposition) un point d'analyse ou une proposition.

En revanche, ce type de cas suppose que le candidat fasse des calculs complémentaires comme l'évolution de la production par salarié employé ou le taux de croissance moyen de la production. Les connaissances pratiques nécessaires ici sont donc celles d'une analyse comptable sommaire.

Les calculs complémentaires que le candidat est conduit à faire doivent être explicités. Pour ne pas alourdir la présentation et gêner la lecture de l'argumentation du rapport, il est conseillé de présenter les calculs complémentaires dans une annexe, avec d'éventuels commentaires justifiant les calculs.

Structuration et développement

1. Problématiques envisageables et plans possibles associés

Ici, la problématique centrale reste la même, à savoir les difficultés de croissance d'une PME, mais la formulation diffère quelque peu, selon que le candidat décide de centrer son rapport sur le diagnostic d'Herbeco ou sur les difficultés rencontrées.

1.1 Problématique centrée sur la démarche de diagnostic

• *Formulation:* L'entreprise Herbeco doit être présentée de manière à connaître ses points forts et ses points faibles, ceux-ci devant donner lieu à des actions correctrices.

• *Portée:* Cette problématique correspond au schéma général d'un rapport d'audit ; son caractère très linéaire lui ôte toute originalité.

• ***Un plan centré sur le processus de diagnostic s'articulerait en trois points:***

1. Présentation de la société Herbeco
2. Diagnostic de la situation de la société
3. Propositions d'amélioration.

Ce type de plan correspond à la structure classique d'un rapport d'audit.

1.2 Problématique centrée sur le thème général de la maîtrise de la croissance

• *Formulation:* Toute croissance réussie s'accompagne de problèmes qu'il faut identifier à temps pour les corriger et pérenniser l'activité de l'entreprise.

• *Portée:* Cette formulation est plus originale ; elle permet plus facilement d'éviter la paraphrase du dossier du cas ; elle offre la possibilité de prendre plus de recul (ce qui présente cependant le risque de faire un exposé trop général).

• ***Le plan suivant correspond à cette deuxième formulation de la problématique. Ce sera celui du devoir rédigé***

Introduction : présentation rapide de la société et justification de la demande d'audit.

1. Une croissance forte mais mal maîtrisée

1.1 Les atouts d'Herbeco
- Sur le plan commercial
- Sur le plan de la production
- Sur le plan des ressources humaines

1.2 Les faiblesses d'Herbeco
- Sur le plan commercial
- Sur le plan de la production
- Sur le plan des ressources humaines

2. Une croissance ralentie à mieux gérer

2.1 Repenser la politique de croissance
- Un contexte porteur mais moins favorable
- Une pause dans la croissance

2.2 Une gestion plus rigoureuse
- Réorganiser la production
- Repenser la logistique
- Mieux gérer les ressources humaines

Conclusion : les propositions ne sont qu'une aide à la décision, elles doivent être confrontées au réel.

• ***Autre plan possible***

Il serait aussi possible de recourir à un plan plus thématique du type :

1. Diagnostic commercial

1.1 Les forces
1.2 Les faiblesses
1.3 Les pistes d'amélioration

2. Diagnostic de la production et de la logistique

2.1 Les forces
2.2 Les faiblesses
2.3 Les pistes d'amélioration

3. Diagnostic de la gestion des ressources humaines

3.1 Les forces
3.2 Les faiblesses
3.3 Les pistes d'amélioration

2. Un exemple de devoir rédigé

Plan retenu : problématique 1.2, 1er plan.

Introduction

Sollicité par les dirigeants d'Herbeco, le cabinet ... a réalisé un audit complet de l'entreprise.

Herbeco SA a été créée en 1982, dans les Alpes-Maritimes. C'est une PME spécialisée dans la fabrication et la commercialisation de produits cosmétiques naturels.

Positionnée sur un marché en expansion, Herbeco a connu une croissance soutenue depuis sa création, mais une baisse de sa rentabilité a alerté ses dirigeants qui ont souhaité en connaître les causes et disposer d'éléments de solution.

Un examen attentif des documents confiés par Herbeco permet de dresser un diagnostic de manière à présenter une première approche de la situation.

1. Une croissance forte mais mal maîtrisée

Herbeco a connu une croissance continue de son chiffre d'affaires puisque, sur la période 1986/91, le taux d'accroissement est en moyenne de 35 % par an. De plus, positionnée sur un secteur en croissance (plus de 5 % par an pour les années à venir), Herbeco a accru sa part de marché; en effet, en 1991 le marché a crû au mieux de 10 % alors que la production vendue par Herbeco a progressé de 29 %.

1.1 Les atouts d'Herbeco

Compte tenu du différentiel important entre le taux de croissance du marché et celui du chiffre d'affaires d'Herbeco, il est évident qu'Herbeco n'a pas seulement profité des circonstances favorables de l'environnement (marché en croissance), mais a su développer des atouts spécifiques pour croître plus vite que le marché.

Les données fournies permettent d'identifier trois séries de facteurs de succès propres à la société Herbeco.

a) Sur le plan commercial

La croissance du chiffre d'affaires est un bon indicateur du succès commercial d'Herbeco qui s'appuie sur une gamme étendue et renouvelée, vendue par un système de distribution efficace.

La gamme de produits a su être adaptée aux besoins du marché grâce à une forte innovation appuyée sur la créativité du personnel.

Le système de distribution original d'Herbeco semble avoir été un facteur de succès. Le « contrat moral » paraît limiter les litiges coûteux, mais aussi les frais de transaction (recours inutile à des avocats, formalisme moins lourd et donc moins coûteux).

Le système de distribution paraît assez bien équilibré entre le Nord et le Sud pour la répartition des boutiques, il conviendrait toutefois de valider ce point.

De même, une étude en termes de répartition du chiffre entre la centrale d'achat et les boutiques serait nécessaire pour juger si Herbeco n'est pas trop dépendant de certains points de vente.

A priori, l'impact de la centrale d'achat semble avoir été positif, puisque ce contrat marque un tournant dans la vie de la société.

b) Sur le plan de la production

La société Herbeco a été en mesure d'accroître sa production de plus de 38 % par an sur la période. Quel que soit l'indicateur utilisé – productivité du personnel, valeur ajoutée, etc. (*cf.* tableau de calculs en fin de copie) –, il apparaît que la productivité s'est améliorée de manière continue tout au long de la période.

Sur le plan technique, la société est donc capable de produire de façon efficiente. De plus, l'entreprise est capable d'innover, ce qui suppose une bonne maîtrise de la veille technologique et l'existence de compétences techniques fortes parmi le personnel.

c) Sur le plan des ressources humaines

La motivation du personnel permanent, sa cohésion avec l'équipe de direction sont assurément des atouts pour Herbeco qui se traduisent en termes de productivité et de créativité. L'audit social réalisé montre de plus un certain intérêt pour la recherche de la qualité (2 cercles de qualité) et une relative implication de cette catégorie de personnel (existence d'un journal interne).

1.2 Les faiblesses d'Herbeco

Toutefois, les valeurs de deux indicateurs importants ne sont pas satisfaisantes et traduisent l'existence de difficultés.

D'une part, les charges financières ont crû bien plus vite que la production puisqu'elles ont été multipliées par 36 sur la période alors que la production l'était par 5.

D'autre part, et de façon encore plus nette, et plus synthétique, le résultat net avant impôt n'a été multiplié que par 2,2 entre 1986 et 1991 et, beaucoup plus inquiétant, il régresse de 35 % au cours du dernier exercice.

Ces deux indicateurs sont des symptômes de difficultés qu'il convient d'identifier pour pouvoir y porter remède.

a) Sur le plan commercial

D'une certaine manière, Herbeco ne maîtrise pas son succès commercial, c'est-à-dire que la progression des ventes ne se traduit pas dans les résultats.

En effet, pour répondre à la demande, les références sont devenues trop nombreuses, ce qui a deux conséquences :

- d'une part, le portefeuille de produits ne semblant pas être géré correctement (*cf.* la durée de vie trop éphémère de certains produits), la rentabilité en souffre car les frais de mise au point des produits ne sont pas amortis sur des périodes assez longues, ce qui pèse sur la profitabilité de ces produits ;
- d'autre part, la multiplication des références provoque des surstockages qui sont l'un des facteurs explicatifs du gonflement des charges financières.

Par ailleurs, l'interrogation sur le poids relatif de la centrale d'achat dans le chiffre d'affaires est à renouveler ici, car il faut s'interroger sur les prix pratiqués avec ce client et s'interroger sur la rentabilité relative de ce client par rapport aux boutiques.

b) Sur le plan de la production

Si la production technique au sens strict paraît satisfaisante, la gestion de la production et, de manière plus large, la gestion de la logistique d'approvisionnement ne donne pas satisfaction.

Les nombreuses réclamations (casse, erreur de livraison) montrent que le suivi des commandes pose problème.

La croissance forte des services extérieurs laisse penser que le transport est largement assuré par des entreprises extérieures (point à valider par des études complémentaires) que Herbeco contrôle mal d'où les erreurs, les dégâts, etc., car la société ne maîtrise pas correctement ses flux de livraison (mouvements de stocks, date d'expédition, conditions d'expédition, etc.).

c) Sur le plan des ressources humaines

La gestion des ressources humaines semble manquer de suivi et conduit à un dualisme entre personnel permanent et personnel intérimaire.

Le personnel intérimaire, mal formé, mal intégré, explique à la fois le *turn-over* élevé, les problèmes de suivi de qualité dans la production (pas de motivation) et l'accroissement des charges de personnel.

Les tensions sociales sont préjudiciables à la bonne marche de la société. L'accord d'intéressement, s'il contribue à la motivation du personnel permanent, est un facteur supplémentaire de tension entre personnel permanent et temporaire.

Par ailleurs, il convient de souligner que les termes de cet accord d'intéressement sont très (trop ?) favorables au personnel car la participation des salariés a augmenté bien plus vite que les résultats, et la participation continue d'augmenter en 1991 alors que le résultat net de l'entreprise baisse fortement.

2. Une croissance ralentie à mieux gérer

Les difficultés diagnostiquées ne remettent pas en cause la stratégie de Herbeco en termes de positionnement sur son secteur d'activités mais montrent clairement qu'un certain nombre d'améliorations doivent être apportées à la gestion de l'entreprise et à la politique de croissance.

2.1 Repenser la politique de croissance

Dans un contexte général qui s'annonce moins favorable que par le passé, Herbeco doit envisager une inflexion de sa croissance pour mieux la gérer.

a) Un contexte porteur mais moins favorable

Le marché s'annonce toujours porteur mais avec des perspectives moins brillantes : 5 % de croissance prévus en 1994 contre près de 10 % en 1991.

Les prévisions d'ouverture de boutiques qui portent sur une moyenne de 5 par an doivent peut-être donner lieu à une étude plus fournie, car c'est le rythme d'ouverture qui avait été suivi dans le passé quand le marché était beaucoup plus porteur.

Le maintien d'un programme soutenu d'ouverture permet sans doute d'accroître la présence de l'entreprise, sa part de marché et éventuellement son image de marque mais au prix d'une diminution de sa rentabilité, or celle-ci doit être redressée.

b) Une pause dans la croissance

Herbeco ne doit pas adopter une politique de fuite en avant qui conduirait à obérer un peu plus sa rentabilité et à terme menacerait sa survie.

L'entreprise, sans perdre de parts de marché, doit se concentrer sur l'amélioration de sa rentabilité et éventuellement sur l'amélioration de sa structure financière.

Si des efforts de gestion peuvent permettre de diminuer le besoin en fonds de roulement (*cf.* ci-après), il convient cependant de s'interroger sur la nécessité éventuelle de recapitaliser l'entreprise qui, comme beaucoup de PME, n'a peut-être pas les moyens de financer sa croissance, d'où les charges financières élevées en raison d'un trop grand recours aux concours bancaires pour financer le fonds de roulement.

2.2 Une gestion plus rigoureuse

Des améliorations peuvent être apportées relativement rapidement dans trois domaines.

a) Réorganiser la production

En liaison avec les équipes commerciales, la direction d'Herbeco doit conduire une réflexion sur ce qu'il faut produire et sur comment le produire.

Une analyse de type 20/80 ou ABC couplée avec une analyse en termes de matrice du BCG (produits « vache à lait », « dilemmes », « points morts », « vedettes ») permettra de repérer les produits qui doivent être maintenus et ceux qui doivent être abandonnés.

Ce type d'analyse devra être pérennisée et systématisée pour éviter un gonflement du catalogue, prélude à un gonflement des stocks, cause de la dégradation du résultat en raison du poids de leur financement.

Une réflexion conjointe sur les méthodes de gestion de la production devrait permettre de réduire les stocks, et notamment les stocks d'en-cours, en préconisant des méthodes de type « flux tendus ». La motivation et l'implication du personnel permanent constituent un environnement favorable pour la mise en place de telles méthodes de gestion de la production.

b) Repenser la logistique

La logistique peut se définir comme le processus de gestion des flux matériels et informationnels. Ce processus n'est pas maîtrisé par Herbeco tant en interne (croissance forte des en-cours) qu'en externe (problèmes de livraison, frais de transport).

Cette action générale sur la logistique doit être conduite conjointement avec la réflexion sur les méthodes de production.

Sur le plan informationnel, il faut améliorer le système d'information pour assurer un meilleur suivi depuis la connaissance de la commande jusqu'à la livraison en passant par le suivi de production.

Dans un premier temps, Herbeco doit étudier le circuit actuel des documents pour repérer les dysfonctionnements. Dans un deuxième temps, le système doit être reconstruit dans son ensemble avec l'idée de piloter le système de production par la prise de commandes depuis les boutiques et d'assurer le suivi de livraison en identifiant parfaitement chaque commande.

Un suivi informatique des commandes permettrait de prévoir des plans de charge plus rationnels (connaissance simultanée des différents besoins) tout en assurant un meilleur service aux clients (prévisions fiables des dates de livraison).

L'amélioration du suivi en termes informationnels permettrait en aval un meilleur suivi des flux physiques par un dialogue plus constructif avec les transporteurs en leur donnant des directives plus précises, et donc des objectifs que Herbeco serait en mesure de contrôler.

Cette action suppose sans doute un premier travail de codification de l'ensemble des produits, et de création d'une nomenclature pour assurer le suivi informatisé de la gestion de la production.

Cet effort permettrait de mieux identifier les inducteurs de coûts, les opérations consommatrices de ressources, etc., ce qui contribuerait à améliorer la comptabilité analytique, reconnue comme déficiente à l'heure actuelle (*cf.* la meilleure répartition des frais fixes demandée par le gestionnaire).

c) Mieux gérer les ressources humaines

Les ressources humaines constituent pour Herbeco à la fois un atout, avec le personnel permanent, et un frein, avec le personnel intérimaire. Ce dualisme est préjudiciable à la bonne marche de la société, aussi faut-il l'atténuer et, si possible, y mettre fin.

Dans un premier temps, il convient donc de s'interroger sur l'opportunité de recourir à du personnel intérimaire : la saisonnalité de l'activité le justifie-t-elle ? La fluctuation imprévisible de la demande en est-elle la cause ?

Par ailleurs, la recherche d'une production à flux tendus peut accroître les besoins en main-d'œuvre, ce qui est contradictoire avec l'objectif recherché de baisse du recours au personnel intérimaire.

Pour concilier ces objectifs, partiellement contradictoires, il faut donc s'orienter vers une démarche d'annualisation du temps de travail du personnel permanent pour suivre les fluctuations de la demande, tout en limitant le recours à du personnel intérimaire, et mettre en place une politique de formation et d'intégration du personnel intérimaire pour le volant d'intérim qui serait cependant encore nécessaire.

La motivation, l'implication et l'intéressement aux résultats du personnel permanent sont autant de facteurs qui devraient rendre possible une négociation sur l'aménagement du temps de travail.

L'intégration du personnel intérimaire résiduel sera sans doute plus difficile à réaliser dans le cadre d'une politique de croissance plus mesurée, mais cette intégration constitue un objectif raisonnable.

Conclusion

La cohérence des propositions avancées dans le présent rapport a été un constant souci de notre cabinet, compte tenu de la forte interdépendance des mécanismes qui expliquent la baisse des résultats de Herbeco dans le domaine financier.

Toutefois, ces propositions ne constituent que des pistes de réflexion conçues comme aide à la décision pour la direction d'Herbeco. Les modalités plus précises d'action seront à définir une fois que la direction de la société aura arrêté sa décision.

Il convient par ailleurs de souligner que la mise en place des actions sur la base de ces propositions, devra se faire en concertation avec le personnel concerné et devra donner lieu à des réunions d'évaluation pour juger des difficultés rencontrées dans la mise en œuvre des actions correctrices.

ANNEXE DU DEVOIR RÉDIGÉ

Calculs complémentaires sur les SIG

(Chiffres des colonnes 1986 et 1991 en millions)

	1986	1991	Coeff. 91/86	Taux annuel moyen (sur les 5 exercices)
Production vendue	18	80	4,44	34,76 %
Production stockée	– 0,4	10	100,00	364,16 %*
Production exercice	**17,6**	**90**	5,11	38,59 %
Achats approvisionnement	10,5	40	3,81	30,67 %
Variation de stocks	0,1	– 2	– 20,00	– 282,06 %
Services extérieurs	1,8	12	6,67	46,14 %
Valeur ajoutée	**5,2**	**40**	7,69	50,39 %
Charges de personnel	3,8	22	5,79	42,08 %
EBE	**1,4**	**18**	12,86	66,66 %
Dotations aux amortissements	0,3	1,2	4,00	31,95 %
Autres charges	0,2	5,0	20,00	96,10 %
Résultat d'exploitation	**0,9**	11	12,22	64,98 %
Produits financiers	0	0,1		
Charges financières	0,2	7,2	36,00	104,77 %
Résultat courant	**0,7**	**3,9**	5,57	40,99 %
Participation des salariés	0,2	2,8	14,00	69,52 %
Résultat net avant impôts	***0,5***	***1,1***	2,20	17,08 %

Personnel (nombre)	40	140	3,50	28,47 %
Boutiques (nombre)	25	52	2,08	15,77 %
Production vendue/salarié	0,45	0,571	1,27	4,89 %
Production/salarié	0,44	0,643	1,46	7,88 %
Valeur ajoutée/salariée	0,13	0,286	2,20	17,06 %
Charges financières/EBE	0,143	0,4	2,80	22,87 %
Résultat exploitation/production vendue	0,05	0,138	2,75	22,42 %
Résultat net/production vendue	0,028	0,014	0,49	– 13,12 %

* Sur les 3 derniers exercices seulement.

3. Éléments d'auto-évaluation

Principales erreurs à éviter

Par rapport aux données du cas

Vous ne devez pas :

- les ignorer et faire un exposé général sur les problèmes de stratégie, de croissance ou de gestion des PME ;
- vouloir les exploiter et les restituer toutes : vous seriez conduit à paraphraser le texte de l'énoncé.

Par rapport à la construction de votre rapport

Vous devez absolument établir le lien entre les éléments et ne pas vous contenter de faire une juxtaposition d'éléments bruts.

Un rapport qui se contenterait de lister les informations repérées dans le texte n'obtiendrait pas la moyenne. C'est la pertinence de la logique d'explication des difficultés et la cohérence des propositions qui constituent votre apport (idée d'approche systémique du cas).

1993

Sujet conforme à la réforme

Thème : **L'homme dans l'organisation**

Énoncé

L'observation de la vie des affaires permet de croire que la réussite d'une entreprise repose sur la pertinence de la stratégie choisie et sur la prise en compte cohérente des ressources humaines mobilisées.

Vous présenterez le rôle de l'homme dans la gestion stratégique de l'entreprise.

Comment situer le sujet dans le programme ?

Thèmes du programme abordés	Correspondance avec le manuel(1)
2. Les structures 4. Les décisions	Chap. 3 – Diriger l'organisation
6.2. Les fonctions de support : le personnel	Chap. 9 – La gestion des ressources humaines Chap. 19 – La gestion des compétences
3. Les stratégies : l'analyse stratégique	Chap. 16 – L'analyse du potentiel de l'organisation
5. Les outils organisationnels : postes	Chap. 5 – L'analyse des postes de travail
Indication de temps(2)	**Niveau de difficulté(3)**
Lecture et analyse du sujet : 20 minutes Recherche des idées : 1 heure 10 Rédaction : 2 heures 30	3

(1) Manuel de référence : J.-L. Charron et S. Sépari, *Organisation et gestion de l'entreprise, DECF n° 3*, Dunod, 1998.
(2) Durée globale de l'épreuve : 4 heures.
(3) Niveaux de difficulté notés de 1 à 4 par ordre croissant.

Les spécificités du sujet

1. Type de sujet

Sur le plan formel, c'est une dissertation classique qui est demandée, avec une analyse structurée dans un contexte précis. Sur le fond, il ne s'agit pas de faire un exposé de cours sur le thème large de l'homme dans l'entreprise mais de s'intéresser à son rôle dans le cadre de la gestion stratégique.

2. Problème posé par le sujet

Le sujet peut être reformulé de manière plus explicite au travers de la question suivante : quels sont les apports, les difficultés générés par toutes les ressources humaines d'une entreprise dans la conduite de ses choix stratégiques ?

Il convient donc d'analyser les relations entre les orientations stratégiques d'une entreprise et les comportements et compétences des individus qui la composent.

3. Esprit et spécificités du sujet

• Le débat se pose **aujourd'hui** sur le plan conceptuel comme dans les pratiques des entreprises : même dans l'environnement technologique fortement automatisé, l'homme est mis en avant, c'est la ressource essentielle de toute entreprise. Les théories récentes présentent des démarches de diagnostic stratégique fondé sur les compétences des hommes de l'organisation *(Ressource Based Analysis)*.

• Les ressources humaines constituent aujourd'hui un **champ d'analyse très important**. Dans l'optique de ce sujet, elles sont considérées dans une optique large ; le rôle des dirigeants aussi bien que celui de tous les autres acteurs de l'organisation doit être analysé, et ceci à toutes les étapes du processus stratégique.

Corrigé commenté et évaluation

Analyse du sujet

1. Identification et définition des mots clés du sujet

Dans le libellé proprement dit du sujet.

- *«Rôle de l'homme»*

Le terme générique utilisé montre que l'analyse doit porter sur tous les acteurs de l'entreprise à tous les niveaux de l'organisation.

Il s'agit aussi bien des décideurs que des exécutants, des productifs, des commerciaux que des financiers.

L'homme doit être considéré en tant qu'acteur avec ses propres objectifs, ses intérêts et ses contradictions, sa rationalité limitée, les conflits qui apparaissent entre les individus, les groupes de pressions et les influences de toute réunion d'acteurs qui doivent coopérer au sein d'une organisation.

- *«Gestion stratégique»*

Elle regroupe toutes les décisions, les actions qui orientent l'activité de toute l'entreprise dans le long terme aussi bien les choix que la conduite, le suivi, le contrôle de ses décisions. Il s'agit donc d'analyser le fonctionnement global de l'entreprise dans ses grandes orientations et non pas la gestion quotidienne dans une fonction particulière.

L'association des deux termes gestion et stratégique est relativement récente ; elle apparaît dans les années 80 (G. Koenig[(1)]) : la stratégie ne se limite plus à l'analyse des forces et des faiblesses de l'environnement concurrentiel mais doit tenir compte du potentiel de l'organisation, c'est-à-dire des compétences et des intérêts de tous les acteurs de la coalition qu'est l'organisation.

La gestion stratégique est apparue pour dépasser les limites de la planification stratégique, devenue trop rigide, trop centralisée alors que l'environnement exige d'effectuer des choix stratégiques de manière plus continue et plus décentralisée, d'où la nécessaire implication des hommes dans ce processus de gestion stratégique alors que la planification stratégique ne concernait que les dirigeants.

2. Analyse du libellé du sujet

Le sujet comporte une phrase préliminaire de présentation du sujet, puis vient le libellé proprement dit du sujet.

2.1 Phrase préliminaire

Elle permet de situer le thème dans le contexte économique et dans le cadre conceptuel actuel.

- L'analyse doit dépasser le cadre théorique car il est fait référence à ***«l'observation de la vie des affaires»***. Il semble donc opportun d'introduire des exemples d'entreprises dans le développement, aussi bien pour confirmer que pour infirmer une idée.

---

(1) *Management stratégique, Vision, Manœuvres et tactiques*, Nathan, 1990.

• Les deux termes *«réussite»* et *«pertinence»* sont peu précis et en tout cas très subjectifs, et de plus d'une portée très contingente pour chaque organisation. Il est difficile de déterminer un seuil standard de réussite à toute entreprise. Le terme de performance serait davantage approprié au domaine de la gestion, et il peut être considéré comme synonyme dans le cadre de ce sujet. Pour être performante, une entreprise doit associer une stratégie en phase avec son environnement (pertinence) et des ressources humaines en adéquation avec cette stratégie (cohérence) : c'est une vision idéale des choix mais pas toujours réaliste.

• Le rapprochement de *«stratégie choisie»* et de *«ressources humaines mobilisées»* montre qu'il faut tenir compte des formalisations récentes de la théorie des organisations qui présentent le diagnostic stratégique en intégrant la dimension organisationnelle avec les compétences et les savoirs des hommes.

2.2 Libellé proprement dit du sujet

• Le *«rôle»* : terme assez neutre permettant d'analyser aussi bien les avantages que les handicaps, les freins et les opportunités résultant de l'activité des hommes.

• *L'espace et le temps* du champ d'analyse sont délimités par le terme « la gestion stratégique », il s'agit d'une vision globale à long terme de l'entreprise, et l'expression « le rôle de l'homme », il faut situer le débat pour tous les acteurs de l'organisation, dans l'environnement économique actuel.

• Le terme *«vous présenterez»* laisse toute liberté dans la manière de structurer les idées et d'orienter le débat.

3. Débats et questions autour du sujet

• Qu'est-ce qu'aujourd'hui la gestion stratégique ? Quelle différence entre stratégie et gestion stratégique ? En quoi les hommes seraient-ils plus impliqués dans la gestion stratégique ?

• Quelles sont les évolutions apparues dans les analyses et diagnostics stratégiques depuis quarante ans ?

• Ces évolutions sont-elles aussi profondes et rapides dans toutes les activités, toutes les formes d'organisation ?

• Pourquoi et comment les paramètres organisationnels prennent-ils davantage d'importance ? Quels sont les facteurs liés aux acteurs ?

• Comment considère-t-on aujourd'hui les ressources humaines dans l'entreprise ? Comment les utiliser ? Quels sont les moyens de leur gestion ?

• Est-ce pertinent, utile, fiable, rationnel, de fonder des choix stratégiques sur les compétences et les avis des acteurs d'une organisation ? Y a-t-il des choix qui peuvent ou doivent intégrer moins de dimension humaine que d'autres ? Qui peuvent être plus automatiques ?

• Les pratiques sont-elles identiques dans toutes les entreprises ? Les PME tiennent-elles autant, plus, moins compte des ressources humaines ? Est-ce plus facile dans une petite ou une grande structure ?

• Quels sont les apports de chaque type d'acteurs d'une organisation ? Les dirigeants sont-ils plus ou moins clairvoyants que les hommes de terrain ?

• Peut-on améliorer le potentiel des ressources humaines ? Par la formation ? Par la culture d'entreprise ? Par les rémunérations ?…

• Comment gérer en permanence les savoirs, les compétences, les comportements des hommes pour qu'ils restent innovateurs au sens large, sources de différenciations stratégiques ?

• Comment concilier la nécessaire flexibilité stratégique et la flexibilité organisationnelle réduisant l'implication des hommes ?

Inventaire des éléments pour traiter le sujet

1. Repères théoriques

POINTS DE MÉTHODE

- Il convient de toujours rechercher des références théoriques traitant du sujet ou ayant un rapport fort avec le sujet.
- Il faut en faire un inventaire succinct au brouillon. Dans votre copie, il ne faut pas chercher à les « replacer » systématiquement. C'est la problématique que vous retenez qui définira l'opportunité d'utiliser telle ou telle référence.

a) Gestion stratégique

La stratégie correspond aux choix d'orientation à long terme pour l'ensemble des activités de l'entreprise ; elle correspond à un compromis entre ce que veut faire et ce que peut faire une entreprise dans son environnement.

La stratégie est formalisée pour les entreprises dans les années 60 avec des modèles assez rigides et uniformes (les matrices de cabinets consultants, la planification stratégique) élaborés dans un environnement de croissance de la demande.

Avec l'accentuation de la concurrence, l'évolution de la demande, des produits et des marchés, les entreprises ont adopté des démarches stratégiques plus souples et plus contingentes, correspondant à des choix plus fréquents et moins centralisés.

La gestion stratégique intègre la dimension organisationnelle dans la stratégie : l'entreprise doit élaborer ses stratégies en tenant compte de son potentiel organisationnel, humain et en recherchant la satisfaction de tous ses acteurs pour qu'ils coopèrent à ces choix.

Koenig et Joffre, Bréchet utilisent cette notion intégrant stratégie et organisation.

De même, aujourd'hui, le champ du terme « gestion » s'élargit ; la gestion correspond à la conduite de l'entreprise à l'extérieur sur les marchés et à la direction de l'organisation à l'intérieur : elle associe donc la gestion stratégique et la gestion de l'organisation.

b) Ressources humaines

Dans la théorie des organisations, l'école des relations humaines, qui apparaît dans les années 30 en réaction aux excès du taylorisme, pose les prémices des formalisations sur les hommes dans les organisations. Ce courant sera suivi par de nombreuses analyses élargissant la connaissance sur les ressources humaines.

L'évolution des courants sur la conception de l'homme au travail peut être brièvement retracée de la manière suivante :

- OST : l'organisation scientifique du travail est source de compétitivité : il faut donc définir les postes, les tâches et contrôler l'exécution faite par les hommes ;
- école des relations humaines (Maslow, Herzberg, Mayo, Likert, etc.) puis l'école socio-technique et l'école politique (notamment Crozier en France) : l'entreprise est un lieu social où les hommes intègrent leurs propres objectifs et intérêts, où les décisions dépendent des influences et des rapports de force entre les acteurs ; c'est un lieu de pouvoir et donc de conflits entre les individus ;
- la gestion des ressources humaines : de nombreuses tâches et fonctions sont apparues pour gérer cette ressource essentielle de l'organisation : gestion des carrières, gestion du recrutement, gestion prévisionnelle des emplois, gestion des conditions de travail et des relations professionnelles, gestion de l'information, de la formation, de la communication et du climat social.

Au-delà des analyses des auteurs classiques, divers règlements, le rapport Sudreau, les lois Auroux canalisent les pratiques actuelles de gestion des ressources humaines.

L'évolution conduit à considérer et à « utiliser » les acteurs pour toutes leurs compétences : « main » (exécutant), « cœur » (psychologie) et « tête » (idées, compétences, savoir-faire, expérience).

C'est pourquoi après la seule gestion organisationnelle, les ressources humaines sont maintenant associées également à la gestion stratégique, d'où de nouvelles analyses stratégiques.

c) Diagnostic stratégique

Les analyses élaborées pour réduire l'incertitude avant de faire les choix stratégiques se sont développées et approfondies depuis une vingtaine d'années.

Limités dans les années 60 à l'analyse de la concurrence (matrices BCG, etc.), le diagnostic s'est élargi à l'ensemble des partenaires de l'environnement industriel (les cinq forces concurrentielles de Porter, la filière de production, l'arène stratégique de Bidault, etc.) ; puis l'analyse s'est enrichie de deux autres dimensions : le diagnostic des compétences technologiques de l'entreprise et le diagnostic de ses compétences organisationnelles intégrant les forces et les faiblesses de ses acteurs.

Ainsi, ***Atamer et Calori*** proposent en 1993 un diagnostic des ressources internes ; ***Prahalad et Hamel*** élaborent en 1992 le modèle de pôle de compétences qui analyse les ressources technologiques de l'entreprise, son métier, ses potentialités organisationnelles *(core competence).*

De même, le BCG présente depuis 1991 ***la plate-forme stratégique*** qui analyse l'ensemble des capacités organisationnelles.

Toutes ces formalisations pratiquées surtout dans les grandes entreprises montrent l'importance croissante de la prise en compte de cette dimension humaine à tous les niveaux de décision et de fonctionnement de l'entreprise.

POINT DE MÉTHODE

Le sujet ne doit pas être un exposé exhaustif sur l'évolution de la place des ressources humaines dans la théorie des organisations. Mais il est opportun de poser quelques repères pour bien situer le débat dans le cadre conceptuel actuel.

2. Démarches et questionnements pour mobiliser les idées

POINTS DE MÉTHODE

- Pour mobiliser des connaissances, pour développer rapidement des idées et des analyses, il peut être utile de se poser des questions génériques ou d'adopter un angle d'attaque particulier.
- Il ne faut pas hésiter à jeter sur le papier les idées, les questions.
- La phase suivante conduira à faire un tri, un choix en fonction de la problématique retenue.

2.1 *Questionnement générique : qui, quoi, quand, comment...*

• *Quoi?* (Qu'est-ce que c'est ?)

(*Cf.* Définitions des mots clés.)

• *Qui?*

Tous les acteurs d'une organisation sont concernés : comment utiliser leurs connaissances, leurs expériences pour mieux fonder les choix stratégiques ?

• *Où ?*

Toutes les entreprises devraient être concernées mais le problème s'est plus réellement posé dans les grandes entreprises.

• *Quand?*

Le problème de l'intervention des hommes dans la gestion stratégique se pose au moment du diagnostic stratégique puis des choix stratégiques, puis lors de la conduite et du contrôle de ces actions stratégiques.

Le problème du rôle de l'homme dans l'entreprise est, lui, un sujet atemporel.

L'apparition du terme de gestion stratégique est récente.

• *Pourquoi?*

La mise en évidence de l'importance des acteurs, de leurs compétences et savoir-faire, de leur comportement au sein d'une organisation a conduit une remise en cause des analyses stratégiques préalables, des processus de choix stratégiques.

• *Comment?*

Des méthodes permettent de mieux utiliser les compétences des acteurs d'une organisation tant avant que pendant et après les choix stratégiques.

2.2 *Démarche historique : le rôle progressivement reconnu de l'homme dans l'organisation*

• Dans les premières formalisations sur la stratégie et la gestion des entreprises, l'optique assez mathématique d'une optimisation de paramètres techniques réduit, voire ignore, le rôle des acteurs des entreprises.

• Puis, au fur et à mesure des progrès dans la formalisation théorique et de l'évolution des pratiques des entreprises, l'homme joue un rôle de plus en plus large et central ; il participe aux décisions, à la vie de l'organisation, donne son avis, procure des idées nouvelles, des innovations ; il conditionne le dynamisme de l'entreprise par ses comportements.

Ainsi le rôle de l'homme apparaît à toutes les étapes du fonctionnement de l'entreprise, à tous les niveaux de l'organisation comme un rouage essentiel pouvant stimuler ou au contraire bloquer les activités.

• L'homme est ainsi perçu par son rôle économique mais aussi son rôle social, psychologique, culturel au sein des organisations ; il faut tenir compte de toutes ces dimensions pour dégager les synergies positives maximales pour l'entreprise.

3. Éléments d'analyse intéressants à développer

• Les concepts de ***métier*** et de ***compétences*** stratégiques expliquent et fondent les choix stratégiques actuels de recentrage.

Le modèle de compétences stratégiques (Hamel et Prahalad) montre que les choix stratégiques découlent du diagnostic qui est fait sur les compétences internes de l'entreprise. Ce sont les capacités actuelles et futures des ressources humaines qui déterminent les produits, les marchés, les positions concurrentielles de l'entreprise.

Les compétences des hommes deviennent les compétences de l'organisation et construisent le métier de l'entreprise, source de différenciation.

Ces dimensions des ressources humaines sont difficilement mesurables, imitables par les concurrents et donc constituent des sources d'avantage concurrentiel.

Ainsi la stratégie apparaît comme un choix qui permet de valoriser les actifs humains de l'entreprise.

• ***L'organisation du travail évolue*** avec les modifications de la production et de la gestion.

Les systèmes de production orientés vers le juste-à-temps et la gestion par processus entraînent de nombreux bouleversements dans les modes de travail ; le rôle de l'homme change, s'élargit en compétences et en responsabilités. Ces modifications, issues de choix stratégiques, se traduisent par des reconfigurations d'organisation obligeant des acteurs de métiers différents à travailler ensemble.

• La ***réactivité et la flexibilité*** de l'organisation sont nécessaires, rendant encore plus essentiel le rôle des hommes.

Dans le contexte économique actuel, les temps de réaction doivent être brefs ; ce n'est pas l'organisation (structure vide) mais la réunion des membres de l'organisation coopérant ensemble qui doit réagir vite.

Cette nécessaire flexibilité dans les formes et les modes de travail, dans les procédures et les emplois, rend plus compliquées l'implication et la motivation demandées aux acteurs. Cet effort de souplesse peut être mal perçu, mal effectué s'il n'y a pas de compensation (quelle que soit sa forme) pour l'acteur.

• Les ***quatre axes stratégiques de la gestion des ressources humaines***

Ce sous-titre utilisé par B. Henriet dans son ouvrage, *DRH, c'est déjà demain*, montre la prégnance de la dimension stratégique dans la conception actuelle des ressources humaines dans les grandes entreprises. Ces axes stratégiques sont l'autonomie, l'implication, la compétence et la cohésion, éléments centraux pour que les acteurs soient efficaces dans le cadre de la gestion stratégique.

4. Connaissances pratiques, exemples d'entreprises

• L'innovation du Post-it chez *3M* a été faite par un employé. L'entreprise l'a aidé à concrétiser le projet et incite tous ses acteurs à développer des idées, à proposer des nouveautés.

• Chez ***Lesieur***, H. Serieyx a mis en place des cercles de qualité pour que les acteurs formulent des idées, participent aux décisions, aux actions pour améliorer la qualité, objectif stratégique et source de différenciation.

• Chez ***Whirpool***, la flexibilité interne a été instaurée après réflexion commune salariés/syndicats/direction : après avoir expliqué les fortes variations de vente de sèche-linge, la direction a mis en place des solutions individuelles de modulation de temps de travail, de polyvalence et de mobilité, dégageant ainsi des gains de productivité.

• Une PME de Saint-Étienne, ***l'Imprimerie Générale du Centre***, fonctionne à la demande du client ; le patron et les employés voient dans la flexibilité la possibilité de mieux organiser l'entreprise mais réalisent aussi que trop de flexibilité peut aboutir à un certain « esclavage » des acteurs.

• Pour que les acteurs soient un fondement permanent de la gestion stratégique, ***DHL-France***, filiale du groupe américain de livraison expresse, a créé en 1996 une direction de la conduite du changement ; chaque trimestre, une batterie d'indicateurs de performances des acteurs est calculée : ainsi l'entreprise et ses salariés disposent d'un diagnostic permanent, atout décisif pour être capable de réagir grâce à une meilleure mobilisation du personnel obtenue au travers de cette information.

Structuration et développement

1. Problématiques envisageables et plans possibles associés

POINT DE MÉTHODE

Le sujet étant libellé de manière très large, la définition d'une problématique est essentielle pour formuler un problème afin de structurer l'argumentation et définir un axe de démonstration.

Que voulez-vous dire et comment allez-vous le dire ?

1.1 Problématique large et neutre

• *Formulation :* Les acteurs de toute organisation sont sources de forces et de faiblesses pour sa gestion stratégique.

• *Portée :* C'est une présentation simple mais qui permet d'aborder les nombreuses dimensions du problème, sans cependant faire ressortir la dimension contemporaine du débat.

• ***Plan possible pour cette première problématique***

1. **L'homme, force de la gestion stratégique (aspects positifs)**
   1.1 Compétences, savoir-faire, expériences pour le diagnostic et les choix stratégiques (premières étapes du processus stratégique, avant les choix)

1.2 Adaptation et réactivité pour la conduite des stratégies (étapes suivantes du processus stratégique, suivi et contrôle de l'exécution)

2. **L'homme, handicap de la gestion stratégique (difficultés à contourner)**
   2.1 Le dirigeant (non prise en compte des autres acteurs, moyens pour pallier ces difficultés)
   2.2 Les autres acteurs (résistance à la participation, non-implication, moyens pour améliorer la participation)

• *Autre décomposition possible de la seconde partie*

1. **Deux formes de faiblesse liées aux acteurs qu'il faut intégrer et gérer dans la gestion stratégique**
   1.1 Les problèmes de pouvoir et de conflits d'intérêts
   1.2 La rationalité limitée

1.2 Problématique optimiste

• *Formulation:* L'homme est essentiel à toutes les étapes de la gestion stratégique.

• *Portée:* Il s'agit d'insister sur les formalisations récentes de la théorie des organisations, mais une telle formulation peut conduire à restreindre l'exposé aux points positifs.

• *Plan possible reprenant les étapes de la gestion stratégique*

1. **Le rôle de l'homme dans le diagnostic stratégique**
2. **Le rôle de l'homme dans les choix stratégiques**
3. **Le rôle de l'homme dans la conduite et le suivi de la stratégie**

Pour chaque partie, il est possible d'analyser les aspects positifs et les difficultés à canaliser dans la gestion stratégique.

• *Autre plan possible pour cette deuxième problématique en s'intéressant au type d'acteurs*

1. **Le rôle du dirigeant dans la gestion stratégique**
   1.1 Le dirigeant décideur stratégique en fonction des compétences
   1.2 Le dirigeant animateur des acteurs

2. **Le rôle des autres acteurs dans la gestion stratégique**
   2.1 Les acteurs, fondement des choix stratégiques
   2.2 La gestion permanente des acteurs de l'organisation

Ou, pour chaque partie, présenter les aspects positifs et négatifs.

1.3 Problématique plus analytique et plus contemporaine

• *Formulation:* La nécessité de l'implication des membres de l'organisation dans la gestion stratégique rend plus difficile la gestion des ressources humaines.

• *Portée:* Cette formulation essaie d'intégrer les tendances récentes et les différents aspects du problème.

• *Plan possible pour cette troisième problématique*

1. **La nécessaire implication des membres de l'organisation dans la gestion stratégique**
   1.1 Sa prise en compte dans les formalisations théoriques, GRH
   1.2 Sa réalisation effective dans les pratiques des entreprises (modèle de diagnostic stratégique)

2. **La difficile gestion des ressources humaines pour la gestion stratégique**
   2.1 La gestion des compétences et des expériences
   2.2 Le rôle du dirigeant et des autres acteurs

POINT DE MÉTHODE

- Compte tenu de la problématique retenue et du plan choisi, remarquez l'intégration des éléments de connaissance mobilisés dans la phase préparatoire. Tous ne sont pas repris.
- Les phases « recherche des idées », « formulation de la problématique », « construction du plan » constituent un processus itératif.

2. Devoir rédigé

Plan retenu : problématique 1.3.

Introduction

POINT DE MÉTHODE

Les cinq points de l'introduction correspondent aux cinq idées suivantes :

- Observation des pratiques des entreprises, exemple de l'importance et l'actualité du sujet.
- Définition du champ de la gestion stratégique et délimitation du rôle de l'homme.
- Les questions posées par le sujet.
- Les angles d'attaque possibles et la justification de celui qui est choisi.
- L'annonce du plan qui en découle.

« Il n'est de richesse que d'hommes », affirmait déjà J. Bodin, juriste du XVIe siècle. Au fur et à mesure du développement économique des entreprises, des échanges, des économies, les individus semblent rester les acteurs essentiels des organisations, alors que certains pensaient qu'ils seraient remplacés par les machines et toutes les technologies issues du progrès technique.

La place de l'homme semble irremplaçable dans sa dimension créative. Ainsi, l'innovation du Post-it chez 3M a été faite par un employé, sans recherche particulière. L'entreprise l'a aidé à concrétiser le projet et incite tous ses acteurs à développer des idées, à proposer des nouveautés. Dépassant ce cas de créativité, il paraît légitime de se demander en quoi un homme contribue à la réussite de son entreprise.

La réussite d'une entreprise se mesure à sa performance, c'est-à-dire son efficacité – sa capacité à atteindre ses objectifs dans l'environnement concurrentiel par ses stratégies – et son efficience – ses capacités de gestion et d'organisation à agencer au mieux ses ressources. Cette performance ne repose pas exclusivement sur la maîtrise d'un processus de fabrication, comme le pensait Taylor. Toutes les organisations doivent être capables, pour survivre, de réactivité et de flexibilité, ce qui oblige les hommes à être actifs, à réfléchir, à ne pas être de simples exécutants. Le rôle de l'homme dans l'entreprise doit donc être analysé dans ce contexte stratégique : prévoir, planifier ne garantit plus de réussir, il faut innover pour s'adapter.

La gestion stratégique regroupe toutes les décisions, les actions qui orientent durablement l'activité de toute l'entreprise, aussi bien les choix que la conduite, le suivi, le contrôle de ces décisions. La gestion stratégique concerne donc le fonctionnement global de l'entreprise dans ses grandes orientations et non pas la gestion quotidienne dans une fonction ou un service particulier.

L'association des deux termes gestion et stratégique est relativement récente. elle est apparue dans les années 80 (*cf.* l'ouvrage de Koenig et Joffre, *Gestion stratégique*) pour essayer de traduire le fait que l'analyse stratégie ne devait pas se limiter à l'analyse des forces et des faiblesses de l'environnement concurrentiel mais aussi tenir compte du potentiel de l'organisation, c'est-à-dire des compétences et des intérêts de tous les acteurs de la coalition qu'est l'organisation.
Le rôle de l'homme pris au sens large montre que l'analyse doit porter sur tous les acteurs de l'entreprise à tous les niveaux de l'organisation. Il s'agit aussi bien des décideurs que des exécutants, des productifs, des commerciaux que des financiers.
L'homme doit être considéré en tant qu'acteur avec ses propres objectifs, ses intérêts et ses contradictions, sa rationalité limitée, les conflits qui apparaissent entre les individus, les groupes de pressions et les influences de toute réunion d'acteurs qui doivent coopérer au sein d'une organisation.

L'analyse des relations entre les orientations stratégiques d'une entreprise et les comportements et compétences des individus qui la composent est l'objet de nombreux débats tant au niveau académique (conceptuel) que dans les pratiques des entreprises car, même dans l'environnement technologique fortement automatisé, l'homme est mis en avant, c'est la ressource essentielle de toute entreprise.
Mais comment mesurer ses compétences, les intégrer dans une démarche stratégique, comment gérer les connaissances et les expériences des acteurs ? Sont-elles à coup sûr des forces ? N'y a-t-il pas des résistances ?
L'intégration, l'implication de plus en plus grande et nécessaire des individus dans les choix stratégiques (1re partie) oblige à repenser la gestion des ressources humaines (2e partie).

1. La nécessaire implication des acteurs dans la gestion stratégique

Il est possible de repérer dans les théories (1.1) comme dans les pratiques (1.2) l'importance de plus en plus forte accordée aux acteurs dans l'analyse et les choix stratégiques.

1.1 Sa prise en compte dans les formalisations théoriques

a) La place de l'homme dans les théories sur l'organisation et le management

Dans les premières formalisations sur la stratégie et la gestion des entreprises, l'optique assez mathématique d'une optimisation de paramètres techniques réduit, voire ignore le rôle des acteurs des entreprises. L'homme n'est qu'un exécutant. Il est transparent pour formuler les choix stratégiques. Il est totalement neutre dans la mise en œuvre des options retenues : il ne les favorise pas mais il ne s'y oppose pas.

Puis, au fur et à mesure des progrès dans la formalisation théorique et de l'évolution des pratiques des entreprises, l'homme joue un rôle de plus en plus large et central. Les analyses intègrent le fait qu'il participe aux décisions, à la vie de l'organisation, qu'il donne son avis, avance des idées nouvelles, propose des innovations. Il conditionne le dynamisme de l'entreprise par ses comportements : acteur doté d'une certaine autonomie, il a ses propres intérêts qui peuvent le conduire à favoriser ou freiner le choix de telle ou telle option stratégique, et une fois une option retenue ses capacités de collaboration ou de résistance conditionne la réussite des choix effectués.

Ainsi le rôle de l'homme apparaît à toutes les étapes du fonctionnement de l'entreprise, à tous les niveaux de l'organisation comme un rouage essentiel pouvant stimuler ou au contraire bloquer les activités.

L'homme est ainsi perçu par son rôle économique mais aussi son rôle social, psychologique, culturel au sein des organisations. Il faut tenir compte de toutes ces dimensions pour dégager les synergies positives maximales pour l'entreprise.

b) L'évolution de la conduite des stratégies

Les stratégies, c'est-à-dire la définition des orientations à long terme pour toute une entreprise en fonction de sa position dans son environnement, font l'objet de travaux de formalisation (en gestion) à partir des années 50/60.

La formalisation proposée alors conduit à une démarche assez rigide, figeant les choix de l'entreprise pour plusieurs années et considérant que le dirigeant fixe délibérément les orientations stratégiques : c'est la période de la planification stratégique qui constitue une démarche stratégique linéaire avec des objectifs imposés aux exécutants qui sont fortement contrôlés dans leurs actions, car leur laisser de l'autonomie n'a aucun intérêt puisque... tout a été prévu.

Puis, avec les bouleversements économiques et technologiques mondiaux à partir des années 70, les stratégies sont de moins en moins considérées comme délibérées mais plutôt comme émergentes d'un environnement très contraignant ; les options stratégiques retenues sont, au mieux, des compromis entre les choix de l'entreprise et les forces concurrentielles.

De ce fait, les prévisions et donc les planifications s'avèrent peu appropriées dans ce contexte très fluctuant et très incertain. Les choix stratégiques exigent plus de souplesse dans le temps, la nature, la forme. Les capacités d'adaptation de l'organisation, et donc des acteurs, deviennent alors essentielles.

c) Le diagnostic stratégique et le rôle de l'homme

Limité dans les années 60 à l'analyse de la concurrence (matrices BCG...), le diagnostic s'est élargi à l'ensemble des partenaires de l'environnement industriel (*cf.* les cinq forces concurrentielles de Porter, la filière de production, l'arène stratégique de Bidault). L'analyse s'est enrichie de deux autres dimensions : le diagnostic des compétences technologiques de l'entreprise et le diagnostic de ses compétences organisationnelles intégrant les forces et les faiblesses de ses acteurs.

Ainsi, Atamer et Calori proposent en 1993 un diagnostic des ressources internes ; Prahalad et Hamel élaborent en 1992 le modèle de pôle de compétences qui analyse les ressources technologiques de l'entreprise, son métier, ses potentialités organisationnelles (notion de « *core competence* »).

C'est ainsi que les concepts de métier et de compétences stratégiques expliquent et fondent les choix stratégiques actuels de recentrage qu'adoptent de nombreux groupes.

Le modèle de compétence stratégique (Hamel et Prahalad) montre que les choix stratégiques découlent du diagnostic qui est fait sur les compétences internes de l'entreprise. Ce sont les capacités actuelles et futures des ressources humaines qui déterminent les produits, les marchés, les positions concurrentielles de l'entreprise.

Les compétences des hommes deviennent les compétences de l'organisation et construisent le métier de l'entreprise, source de différenciation de celle-ci par rapport aux autres entreprises. Ainsi, le slogan « IBM signifie service » traduit le fait que, dans la formule stratégique de cette entreprise, les compétences de ses hommes pour rendre des services aux clients l'emportent sur leurs aptitudes à fabriquer des produits.

Les compétences, les potentialités des ressources humaines sont difficilement mesurables, imitables par les concurrents et donc constituent des sources d'avantages concurrentiels, parfois plus durables qu'un brevet qui peut être techniquement contourné.

Ainsi, un choix stratégique s'analyse comme un choix qui permet de valoriser les actifs humains de l'entreprise. Le

Boston Consulting Group (BCG) présente depuis 1991 l'outil de « plate-forme stratégique » qui analyse l'ensemble des capacités organisationnelles.

Toutes ces formalisations pratiquées surtout dans les grandes entreprises montrent bien l'importance croissante de la prise en compte de cette dimension humaine à tous les niveaux de décision et de fonctionnement de l'entreprise.

1.2 Sa prise en compte dans les pratiques des entreprises

a) La flexibilité et la réactivité passent par les hommes

Si les stratégies doivent évoluer plus dans le moyen et le court terme, la réussite des nouvelles orientations stratégiques sera d'autant plus forte que l'adaptation de toute l'organisation se fera rapidement. La planification stratégique a été abandonnée par presque toutes les entreprises ; elles ont adopté des formules d'options stratégiques révisées périodiquement (annuellement) en fonction des observations des différents acteurs mobilisés par la veille stratégique dans le cadre d'un projet.

Les capacités des acteurs à comprendre et à accepter les choix pour les mettre en place et les conduire sont des atouts pour l'entreprise. Leur connaissance du terrain (clients, technologie, etc.) constitue un puissant levier de proposition d'idées pour faire évoluer les options retenues.

De nombreux exemples d'entreprises peuvent illustrer cette prise en compte permanente de l'homme, à tous les échelons de l'organisation et dans tous les diagnostics stratégiques

Chez Lesieur, H. Serieyx a mis en place des cercles de qualité pour que les salariés proposent des idées, participent aux décisions, s'impliquent dans des actions pour améliorer la qualité, objectif stratégique et source de différenciation.

Chez Whirpool, la flexibilité interne a été instaurée après réflexion commune salariés/syndicats/direction : après avoir expliqué les fortes variations de vente de sèche-linge, la direction a mis en place des solutions individuelles de modulation de temps de travail, de polyvalence et de mobilité, dégageant ainsi des gains de productivité.

Une PME de Saint-Étienne, l'Imprimerie Générale du Centre, fonctionne à la demande du client. Le patron et les employés voient dans la flexibilité la possibilité de mieux organiser l'entreprise mais réalisent aussi que trop de flexibilité peut aboutir à un certain « esclavage » des acteurs. Ils ont donc élaboré ensemble des solutions qui permettent de pérenniser l'avantage compétitif de cette PME.

Pour que les membres de l'entreprise comprennent et s'impliquent durablement dans la gestion stratégique, DHL France, filiale du groupe américain de livraison expresse, a créé en 1996 une direction de la conduite du changement. Chaque trimestre, une batterie d'indicateurs de performances des acteurs est calculée ; ainsi l'entreprise et ses salariés disposent d'un diagnostic permanent, atout décisif pour être capable de réagir.

b) Le projet d'entreprise

Pour aller dans le sens d'une plus grande participation des acteurs tout en intégrant leurs compétences, certaines entreprises ont mis en place des projets d'entreprise.

Dans le cadre des objectifs de l'entreprise et en fonction de ses forces et faiblesses, l'entreprise propose, après consultation de ses membres, un projet qui sera conduit par les salariés, avec une marge d'autonomie de décision importante.

Une mobilisation générale, une volonté de travailler ensemble, une culture associant les intérêts particuliers et la réussite de l'entreprise sont nécessaires pour que le projet aboutisse.

Le projet est, d'une certaine manière, le support pour effectuer le choix d'options stratégiques, les faire comprendre et accepter par tous et disposer d'un outil intégrateur assurant la convergence des initiatives autonomes.

En l'absence de formalisation de la conduite de la gestion stratégique, les projets d'entreprise sont apparus comme une pratique spontanée des entreprises pour s'adapter aux nouvelles contraintes stratégiques : orienter collectivement pour agir individuellement, donner du sens collectif aux initiatives individuelles, penser globalement pour agir localement, autant de formules employées par les praticiens qui traduisent l'émergence de la gestion stratégique.

2. La difficile gestion des ressources humaines pour la gestion stratégique

La gestion stratégique suppose une plus grande implication des individus auxquels une plus grande autonomie est conférée. Cette conception du pilotage de l'entreprise rend nécessaire de reconsidérer la gestion des ressources humaines pour gérer les hommes par rapport à leurs expériences et leurs compétences et pour les intégrer par diverses formes.

2.1 La gestion des compétences et des expériences

a) L'évolution du contexte et la définition des compétences

L'organisation du travail évolue nécessairement avec les modifications de la production et de la gestion. Les systèmes de production orientés vers le juste-à-temps et la gestion par processus entraînent de nombreux bouleversements dans les modes d'organisation du travail.

Le rôle de l'homme change ; il s'élargit en compétences et en responsabilités. Ces modifications, issues de choix stratégiques, se traduisent par des reconfigurations d'organisation obligeant des acteurs de métiers différents à travailler ensemble en faisant éclater le cloisonnement des métiers et la division habituelle du travail (*cf.* les exemples décrits dans l'ouvrage *L'auto qui n'existait pas* lors de la conception de la Twingo de Renault). La compétence technique seule d'un individu isolé n'a pas grand sens. La compétence est collective, car c'est celle d'une équipe dans le cadre d'une division des tâches de moins en moins rigide et exigeant un fort échange d'informations pour se coordonner.

Il est donc nécessaire de former les individus dans cette perspective, d'assurer une coordination et de maintenir une communication aussi bien verticale que transversale à toute l'organisation.

En effet, l'analyse contemporaine de l'évolution des conditions de travail montre que la compétence n'est pas un état mais un processus.

Il faut raisonner en termes d'organisation qualifiante, c'est-à-dire penser l'organisation en fonction des compétences de ceux qui vont y travailler, plutôt que de rechercher, une fois les choix organisationnels faits, les ressources humaines correspondant aux exigences des emplois spécifiés. C'est bien la logique de la gestion stratégique qui s'appuie sur les compétences des hommes en place. Un slogan comme « faire l'usine de demain avec les hommes d'aujourd'hui », employé par Renault, illustre pour partie cette vision dynamique de l'organisation qualifiante.

L'approche en termes d'organisation qualifiante (ou d'organisation apprenante) conduit à considérer la formation non comme le moyen de parvenir à un niveau de qualification donné mais comme le moyen de créer, de développer la compétence, c'est-à-dire une capacité à résoudre des problèmes dans un contexte organisationnel.

b) L'évolution de la gestion des ressources humaines

La gestion des ressources humaines suit la complexification de l'environnement et l'évolution de la gestion.

En effet, si Taylor ne parle que d'organisation scientifique du travail pour définir et contrôler les tâches des acteurs qui ne sont que des exécutants, l'école des relations humaines montre l'importance qu'il y a à considérer les acteurs avec leur « cœur » et leur « cerveau » : l'entreprise devient une organisation sociale, un système où interagissent les comportements, les objectifs de tous les acteurs.

La prise en compte de la logique propre à chaque acteur conduit à reconnaître l'entreprise comme un lieu de conflits de pouvoir, et donc de jeu de pouvoir, de coalition qu'il faut intégrer à la gestion.

La stricte gestion administrative du personnel s'enrichit des fonctions de communication, formation, relations sociales pour devenir la gestion des ressources humaine.

Puis, pour utiliser encore mieux la richesse des compétences et des expériences des hommes, l'entreprise met en place une gestion prévisionnelle des emplois et des compétences, montrant ainsi l'importance permanente stratégique des acteurs.

L'importance des évolutions technologiques et la nécessité de procéder à des recyclages fréquents ont conduit à un profond renouvellement de la réflexion sur la formation, l'évaluation du personnel et la définition des postes de travail.

L'analyse en termes de poste de travail bien que toujours au cœur de nombreuses activités de la gestion des ressources humaines (recrutement, rémunération, appréciation, formation, etc.) est largement insuffisante pour pouvoir intégrer l'instabilité contemporaine des conditions de travail, leur caractère très collectif et la part prise par le savoir-être (attitudes comportementales impliquées par la qualité, le service, etc.) ; il faut donc privilégier la notion de compétence sur celle de poste.

De plus, cette compétence est à gérer dans un cadre dynamique (elle s'acquiert, elle évolue) et collectif : c'est l'action collective qui valorise les compétences de chacun.

B. Henriet, dans son ouvrage *DRH, c'est déjà demain*, montre la prégnance de la dimension stratégique dans la conception actuelle des ressources humaines des grandes entreprises. Ces axes stratégiques sont l'autonomie, l'implication, la compétence et la cohésion, éléments centraux pour que les acteurs soient efficaces dans le cadre de la gestion stratégique.

c) La difficulté de gérer les hommes

Mais toutes ces dimensions de l'humain, toutes ces variables subjectives sont difficiles à comprendre et à intégrer, et donc très délicates à gérer. Harmoniser les intérêts individuels et collectifs peut difficilement se concevoir durablement sans tension, sans conflit.

L'homme ne peut être géré comme les autres ressources de l'entreprise : pour développer au mieux les compétences de ses acteurs et fonder sa compétitivité, l'entreprise doit être capable en permanence de l'écouter, de communiquer, de forger une culture communautaire, de satisfaire ses besoins et stimuler ses expériences.

Cela devrait être le modèle japonais « idéal » élaboré par W. Ouchi (la théorie Z) mais qui peut s'avérer difficile de mettre en pratique.

2.2 Le rôle du dirigeant et des autres acteurs

La gestion stratégique implique une plus grande mobilisation et une plus grande implication de tout le personnel. Le dirigeant voit donc son rôle modifié : diriger, ce n'est plus commander mais animer.

a) Le rôle du dirigeant

En effet, le rôle des dirigeants est essentiel comme stimulant et comme régulateur des comportements des acteurs.

Il doit mener les diagnostics des forces et des faiblesses de son organisation pour savoir en tirer les avantages concurrentiels sur lesquels il pourra proposer des choix stratégiques.

Il doit tenir compte des avis et des intérêts de tous les participants pour que les stratégies soient acceptées et donc mise en œuvre avec efficacité.

Ainsi le rôle du dirigeant est double : stratégique et social. Il détermine les missions de l'entreprise en fonction des métiers et des projets des acteurs et anime ses équipes pour que les individus participent avec satisfaction et motivation aux activités de l'entreprise.

Ce rôle, que le dirigeant doit mener en permanence en regardant son environnement et son organisation en même temps, n'est ni simple, ni spontané.

Trop de dirigeants sont préoccupés, absorbés par les questions techniques et financières et négligent l'animation des hommes, se privant de ce fait du principal soutien pour la réussite de l'entreprise.

b) La mobilisation et la coopération du personnel

La nécessaire flexibilité dans les formes et les modes de travail, dans les procédures et les emplois rendent plus compliquées l'implication et la motivation demandées aux individus. Cet effort de souplesse peut être mal perçu, mal effectué s'il n'y a pas de compensation (quelle que soit sa forme) pour l'acteur.

L'entreprise doit donc être capable de mettre en place une combinaison cohérente de moyens d'intégration et de motivation. Cela passe par les formes de rémunération, de dialogue social et d'intégration.

La gestion des hommes est compliquée par le fait que les formes de délégation de pouvoir, de responsabilisation, à tous les niveaux, ont conduit les acteurs d'une organisation à être tous des décideurs.

Par leurs idées, leurs comportements, leur implication au travail, les individus constituent tous des forces et des compétences nécessaires à une gestion stratégique performante.

Aussi, l'accent doit être mis sur les moyens pour faciliter la circulation des informations et la communication entre acteurs.

Un nombre réduit de niveaux hiérarchiques assure une meilleure coordination, tandis que des procédures de travail transversales à l'organisation apportent des synergies entre compétences et métiers travaillant ensemble. Savoir constituer des équipes compétentes et assurer les conditions de leur efficacité devient plus important que de recruter du personnel qualifié pour l'affecter à un poste.

Le souci de l'implication du personnel et la recherche d'effets d'apprentissage deviennent progressivement les préoccupations majeures des directeurs d'équipe ou de services, qui doivent alors favoriser la coopération entre les hommes, sources d'atouts pour l'entreprise, éviter les résistances face aux changements et arbitrer les conflits d'intérêts.

Au-delà de savoirs et de savoir-faire, l'exigence de compétence collective demande à chacun un savoir être, que le dirigeant et tous les cadres doivent savoir distiller au sein de toute l'organisation.

Conclusion

Pour survivre et être performante, l'entreprise cherche à créer de la valeur pour le client (valeur du produit, des services attachés) et pour l'actionnaire (valeur de l'entreprise à court terme pour les dividendes et à long terme pour les plus-values). Mais, elle doit aussi se préoccuper de générer de la valeur pour ses salariés et tous les acteurs de son organisation, si elle veut continuer à obtenir leur participation, leurs idées, leurs compétences seules sources de richesses. Condition première de l'efficacité de l'entreprise, mobiliser les compétences du personnel est peut-être l'obligation première de l'entreprise citoyenne.

3. Éléments d'auto-évaluation

- Un développement présentant la gestion des ressources humaines, son importance et ses moyens serait considéré comme hors-sujet, car le lien avec la gestion stratégique n'est pas fait.

• Un développement se limitant à exposer toutes les théories concernant les ressources humaines et/ou les stratégies ne serait pas adéquat.

À l'inverse, un développement n'intégrant pas les concepts récents sur les ressources humaines et la gestion stratégique au cours d'une analyse reliant les deux termes serait dévalorisé : il ressort qu'une des compétences testées par le sujet est l'effort d'actualisation que le candidat a pu faire sur ces notions.

Le thème est en effet classique mais il est nécessaire d'intégrer les derniers développements en la matière tant au plan conceptuel qu'au plan des pratiques.

Une première différenciation des candidats, et donc de valorisation des copies, portera sur ce point.

• L'essentiel de l'évaluation portera sur la capacité à intégrer et non pas à « juxtaposer » le rôle de l'homme et la gestion stratégique. Un plan du type : « 1) L'homme – 2) La gestion stratégique » serait totalement inapproprié et serait sanctionné par une note inférieure à la moyenne.

La seconde différenciation, et valorisation des copies, portera donc sur l'association, dans une analyse structurée, des deux termes.

• L'angle d'approche de l'analyse peut aussi bien être la stratégie (la gestion stratégique actuelle nécessite l'intégration des ressources humaines à tous les niveaux) que les ressources humaines (l'importance des acteurs rend implicite leur intégration dans la gestion stratégique).

1994

Sujet conforme à la réforme

Thème : **L'innovation**

Énoncé

■ *L'innovation* dans l'entreprise. ■

Comment situer le sujet dans le programme ?

Thèmes du programme abordés	Correspondance avec le manuel (1)
6.1 Fonctions opérationnelles 6.2 Fonctions de support	Chap. 7 – La gestion de la production et du processus d'innovation
3. Les stratégies : analyse stratégique	Chap. 16 – Le diagnostic de la dynamique organisationnelle ; analyse technologique Chap. 19 – L'analyse transversale : gestion de l'innovation
Indication de temps (2)	**Niveau de difficulté (3)**
Lecture et analyse du sujet : 10 minutes Recherche des idées : 1 heure 20 Rédaction : 2 heures 30	1

(1) Manuel de référence : J.-L. Charron et S. Sépari, *Organisation et gestion de l'entreprise, DECF n° 3*, Dunod, 1998.
(2) Durée globale de l'épreuve : 4 heures.
(3) Niveaux de difficulté notés de 1 à 4 par ordre croissant.

Les spécificités du sujet

1. Type de sujet

C'est une dissertation classique qui est demandée. Aucun texte n'est annexé au sujet, aucune consigne particulière de travail n'est donnée.

La formulation directe, sans question particulière ni évocation d'un contexte spécifique, laisse toute liberté de traitement.

2. Problème posé par le sujet

Le sujet pose le problème de la place, de la fonction, de la gestion de l'innovation dans une entreprise.

Le thème du sujet conduit à envisager de *nombreux aspects* de l'innovation : la dimension stratégique, les problèmes organisationnels, toutes les fonctions qui y participent et les champs de gestion qui sont concernés ; comme le libellé du sujet n'invite pas à privilégier tel ou tel aspect, c'est au candidat à définir une priorité en fonction de la problématique retenue.

Ainsi, il est sans doute intéressant de noter que l'innovation n'est pas une notion statique : c'est un *processus dynamique* qui se développe dans une organisation intégrant de nombreux acteurs et générant de nombreuses conséquences qu'il faut étudier.

Le sujet pose donc un *problème transversal* car toutes les dimensions de la gestion, acteurs, structure, moyens, outils, sont parties prenantes dans l'analyse et peuvent faire l'objet d'un développement.

3. Esprit et spécificités du sujet

C'est un sujet *classique* car récurrent dans les débats académiques et dans les préoccupations de toutes les entreprises, et à toutes les périodes de l'histoire économique, quoique sous des formes différentes.

Mais c'est aussi un sujet d'*actualité* car l'innovation est préconisée comme levier d'action essentiel pour toutes les activités dans une entreprise contemporaine.

Une analyse contemporaine de l'innovation doit particulièrement intégrer les facteurs *temps et l'espace*. L'innovation est une arme de réactivité et peut permettre de gagner du temps par rapport aux concurrents (aspect stratégique) ; en conséquence, le processus d'innovation au sein de l'organisation doit être de plus en plus court et rapide (aspect organisationnel). De même l'espace mondial est source d'opportunités (un produit classique « ici » est innovant « ailleurs ») mais aussi porteur de contraintes, de menaces (arrivée de nouveaux concurrents).

Corrigé commenté et évaluation

Analyse du sujet

1. Identification et définition des mots clés du sujet

• *«Innovation»*

L'innovation est définie comme l'application industrielle et commerciale d'une découverte ou d'une invention ; c'est donc le processus qui conduit une entreprise à proposer un produit, un procédé, un service nouveau ou différent.

Par opposition, l'invention est une découverte d'ampleur très variable portant sur des produits ou des procédés et qui reste au stade de l'expérience et du prototype ; il y a donc beaucoup plus d'inventions que d'innovations puisque le passage de l'une à l'autre suppose une entreprise, un gestionnaire.

J. Schumpeter (1935) distingue cinq formes d'innovation : création d'un produit nouveau, satisfaction d'un nouveau besoin, amélioration de la qualité d'un produit, conquête de débouchés, nouvelle méthode de production.

Aujourd'hui l'innovation est surtout étudiée au niveau technologique mais son champ s'étend à tous les domaines de la gestion :
- les innovations à dominante technologique ;
- les innovations à dominante commerciale : par exemple, dans une approche mercatique, il y a innovation si une entreprise propose quelque chose pour défricher de nouveaux segments de marché ou fidéliser les clients sur les segments déjà couverts ;
- les innovations à dominante organisationnelle : par exemple, de nouveaux modes de travail, de modes de circulation de l'information (réseaux télématiques, etc.) ;
- les innovations à dominante socio-institutionnelle, par exemple de nouvelles lois.

Au-delà de la définition, il faut replacer cette notion dans le contexte concurrentiel actuel, c'est-à-dire l'analyser comme une variable d'action stratégique pour l'entreprise ; c'est donc un champ d'analyse vaste qu'il faut présenter en intégrant les dimensions organisationnelles aux dimensions stratégiques.

2. Analyse du libellé du sujet

• La formulation fait plutôt penser à une question de cours. Sans négliger l'exposé de connaissances, il est préférable de traiter le sujet sous une forme plus analytique que descriptive en privilégiant la formulation d'une problématique et l'articulation logique, qui en découle. Il faut donc privilégier le « pourquoi », le « comment » et le lien entre ces questions par rapport au « quoi ».

Tous les angles d'approche sont envisageables puisque aucune orientation ou question n'est formulée dans le libellé du sujet.

• L'expression « dans l'entreprise » peut paraître restrictive pour le champ d'analyse. Le débat ne doit-il porter que sur la gestion interne de l'innovation au sein d'une organisation ? Il semble difficile de ne pas analyser l'importance stratégique de l'innovation, donc de resituer cette variable dans l'environnement concurrentiel, comme élément de différenciation. En revanche, les formes d'externalisation organisationnelles (sous-traitance, partenariat ou autres) peuvent être évoquées mais ne doivent pas être développées car alors le processus d'innovation ne se situe pas complètement dans l'entreprise. Enfin, il est clair qu'un exposé d'économie générale ou de sociologie sur la place de l'innovation ne correspond pas à ce qui est demandé par le libellé du sujet.

3. Débats et questions autour du sujet

- Compte tenu de la diversité des innovations (*cf.* typologie donnée dans la définition), toutes les formes d'innovation peuvent-elles être analysées et gérées de la même manière par les entreprises ?
- L'innovation est-elle nécessaire, utile, suffisante aujourd'hui pour assurer la performance des entreprises ? N'a-t-elle que des avantages ? Ne peut-elle bloquer une entreprise dans une activité, l'empêchant d'être réactive ?
- Quelles contradictions apparaissent entre l'aléa, le chaos, la liberté, la créativité nécessaires à l'innovation et la coordination, les rigidités, les contraintes propres à toute organisation ?
- L'innovation induit-elle un modèle d'organisation ou au contraire remet-elle en cause tout modèle ?
- Faut-il externaliser la recherche-développement ? Peut-on gérer l'innovation à l'extérieur de l'entreprise ? Attention, cet aspect peut être évoqué mais pas développé, car le sujet précise « dans l'entreprise » ; l'évocation de cet aspect peut être cependant l'occasion de montrer la relativité contemporaine de la frontière de l'organisation.
- Existe-t-il une structure plus adéquate pour gérer l'innovation ? L'organisation peut-elle être un frein, un stimulant pour l'innovation ?
- Certains styles de direction, certains métiers, certaines compétences initiales sont-ils plus propices, plus favorables au processus d'innovation ?
- Quelles sont les influences des systèmes d'information et de communication, tant internes qu'externes sur les processus d'innovation ?
- Aujourd'hui, quelles sont les conséquences du développement de l'immatériel (image de marque des produits, de la firme ; compétences des hommes, etc.) sur les processus d'innovation ? Notamment, les innovations sont-elles plus nombreuses, plus ou moins efficaces, plus ou moins faciles à gérer ?
- Peut-on mesurer le coût d'une innovation ? La rentabilité d'une innovation ? Pour qui ? Comment ?

Inventaire des éléments pour traiter le sujet

1. Repères théoriques

POINT DE MÉTHODE

- Il convient de toujours rechercher des références théoriques traitant du sujet ou ayant un rapport fort avec le sujet.

- Il faut en faire un inventaire succinct au brouillon. Dans votre copie, il ne faut pas chercher à les « replacer » systématiquement. C'est la problématique que vous retenez qui définira l'opportunité d'utiliser telle ou telle référence.

a) L'innovation et l'entreprise

L'innovation, définie comme une idée nouvelle appliquée, est à l'origine même de la création d'entreprise : « un homme, une idée, un marché » est le slogan de l'ANCE (Agence nationale pour la création d'entreprises). *Le passage de l'invention à l'innovation nécessite un entrepreneur qui ose entrer dans le domaine de la gestion.*

L'homme qui entreprend, qui prend des risques, est un innovateur. Cet état d'esprit, cette attitude face au risque, est la justification du profit récupéré par l'entreprise, d'après *Knight*.

L'innovation est donc le moteur essentiel de la création et du développement de l'entreprise.

b) L'importance et les formes d'innovation selon Schumpeter

Au-delà de la typologie des innovations qu'il a proposée, Schumpeter a montré les effets induits d'une innovation et a défini la notion de *grappe d'innovations* comme une nouveauté de produit ou de procédé provocant des réactions spontanées ou contraintes pour améliorer des éléments en amont ou en aval. Ce processus dynamique ininterrompu conditionne la gestion des firmes.

c) Innovation et productivité : le paradoxe de Solow

Un débat important concerne la justification de l'innovation en termes de gains de productivité. Cette question a de nombreuses retombées sur la gestion des ressources humaines et sur l'appréciation de la rentabilité du processus d'innovation.

Deux analyses présentent différemment la relation innovation-productivité.

La première thèse avance l'idée de la fin du travail en raison du rythme très élevé de progrès technique car les innovations permettent une productivité infinie sans travail.

La seconde thèse présente le travail comme toujours nécessaire car les statistiques montrent un ralentissement des progrès de la productivité depuis 20 ans malgré l'accroissement du rythme des innovations. Ainsi apparaît le paradoxe de Solow selon lequel « les ordinateurs sont aujourd'hui présents partout, sauf dans les statistiques de productivité ».

Sans entrer, dans les débats d'économie générale sur le chômage, il faut nuancer les relations entre innovations, progrès technique et productivité et travail pour apprécier l'impact réel de l'innovation.

d) Le management des ressources technologiques (F. Morin)

Cet auteur a analysé les tâches que devaient effectuer les entrepreneurs pour gérer leur patrimoine technologique, constitué par les innovations passées et potentielles afin de conserver les avantages concurrentiels qui en découlent.

D'après Morin, il faut ériger une *fonction des ressources technologiques* au même titre que la fonction « gestion des ressources humaines » ou la fonction financière, pour conduire en permanence cette variable stratégique qu'est devenue l'innovation.

e) La gestion des savoirs et des compétences

Plus récemment dans les théories de l'organisation, Hamel et Prahalad ont montré l'importance des compétences des acteurs de l'entreprise et la nécessité de gérer les savoirs dans l'entreprise pour qu'ils se diffusent, s'enrichissent, évoluent par synergies et fondent les choix d'orientations stratégiques.

Pour Nonaka et Midler, l'analyse des mécanismes d'apprentissage au sein des organisations permet de mieux gérer les processus d'innovation qu'il ne semble plus pertinent de découper en phases successives mais plutôt de considérer comme « un processus bouillonnant ».

POINT DE MÉTHODE

- Sur un thème général de ce type, il ne s'agit pas de faire un exposé exclusivement théorique ni même de regrouper les repères théoriques dans une sous-partie ; il est préférable de faire un exposé, qui a sa logique propre, et de s'appuyer tout au long du développement sur quelques concepts théoriques essentiels.
- Il ne faut pas chercher à citer toutes les références théoriques et, pour celles que vous aurez sélectionnées, il faut les donner de manière pertinente.

2. Démarches et questionnements pour mobiliser les idées

POINT DE MÉTHODE

- Pour mobiliser des connaissances, pour développer rapidement des idées et des analyses, il peut être utile de se poser des questions génériques ou d'adopter un angle d'attaque particulier.
- Il ne faut pas hésiter à jeter sur le papier les idées, les questions.
- La phase suivante conduira à faire un tri, un choix en fonction de la problématique retenue.

2.1 Questionnement générique : qui, quoi, quand, comment...

- Qu'est-ce que l'innovation *(quoi)* ?

  Reprendre la définition et noter la typologie.

- *Qui* est concerné par la gestion de l'innovation ?

Toutes les entreprises, de toute taille, de toute activité, de tout statut. La question de la place de l'innovation dans l'entreprise, conduit-elle à se poser la question de la place de l'entrepreneur (au sens de Schumpeter) dans l'entreprise contemporaine ?

- *Où ?*

Dans toutes les économies, mais noter la nature particulière du rôle d'innovation dans un contexte concurrentiel.

- *Quand?*

De tout temps mais plus encore aujourd'hui, de manière stratégique car les distances et les délais se réduisent dans tout l'espace économique.

Pour une entreprise, l'innovation est importante à toutes les périodes de sa vie, aussi bien pour sa création, son démarrage que son développement et sa maturité.

- *Pourquoi?*

L'innovation est un moyen pour obtenir des avantages concurrentiels, pour se différencier des concurrents, pour réduire des coûts.

L'innovation se développe par vagues induisant le progrès technique qui conditionne toutes les variables macro-économiques.

- *Comment?*

Les sources, les canaux, les moyens sont très nombreux, tant à l'extérieur qu'à l'intérieur de l'entreprise, pour développer, diffuser ou retenir les innovations

2.2 Questionnement analytique du type avantages/inconvénients

a) Avantages

L'innovation peut être considérée comme une:
- source de différenciation par rapport aux concurrents;
- source de réduction de coût;
- source de nouveaux marchés, débouchés;
- source de valeur, de performance aussi au niveau d'un produit, d'une activité, d'un service ou de l'entreprise dans son ensemble.

b) Inconvénients

- L'innovation est un processus long et aléatoire.

- L'innovation exige des investissements importants sans réelle possibilité d'appréciation des chances de retour sur investissement; de façon générale, l'appréciation du risque est délicate, voire impossible.

- Les capacités des chercheurs paraissent difficiles à canaliser dans un processus formalisable; le processus créatif générateur de chaos, de désordre, est largement contradictoire avec la logique de l'ordre et s'avère délicat à gérer (d'où l'intérêt de son externalisation?).

- C'est un processus immatériel difficile à maîtriser et coûteux à gérer.

2.3 Démarche historique: évolution de l'importance de l'innovation

L'innovation est liée au développement industriel et économique de l'économie.

Au début les innovations ne concernent que le domaine de la production: ce sont des innovations technologiques de produit ou de procédé qui se diffusent avec les révolutions industrielles dans les entreprises. Les innovateurs sont souvent des ingénieurs de génie; seuls dans un atelier, ils trouvent une idée, une solution de manière souvent fortuite ou aléatoire.

Puis, comme les innovations rapportaient des parts de marchés, des rentes de monopoleurs, les gestionnaires ont essayé d'obtenir plus régulièrement des innovations de manière moins aléatoire et chaotique. Les gestionnaires ont souhaité gérer l'innovation comme un processus permanent dont ils pourraient maîtriser la durée (moment de l'innovation) et l'impact (le domaine de l'innovation) et non plus seulement intégrer l'innovation quand elle arrivait par hasard.

Enfin, la différenciation avec les concurrents pouvant se porter sur de nombreuses variables, les gestionnaires ont recherché des innovations dans tous les domaines de la gestion et pas seulement dans la sphère technologique : ainsi les innovations commerciales, organisationnelles, sont gérées et intégrées comme les innovations directement liées à la production.

POINT DE MÉTHODE

Toutes les formes de questionnement et d'approche sont possibles ici pour ce type de sujet.

3. Éléments d'analyse intéressants à développer

POINT DE MÉTHODE

Il s'agit de repérer des logiques simples, à exprimer en quelques phrases, pour constituer des points d'ancrage du développement, pour regrouper des idées, des citations énoncées dans les phases précédentes de recherche.

a) Les profondes évolutions du contexte économique et technologique mondial

Il n'est pas possible d'analyser les enjeux de l'innovation pour les entreprises actuelles sans évoquer l'environnement fortement concurrentiel qui les pousse à rechercher de nouvelles formes de production, de produit, de distribution, de gestion, ni insister sur les formidables potentialités technologiques qui se diffusent à tous les niveaux de l'économie.

Par exemple, toutes les activités humaines et toutes les tailles d'entreprise sont touchées par le développement de l'électronique, par les moyens d'information et de communication utilisables dans tous les domaines de la gestion.

b) Le rythme des innovations

Une autre dimension importante dans le contexte actuel concerne la rapidité et la diversité des innovations.

Non seulement de nombreuses innovations apparaissent tant sur le plan technologique que commercial ou organisationnel mais leur diffusion rapide oblige les entreprises à des adaptations permanentes ; de sorte que le temps nécessaire pour rentabiliser l'introduction d'une innovation est de plus en plus court, ce qui oblige les entreprises à gérer le processus d'innovation pour bien les choisir, les organiser et les utiliser.

Cette caractéristique n'apparaissait pas dans la notion d'innovation au sens classique : les innovations se diffusaient lentement et les entreprises avaient du temps pour les repérer, les intégrer et modifier leur organisation en conséquence.

c) La situation de l'innovation en France en 1998

Les statistiques comparant plusieurs pays depuis une dizaine d'années montrent la mauvaise situation de la France en termes de nombre de dépôts de brevets. Alors que les dépôts de brevets se sont accrus de plus de 90 % depuis 1986 aux États-Unis, de 40 % en Allemagne, ils n'ont augmenté que de 10 % en France. Toutefois, cet indicateur est contestable.

d) Innovation et performance de l'entreprise

L'innovation, quelle que soit son ampleur, quelle que soit sa nature, peut permettre à l'entreprise de créer de la valeur, de générer de nouveaux marchés, de se différencier des concurrents.

Si l'entreprise en a l'initiative, l'innovation est source de performances par les avantages concurrentiels qu'elle procure.

Même si bien sûr, pour analyser la performance, il est nécessaire d'y associer le couple risque/rentabilité, car une innovation est toujours risquée et sa rentabilité future est difficile à évaluer.

En tant que variable stratégique, l'innovation doit permettre d'obtenir des avantages concurrentiels (reprendre la typologie de M. Porter).

e) La dimension humaine de la gestion de l'innovation

L'innovation est liée à la créativité des hommes, à leur curiosité, à leur inventivité et à leur capacité à prendre des risques. Aussi, la gestion de l'innovation s'appuie-t-elle fortement sur la gestion des ressources humaines dont le processus d'innovation est dépendant.

Tous les acteurs de l'organisation sont concernés à différents titres et doivent partager des valeurs particulières (acceptation du changement, prise de risque, etc.) portées par une culture d'entreprise.

f) La dimension organisationnelle de la gestion de l'innovation

L'innovation se développe d'autant mieux que la structure de l'organisation la facilite. La dynamique de groupe, les processus d'apprentissage, la gestion par projets sont des méthodes qui favorisent l'innovation ; de même, les structures adhocratiques (petites structures organiques avec des décisions décentralisées) se révèlent porteuses d'innovation.

g) L'innovation au-delà des frontières de l'entreprise

La mondialisation des marchés et les facilités de communication d'une part, le développement des stratégies d'alliance et de partenariat d'autre part, élargissent considérablement le champ de recherche, de conception, de mise au point et de diffusion des innovations.

4. Connaissances pratiques, exemples d'entreprises

De nombreux exemples peuvent être facilement mobilisés par le candidat.

- L'apparition de la micro-informatique, avec des inconnus comme Apple et Microsoft face à des entreprises établies comme IBM, illustre l'impact des structures rigides sur la difficulté à innover, mais les déboires ultérieurs d'Apple, alors qu'IBM se maintient, montre que l'avantage de l'innovation ne suffit pas.

- L'exemple de la ***Swatch*** illustre la typologie des innovations et le rôle particulier de l'entrepreneur : l'entrepreneur suisse N. Hayeck a su associer une innovation de procédé (une production modulaire moins chère) et une innovation de produit (une gamme de montres très modernes et très diversifiées dans les couleurs, gamme positionnée à un prix moyen 300 F). La société française Opex essaie d'imiter ce précédent mais avec des montres plus classiques à 500 F.

Pour la Swatch-Mobile, Hayeck a eu l'idée, mais sa mise en œuvre nécessite une structure plus lourde : c'est Mercedes qui innove en appliquant le concept.

• Paul *Petzl*, spécialiste du matériel d'escalade, écoute ses clients au pied des falaises pour comprendre où sont les défaillances du matériel et réfléchir à des améliorations ; ensuite, il protège ses innovations par de nombreux brevets.

• Dépassement des innovations techniques : l'entreprise Dickson Constant, fabricant de stores auparavant réservés aux vitrines des magasins, a innové pour se créer de nouveaux marchés en s'adressant aux particuliers.

Structuration et développement

1. Problématiques envisageables et plans possibles associés

POINT DE MÉTHODE

- Pour un sujet présenté sous forme de question de cours, la recherche d'une problématique est importante pour éviter de présenter une copie catalogue de connaissances.
- La façon de formuler le problème permet au candidat de structurer son argumentation.
- La formule pour définir une problématique est toujours : « Que voulez-vous dire et comment allez-vous le dire ? »

1.1 Problématique large et neutre sous forme d'une interrogative descriptive

• *Formulation:* Qui gère l'innovation, pourquoi et comment ?

• *Portée:* Une formulation aussi large n'est pas en soi porteuse d'une logique, le risque de catalogue est toujours présent mais cette problématique permet de cerner les idées essentielles

• *Plan correspondant*

1. **Définition et rôle**
   1.1 Définition de l'innovation
   1.2 La nécessité stratégique de l'innovation
2. **La nécessité d'une gestion de l'innovation**
   2.1 Un processus aléatoire à maîtriser
   2.2 Les acteurs impliqués
3. **Comment gérer l'innovation ?**
   3.1 Les structures organisationnelles
   3.2 La culture propice à l'innovation.

• *Autre plan, très proche, en deux parties*

Définition de l'innovation dans l'introduction

1. **Pourquoi gérer l'innovation ?**
   1.1 Évolution de l'importance de l'innovation
   1.2 Nécessité stratégique et de gestion
2. **Comment gérer l'innovation ?**
   2.1 Les acteurs impliqués
   2.2 Les éléments organisationnels concernés (structure et culture)

1.2 Problématique large et analytique

• *Formulation:* L'innovation est nécessaire, mais c'est un processus difficile à maîtriser.

• *Portée:* Cette formulation, tout en reprenant les mêmes idées que la problématique précédente, fait plus apparaître la contradiction du phénomène: celui-ci n'est plus simplement décrit de manière linéaire mais la contradiction (c'est nécessaire mais difficile) sert de support d'exposition.

• *Plan possible pour cette deuxième problématique*

1. **L'innovation est nécessaire**
   1.1 Variable d'action pour les options stratégiques
   1.2 Levier d'action pour l'animation organisationnelle
2. **La gestion de l'innovation est difficile**
   2.1 Les moyens organisationnels à mettre en œuvre
   2.2 Ordonner le désordre de l'innovation

• *Autre formulation du plan pour cette deuxième problématique*

1. Les nécessités stratégiques poussant à l'innovation
2. Les difficultés organisationnelles pour gérer l'innovation

1.3 Problématique plus orientée vers la stratégie

• *Formulation:* L'innovation est une variable stratégique essentielle mais délicate à manipuler qu'il faut gérer dans l'organisation.

• *Portée:* Très proche de la deuxième problématique indiquée ci-dessus, l'analyse et l'articulation insistent sur la dimension stratégique et la dimension organisationnelle.

2. Un exemple de devoir rédigé

POINT DE MÉTHODE

- La rédaction du développement n'est pas une phase créative. Il faut sélectionner une problématique et un plan en cohérence avec les idées, les références, les exemples que vous avez inventoriés.
- Rappelez-vous que le souci de la logique de l'argumentation (enchaînement cohérent et convaincant) doit l'emporter sur le désir d'exhaustivité.

Le plan retenu pour le devoir rédigé correspond à la problématique 1.2 (nécessaire/difficile) et développe la deuxième formulation du plan.

1. **L'innovation: une variable stratégique à activer**
   1.1 L'innovation comme source principale d'avantages concurrentiels
      a) Le contexte
      b) L'innovation et les avantages concurrentiels
   1.2 L'innovation: un choix stratégique difficile
      a) La difficile mesure des investissements immatériels
      b) La relation incertaine entre innovation et productivité
2. **L'innovation: un processus organisationnel à gérer**
   2.1 Les caractéristiques structurelles nécessaires
      a) Une organisation souple
      b) Le déplacement des frontières de l'organisation
      c) Du management des ressources technologiques au management de l'innovation.

2.2 *La mobilisation des acteurs*
a) Le rôle central de l'homme
b) L'innovation est-elle possible sans entrepreneur ?

Introduction

POINT DE MÉTHODE

Les cinq paragraphes de l'introduction correspondent aux points suivants :
- Actualité du sujet,
- Définition stricte et large, typologie des innovations,
- Problèmes posés par le sujet,
- Justification de l'angle d'attaque choisi, problématique,
- Annonce du plan qui en découle.

L'innovation, cantonnée au XIXe et au début du XXe siècle au concept schumpeterien, est devenue un terme employé quotidiennement par les gestionnaires et tous les acteurs économiques.
Le contexte actuel de mondialisation de l'économie et de concurrence exacerbée renforce les enjeux des innovations qui deviennent des leviers essentiels d'action.
Ainsi, si l'innovation constitue une sujet classique de préoccupation pour les ingénieurs et les entrepreneurs depuis les débuts de l'ère industrielle, ce thème devient aujourd'hui un champ d'analyse incontournable pour tous les gestionnaires.

L'innovation est définie comme l'application industrielle et commerciale d'une découverte ou d'une invention ; c'est donc le processus qui conduit une entreprise à proposer un produit, un procédé, un service nouveau ou différent.
Par opposition, l'invention est une découverte d'ampleur très variable portant sur des produits ou des procédés et qui reste au stade de l'expérience et du prototype.
Il y a donc beaucoup plus d'inventions que d'innovations puisque le passage de l'une à l'autre suppose un saut entrepreneurial (la prise de risque) et organisationnel (la coordination des moyens à œuvre).
Bien que la production soit le domaine privilégié d'innovation, J. Schumpeter (1935) distingue cinq formes d'innovation : la création d'un produit nouveau, la satisfaction d'un nouveau besoin, l'amélioration de la qualité d'un produit existant, la conquête de nouveaux débouchés, la mise au point d'une nouvelle méthode de production.
Les analyses de J. Schumpeter montrent clairement que la sphère d'impact du processus d'innovation s'étend à tous les domaines de la gestion :
- les innovations à dominante technologique concernent les produits ou les procédés de production ;
- les innovations à dominante commerciale permettent de défricher de nouveaux segments de marché ou fidéliser les clients sur les segments couverts, Exemple : McDonald's, sans changer ses procédés de fabrication, innove commercialement en proposant les repas d'anniversaire pour les enfants ;
- les innovations à dominante organisationnelle permettent d'adopter de nouveaux modes de travail, de nouveaux modes de circulation de l'information (réseaux télématiques, etc.) ;
- les innovations à dominante socio-institutionnelle, comme de nouvelles lois (exemple les 35 heures) concernent moins l'entreprise en tant qu'initiateur qu'en tant que lieu d'impact de l'innovation.

L'omniprésence du phénomène montre qu'il ne suffit pas de le définir et d'en identifier les manifestations, il faut aussi être en mesure de le gérer.

En effet, l'innovation n'est pas une notion statique : c'est le processus dynamique qui se développe dans une organisation en intégrant de nombreux acteurs et en générant de nombreuses conséquences.

Aujourd'hui, l'innovation constitue un tel enjeu qu'il faut en comprendre le processus pour en tirer parti au plan stratégique et la maîtriser dans un contexte organisationnel.

L'approche en termes stratégiques permet de comprendre les enjeux du processus d'innovation (« Pourquoi innover ? »), alors que la maîtrise du processus conduit à s'interroger sur les moyens à mettre en œuvre pour innover (« Comment innover ? »).

1. L'innovation : une variable stratégique à activer

Compte tenu des avantages stratégiques qu'elle procure, l'innovation constitue un puissant levier d'action mais il est difficile de faire des choix stratégiques dans ce domaine car les indicateurs font défaut.

1.1 L'innovation comme source principale d'avantages concurrentiels

a) Le contexte

Il n'est pas possible d'analyser les enjeux de l'innovation pour les entreprises actuelles sans évoquer l'environnement fortement concurrentiel qui les poussent à rechercher de nouvelles formes de production, de produit, de distribution, de gestion, ni insister sur les formidables potentialités technologiques qui se diffusent à tous les niveaux de l'économie.

Par exemple, toutes les activités humaines et toutes les tailles d'entreprise sont touchées par le développement de l'électronique, par les moyens d'information et de communication utilisables dans tous les domaines de la gestion.

Il faut donc souligner que ce ne sont pas seulement les conditions de production qui sont changées par l'innovation mais toutes les procédures de travail, de la conception jusqu'à la distribution des biens et services qui intègrent rapidement de nombreuses formes d'innovation ; il est possible d'illustrer ce propos par l'impact des procédés de lecture optique sur la distribution des produits et des services.

S'appliquant à tous les domaines, l'innovation provoque des changements qui sont autant de menaces ou d'opportunités selon que l'entreprise initie ces changements ou en subit les conséquences en raison de l'action de ses concurrents.

b) L'innovation et les avantages concurrentiels

Si l'entreprise en a l'initiative, l'innovation est source de performances par les avantages concurrentiels qu'elle procure.

L'innovation, quelle que soit son ampleur, quelle que soit sa nature, peut permettre à l'entreprise de créer de la valeur, de générer de nouveaux marchés, de se différencier des concurrents.

Si la performance est définie comme l'association de l'efficacité (atteinte des objectifs) et de l'efficience (gestion des ressources), l'innovation peut faciliter l'obtention de l'une et l'autre.

Même si, bien sûr, pour analyser la performance, il est nécessaire d'y associer le couple risque/rentabilité ; une innovation est toujours risquée et sa rentabilité future est difficile à évaluer.

En tant que variable stratégique, l'innovation doit permettre d'obtenir des avantages concurrentiels. En reprenant la typologie de M. Porter, l'innovation peut aussi bien apporter une différenciation (de produit, de procédé, de service…) par rapport aux concurrents qu'une domination par les coûts (meilleure productivité des facteurs, utilisation d'un composant moins onéreux…) ou qu'une focalisation (un besoin spécifique du marché mieux satisfait par une innovation).

Ainsi en créant les montres Swatch, l'entrepreneur suisse N. Hayeck a su associer une innovation de procédé (une production modulaire moins chère) et une innovation de produit (une gamme de montres très modernes et très diversifiées dans les couleurs, gamme positionnée à un prix moyen de 300 F). Il s'est ainsi différencié de ses concurrents par un produit nouveau au coût plus bas et a capté une part de marché importante qu'il conserve, au fil des années, en proposant une nouvelle gamme chaque saison. La société française Opex en essayant d'imiter ce précédent avec des montres plus classiques à 500 F indique que l'innovation se décline, et qu'il s'agit bien de se positionner dans un contexte très concurrentiel.

1.2 L'innovation : un choix stratégique difficile

Si l'innovation apporte indiscutablement des avantages sur le plan du positionnement stratégique de l'entreprise, elle résulte d'une décision difficile à prendre, car les investissements à réaliser sont souvent importants mais surtout difficiles à évaluer.

a) La difficile mesure des investissements immatériels

Si l'entreprise veut bénéficier des avantages concurrentiels procurés par les innovations, encore faut-il qu'elle investisse en recherche-développement, en hommes, en matériels. Ce sont ces choix stratégiques d'investissements immatériels qui pourront produire des leviers d'action futurs.

Mais ces investissements nécessitent des sommes importantes ; l'effort doit être soutenu sur une longue période, et surtout ces investissements sont aléatoires quant aux résultats et donc très difficiles à mesurer en termes de rentabilité, contrairement aux investissements dans du matériel de production.

Les entreprises ne doivent pas seulement investir dans l'innovation quand les résultats sont bons et la croissance forte ; elles doivent maintenir un effort constant d'investissement.

Ainsi, l'Oréal investit systématiquement chaque année en recherche-développement un pourcentage de son chiffre d'affaires, quels que soient les résultats de l'année.

Comment les entreprises françaises investissent-elles aujourd'hui dans des projets d'innovation ? Les investissements immatériels sont souvent comptablement enregistrés dans des charges (notamment frais de personnel). Un indicateur souvent utilisé est un indicateur indirect : le résultat des recherches en termes de brevets déposés.

Les statistiques comparant plusieurs pays depuis une dizaine d'années montrent la mauvaise situation de la France : alors que les dépôts de brevets se sont accrus de plus de 90 % depuis 1986 aux États-Unis, de 40 % en Allemagne, ils n'ont augmenté que de 10 % en France.

Toutefois, le critère du nombre de dépôts de brevets est largement contesté par certains auteurs comme indicateur des innovations réalisées ; d'autant qu'en sortant du domaine technologique, les innovations sont de plus en plus immatérielles et ne sont pas juridiquement brevetables.

L'appréciation difficile de la rentabilité des investissements, associée à un niveau de risque non négligeable, pose le problème des sources de financement de l'innovation. Il est préférable que l'entreprise développe son effort d'innovation à partir de son autofinancement pour ne pas augmenter le niveau de risque en recourant à l'emprunt. Le financement par le marché boursier fragilise également l'entreprise en cas d'échec.

Le problème du financement de l'innovation est encore plus délicat pour une petite entreprise, qui menace directement son existence en innovant, ou pour le créateur d'entreprise. Les formules de « capital-risque » offrent des perspectives ; elles restent cependant marginales et se concentrent sur des secteurs particuliers, où les domaines d'innovation sont relativement bien ciblés et où le caractère très technique des innovations permet de mieux délimiter les potentialités.

b) La relation incertaine entre innovation et productivité

Si les innovations dans le domaine de la production se prêtent assez bien au calcul d'investissement, il faut également relativiser les bénéfices liés aux investissements en recherche et développement dans la mesure où le lien entre productivité et innovations est difficile à établir.

Deux analyses présentent différemment la relation innovation/productivité.

La première thèse avance l'idée de la fin du travail en raison du rythme très élevé de progrès technique car les innovations permettent une productivité infinie sans travail.

La seconde thèse présente le travail comme toujours nécessaire car les statistiques montrent un ralentissement des progrès de la productivité depuis vingt ans malgré l'accroissement du rythme des innovations. Ainsi apparaît le paradoxe de Solow selon lequel « les ordinateurs sont aujourd'hui présents partout sauf dans les statistiques de productivité ».

D'autre part, les gains de productivité, s'ils existent, ne concernent pas les innovations totalement immatérielles permettant de différencier l'entreprise, en termes d'image par exemple. Aussi, d'autres indicateurs sont à rechercher pour essayer de mesurer l'impact des dépenses engagées pour réaliser ces innovations.

Nécessaire pour profiter d'avantages concurrentiels, l'innovation relève de choix délicats à faire en l'absence d'outils de mesure des retombées, de toute façon aléatoires. Ces difficultés ne doivent pas faire renoncer à un souci de maîtrise du processus d'innovation. Celui-ci doit être géré.

2. L'innovation, un processus à gérer

La maîtrise du processus d'innovation passe par une action sur les structures et par une mobilisation des acteurs concernés.

2.1 Les caractéristiques structurelles nécessaires

a) Une organisation souple

L'innovation se développe d'autant mieux que la structure de l'organisation la facilite. La dynamique de groupe, les processus d'apprentissage, la gestion par projets sont des méthodes qui favorisent l'innovation ; de même, les structures adhocratiques (petites structures organiques avec des décisions décentralisées) se révèlent porteuses d'innovation.

L'ingénierie simultanée (modèle d'organisation intégrant les métiers tout au long des étapes de production) en associant conception-production-distribution (au lieu de les faire suivre) permet de réduire les temps de conception et donc d'être plus réactif, ce qui est un facteur favorable à l'innovation.

L'innovation se diffusant de plus en plus vite et de façon de plus en plus diffuse, l'entreprise doit être capable d'anticiper les évolutions prévisibles, mais aussi doit être en mesure de s'adapter rapidement à des innovations initiées par d'autres.

L'organisation doit essayer de produire de l'innovation de manière aussi sûre et régulière qu'un produit industriel. Pour les innovations qu'elle souhaite initier, elle doit essayer de gérer des processus d'innovation qui sont aléatoires et immatériels comme des produits physiques. Il faut donc mettre en place les éléments qui vont faciliter le recueil, l'échange d'informations et la confrontation non conflictuelle des propositions, des idées. L'adaptation de l'organisation est donc un préalable à la genèse du processus d'innovation.

Mais, à l'inverse, les caractéristiques des nouvelles technologies (en particulier, les innovations liées à l'information et à la communication) peuvent faire évoluer les organisations en les conduisant à s'adapter à de nouvelles procédures de travail, par exemple télétravail, travail en réseau, etc. Les changements organisationnels sont donc aussi les conséquences des innovations, ce qui traduit clairement le caractère dynamique du processus en soulignant l'existence de nombreuses interactions entre le processus d'innovation et les composantes structurelles de l'entreprise.

b) Le déplacement des frontières de l'organisation

La mondialisation des marchés et les facilités de communication d'une part, le développement des stratégies d'alliance et de partenariat d'autre part, élargissent considérablement le champ de recherche, de conception, de mise au point et de diffusion des innovations.

Des entreprises concurrentes sur un domaine sont souvent conduites à coopérer au stade de la recherche-développement. Il devient alors difficile d'isoler une entreprise comme source d'innovation.

De nombreux laboratoires de recherche-développement (R&D), ou des technopôles, regroupent les ressources de plusieurs entreprises, pour faire naître des effets de synergie et s'en partager les résultats.

De ce fait, les frontières des organisations sont de plus en plus floues et donc, les échanges et transferts d'innovations sont nombreux sans savoir s'ils concernent l'environnement de l'entreprise ou sa zone d'influence et d'osmose avec d'autres partenaires.

La poursuite d'un processus d'innovation en coopération avec d'autres partenaires est donc un facteur de modification du périmètre structurel de l'entreprise et il faut l'intégrer, par exemple dans la gestion des ressources humaines en facilitant les transferts, les passages d'une structure à une autre, d'un projet à un autre.

La grande taille des organisations, en obligeant à adopter des procédures relativement formalisées, peut être un obstacle à l'innovation. Le cas du comportement d'IBM, relativement passif lors de la vague initiale d'éclosion de la micro-informatique, est exemplaire face à des challengers, Microsoft ou Apple, qui étaient innovateurs. La prise en compte de ce facteur taille peut conduire les grandes entreprises à externaliser la fonction d'innovation, à développer des formules de coopération ou d'alliance, ou d'essaimage, voire à adopter des stratégies de deuxième arrivant pour laisser des structures plus petites explorer des pistes innovantes risquées.

c) Du management des ressources technologiques au management de l'innovation

L'importance de cette composante organisationnelle a conduit un auteur, F. Morin, à préconiser un véritable management des ressources technologiques.

Cet auteur a analysé les tâches que devaient effectuer les entreprises pour gérer leur patrimoine technologique, constitué par les innovations passées et potentielles, afin de conserver les avantages concurrentiels qui en découlent.

D'après Morin, il faut ériger une fonction des ressources technologiques au même titre que la fonction « gestion des ressources humaines » ou la fonction financière, pour piloter en permanence cette variable stratégique qu'est devenue l'innovation.

F. Morin délimite six tâches à remplir pour gérer le processus d'innovation : inventorier les savoir-faire, évaluer les capacités technologiques, optimiser et enrichir le patrimoine technologique, sauvegarder le capital technologique de l'entreprise.

Cette approche, selon l'auteur, doit permettre d'effectuer les choix de domaine pour lancer un programme d'innovations.

Les préconisations de F. Morin concernent les innovations technologiques mais elles sont transférables aux autres formes d'innovation.

L'analyse de la chaîne de la valeur permet de généraliser cette démarche en distinguant les domaines où l'entreprise crée de la valeur et donc les domaines où elle doit conduire des programmes d'innovation. Les processus de veille (veille technologique, veille commerciale, etc.) permettent dans le même temps d'identifier les opportunités et les dangers d'innovation.

Ainsi, les fromageries Bel, disposant depuis plus d'un demi-siècle d'un avantage concurrentiel important par la notoriété de la marque la « Vache qui rit », innovent constamment pour décliner le produit (composition, parfum, etc.) ou ses attributs (conditionnement, association avec d'autres produits, etc.) en fonction de l'évolution des goûts des enfants et des habitudes de consommation.

Ce processus suppose une connaissance de la base de savoir-faire de l'entreprise, une connaissance précise de la clientèle et une confrontation permanente des deux pour déceler les possibilités d'innovation, qui peuvent se traduire par la création d'un produit nouveau comme le « Kiri » (« fromage des gastronomes en culottes courtes ») ou « Babybel ».

2.2 La mobilisation des acteurs

a) Le rôle central de l'homme

Parodiant J. Bodin, il est possible de dire qu'il n'y a d'innovateur que l'homme. En effet, l'innovation est totalement dépendante de la créativité des hommes, de leur curiosité, de leur inventivité et de leur capacité à prendre des risques. La gestion de l'innovation s'appuie fortement sur la gestion des ressources humaines dont le processus d'innovation est dépendant.

Tous les acteurs de l'organisation sont concernés à différents titres : le dirigeant en tant que moteur, incitateur de l'innovation mais aussi les cadres comme stimulant intermédiaire, et les collaborateurs à tous les niveaux de l'organisation pour proposer des idées, les mettre en œuvre.

Hamel et Prahalad ont montré l'importance des compétences des acteurs de l'entreprise et la nécessité de gérer les savoirs dans l'entreprise pour qu'ils se diffusent, s'enrichissent, évoluent par synergie et fondent les choix d'orientations stratégiques. Cette valorisation du patrimoine humain est à rapprocher de la valorisation du patrimoine technologique évoquée par F. Morin.

Pour Nonaka et Midler, l'analyse des mécanismes d'apprentissage au sein des organisations permet de mieux gérer les processus d'innovation qu'il ne semble plus pertinent de découper en phases successives mais plutôt de considérer comme « un processus bouillonnant ». Cette dynamique forte de l'innovation crée nécessairement des perturbations ; l'inventivité, la créativité ne peuvent pas suivre un processus hiérarchique et des canaux formalisés de communication. D'une certaine manière, l'innovation a une logique du désordre (changer ce qui existe) alors que l'organisation fonctionne selon une logique de l'ordre (diviser et coordonner). Aussi ce « processus bouillonnant », ce désordre innovateur, s'il ne peut pas être canalisé par des procédures formelles, doit être guidé par le partage de valeurs communes portées par la culture propre de l'entreprise.

La gestion de l'innovation est par essence une gestion de l'immatériel ; elle suppose une culture particulière valorisant l'acceptation du changement, la prise de risque. Il faut notamment que le droit à l'erreur puisse être reconnu sans que la pérennité de l'entreprise soit remise en cause. L'acceptation de ces valeurs par l'ensemble des acteurs (dirigeants et subordonnés) passe généralement par une politique particulière de gestion des ressources humaines (facilitant notamment la mobilité) et une gestion symbolique des valeurs au travers de la culture d'entreprise.

b) L'innovation est-elle possible sans entrepreneur ?

La gestion de l'innovation est donc dépendante de la gestion des acteurs de l'organisation.

Le dirigeant en tant que moteur, incitateur de l'innovation, est un acteur essentiel mais aussi les cadres comme stimulant intermédiaire, et les acteurs à tous les niveaux de l'organisation pour déclencher des idées, les mettre en œuvre.

L'entreprise doit donc créer en permanence un état d'esprit, une ouverture pour que les acteurs cherchent des améliorations, des nouveautés dans toutes les procédures de travail. Mais il faut souvent un profil particulier d'homme pour engager et/ou maintenir le processus d'innovation.

L'innovation, définie comme une idée nouvelle appliquée, est à l'origine même de la création d'entreprise : « Un homme, une idée, un marché », est le slogan de l'ANCE (Agence nationale pour la création d'entreprises). Le passage de l'invention à l'innovation nécessite un entrepreneur qui ose passer du domaine de l'idée au domaine de la réalisation de cette idée.

L'homme qui entreprend, qui prend des risques, est un innovateur. Cet état d'esprit, cette attitude face au risque est la justification du profit réalisé par l'entreprise d'après Knight, dans le prolongement des théories de Schumpeter sur l'entrepreneur.

L'innovation, réalisée par un entrepreneur, est donc le moteur essentiel de la création et du développement de l'entreprise. Avec l'essor des grandes entreprises, les gestionnaires ont souvent remplacé les entrepreneurs ; la sécurisation des activités par la mise en place et le respect de procédures prend alors le pas sur l'innovation et la prise de risque qu'elle suppose.

Les entreprises, notamment les plus grandes, doivent alors mettre en place des mécanismes pour recréer les conditions favorables à l'éclosion d'un esprit d'entrepreneur. Le concept d'« intrapreneur » a ainsi été élaboré pour désigner l'ensemble des mécanismes destinés à régénérer les valeurs et la fonction d'entrepreneur au sein de l'entreprise managériale.

Conclusion

Aujourd'hui, les innovations, sous toutes leurs formes, sont une nécessité pour assurer la performance de l'entreprise mais elles ne peuvent développer leurs fruits que si l'organisation et surtout les acteurs savent maintenir, au-delà des investissements, un état d'esprit, une culture pour canaliser les idées et les développer dans le sens de la stratégie de l'entreprise. Processus vital, mais aussi processus complexe, le processus d'innovation ne peut pas échapper à l'incertitude, c'est à cette condition qu'il assure la dynamique économique mais aussi sociale en assurant progrès technique et élévation du niveau de vie.

3. Éléments d'auto-évaluation

• Le principal écueil à éviter est de répondre au sujet comme à une série de questions de cours sous forme de catalogue de paragraphes ; ce type de dissertation ne peut obtenir la moyenne.

Le premier critère d'évaluation sera donc l'existence d'une problématique et d'un plan logique qui, tout en présentant de nombreuses dimensions du problème, s'attachent à présenter une argumentation.

• Des développements macro-économiques sur la relation innovation/progrès technique/ emploi sont hors-sujet.

• Le sujet nécessite d'analyser trois points sur l'innovation : le « quoi », le « pourquoi » et le « comment » Une copie qui ne les traite pas, sous une forme ou sous une autre, ne peut pas obtenir la moyenne.

• Un développement se focalisant sur une seule dimension, stratégique ou organisationnelle, serait jugé trop partiel.

• Les correcteurs sont très sensibles à l'intégration d'exemples pour enrichir le développement et de références théoriques pour justifier l'analyse ; des points supplémentaires seront accordés.

1995

Sujet conforme à la réforme

Thème : **La communication dans l'entreprise**

Énoncé

La « communication dans l'entreprise » constitue l'un des thèmes privilégiés de la littérature managériale contemporaine, développé aussi bien lors d'études sur les comportements collectifs au sein des organisations, que sur les choix structurels favorisant l'efficacité d'entreprises soumises à des contraintes multiples ou encore sur les modes de production industriels.

Après lecture du document annexé, vous mettrez en évidence le sens du concept de communication dans l'entreprise ainsi que les enjeux et les difficultés de gestion qui s'y rapportent. Vous préciserez, plus particulièrement, en quoi le développement de la « communication dans l'entreprise » vous paraît être aujourd'hui une des conditions d'efficacité des entreprises soumises, selon l'auteur du texte, à une « nouvelle rationalité ».

NB : La paraphrase de ce document devra être exceptionnelle et nécessairement identifiée par des guillemets.

(Voir document annexé pages 121 à 123.)

Comment situer le sujet dans le programme ?

Thèmes du programme abordés	Correspondance avec le manuel (1)
4. Les décisions : le système d'information et d'aide à la décision	Chap. 13 – Information et Système d'information
6.2 Les fonctions de support : personnel	Chap. 9 – La gestion des ressources humaines
Indication de temps (2)	**Niveau de difficulté (3)**
Lecture et analyse du sujet : 1 heure Recherche des idées : 1 heure Rédaction : 2 heures	3

(1) Manuel de référence : J.-L. Charron et S. Sépari, *Organisation et gestion de l'entreprise, DECF n° 3*, Dunod, 1998.

(2) Durée globale de l'épreuve : 4 heures.

(3) Niveaux de difficulté notés de 1 à 4 par ordre croissant.

Les spécificités du sujet

1. Type de sujet

Ce sujet présente la particularité de reposer sur l'exploitation d'un assez long document comportant de nombreuses pistes de réflexion.

Malgré l'importance du document, ce sujet **n'est pas** un commentaire de texte. Ce sujet reste donc une dissertation sur un sujet classique, quant au fond (la communication), mais avec une **double particularité** sur le plan formel :

- le document d'appui, très riche, contient pratiquement toute l'information nécessaire pour traiter le sujet ;
- le libellé du sujet, sans proposer de plan, oriente fortement la réflexion du candidat en indiquant des thèmes qui doivent être absolument abordés.

2. Problème posé par le sujet

Le sujet pose le problème de la *place de la communication comme outil de gestion de l'entreprise* et, notamment, en quoi la communication dans l'entreprise permet d'orienter les comportements des acteurs vers la réalisation des objectifs de l'entreprise.

Sans suggérer réellement de plan, le sujet invite à traiter ce problème au travers de trois questions qui peuvent être formulées de la manière suivante :

- Qu'est-ce que la communication ?
- Pourquoi la communication est-elle si présente aujourd'hui dans les entreprises ? (Thème de la nouvelle rationalité.)
- Comment peut-on la maîtriser ?

3. Esprit et spécificité du sujet

Ce sujet est caractérisé par sa longueur (document, mais aussi libellé) et par sa précision. Il oriente fortement la réflexion, contrairement à des sujets au libellé succinct dont l'interprétation hasardeuse peut déstabiliser les candidats. Ici, le libellé pose clairement un certain nombre de questions (*cf.* ci-dessus) sans toutefois préconiser véritablement de plan.

Ce sujet nécessite des connaissances sur plusieurs parties du programme, mais les pistes de réflexion et quelques repères théoriques sont bien balisés dans le document d'appui, aussi le candidat se distinguera surtout par ses capacités d'analyse et de synthèse pour présenter un développement cohérent correctement structuré.

Document annexé
Les communications dans les organisations

La communication incertaine

Un phénomène ambigu

Les entreprises françaises connaissent, depuis quelques années, une véritable explosion de la fonction communication. Toutes les entreprises d'une certaine taille ont développé un service, voire une direction de la communication. Un certain flou caractérise néanmoins cette nouvelle activité comme en témoigne la multiplicité des justifications données à l'importance de cette fonction, qu'il s'agisse de prendre en charge l'image de l'entreprise ou encore d'organiser la circulation des informations, nouvelles matières premières de la guerre économique.

Cette communication comprend une forte composante interne dont l'organisation diffère selon les entreprises. Indice supplémentaire de l'ambiguïté de cette fonction, celle-ci revient parfois à la direction de la communication, souvent à celle des relations humaines. Le rôle déterminant de la communication interne apparaît toutefois nettement lorsque l'on compare les modèles de communication anglo-saxons et les modèles japonais ou allemands. Dans les premiers, l'affectation des dépenses de communication concerne surtout la communication externe (publicité, etc.), une fois le produit réalisé. À l'inverse, au Japon et en Allemagne, l'accent est mis principalement sur la communication interne, présente tout au long du processus de production.

À la différence des autres fonctions de l'entreprise, la communication n'a pas donné naissance à un corpus scientifique particulier, à un fonds commun de connaissances. Les processus de communication demeurent toujours assez mystérieux, d'autant que le phénomène n'est pas apparu avec la création de services spécialisés.

En définitive, on assiste à l'émergence et au développement d'une activité qui paraît déterminante, qui semble pourtant, paradoxalement, avoir toujours existé et pour laquelle on ne sait finalement pas grand-chose.

Une approche théorique incomplète

Le thème de la communication dans l'entreprise a surtout fait l'objet d'une abondante littérature managériale aux visées essentiellement pratiques. L'analyse économique des organisations, de son côté, traite très partiellement de la communication en montrant comment la création d'organisations représente parfois une solution plus efficace que le marché en ce qu'elles permettent une économie des « coût de transactions », c'est-à-dire des coûts d'information et de communication. Par rapport à la coordination des agents économiques réalisés par le marché, l'organisation permet de réduire le volume des échanges d'informations entre les individus tout en instaurant une confiance mutuelle dans leurs relations d'échanges professionnels. Ces analyses retrouvent d'ailleurs, sur certains points, les travaux sociologiques en montrant que l'intériorisation de normes de comportements collectifs par les membres d'une organisation permet d'en accroître l'efficacité.

La communication dans l'entreprise n'a, en revanche, jamais fait l'objet de travaux d'orientation plus sociologique. La détention d'informations privilégiées comme source de pouvoir dans l'organisation a été mise en évidence et largement explicitée par la sociologie des organisations, mais la communication elle-même n'a jamais donné lieu à une analyse spécifique.

L'évolution des modes de rationalité dans les organisations

Le développement d'activités consacrées spécifiquement à la communication nous semble avoir partie liée avec les changements de rationalité que connaissent aujourd'hui les entreprises et les organisations.

Dans une bureaucratie ou dans une usine fonctionnant selon les principes tayloriens, l'organisation du travail, conçue de façon rationnelle, est extérieure à l'individu et s'impose à lui. Un ensemble de règles et de normes, définies préalablement, enserrent très précisément son activité.

Cette vision à peine caricaturale se retrouve aujourd'hui de moins en moins dans les organisations alors que se développe, pour de multiples raisons dont l'exposé dépasse le cadre de cet article, un nouveau cadre professionnel présentant les traits opposés. On observe aujourd'hui l'apparition de contextes professionnels dans lesquels les productions à réaliser (biens ou services) ne sont, au départ, ni parfaitement spécifiées, ni entièrement connues (exemples des « projets »). Ces activités reposent sur un collectif de travail dans lequel l'action de chacun ne peut être ni codifiée, ni même individualisée. C'est au cours même du processus de production, à travers un ensemble d'échanges interindividuels, que s'élaborent peu à peu les normes et les règles de travail et que se définissent les moyens à mettre en œuvre et la répartition des tâches entre individus.

Cette opposition entre un mode de rationalité traditionnel et une nouvelle rationalité se retrouve dans la part d'autonomie laissée aux individus. Dans le modèle de rationalité bureaucratique ou technique, la parcellisation du travail et la définition précise de la nature de la tâche et des moyens associés se conjuguent pour réduire pratiquement à néant l'autonomie des salariés. À l'inverse, les nouveaux contextes professionnels non seulement permettent, mais, plus encore, exigent une très forte autonomie, les entreprises attendant des salariés la mise en jeu de compétences et d'expertises en constante évolution.

Cependant, cette autonomie doit aussi s'accompagner d'une coordination accrue, coordination entre les individus eux-mêmes (au sein d'un collectif de travail) et coordination entre les différents collectifs de travail, car c'est justement dans l'interdépendance et la coopération que naît le contenu du travail. Au-delà de la création du produit lui-même, il y a création et autoproduction des différentes composantes de l'activité de chacun. Ici encore, la communication apparaît comme un processus décisif de la réussite de cette coordination.

On voit ainsi émerger peu à peu une nouvelle forme de rationalité dans les organisations, rationalité qui vise à concilier l'autonomie requise de chacun et la nécessaire coordination de l'activité de tous. Une rationalité qui assure, par exemple, que l'autonomie des salariés fonctionne toujours au profit de ce qui est entrepris en commun, au profit de l'entreprise.

Dans ce cadre, les échanges entre les individus et la circulation des informations jouent un rôle déterminant. La communication n'apparaît-elle pas alors comme une composante essentielle de cette nouvelle rationalité ?

Les différentes communications d'une organisation

De l'information à la communication

La mode est à la communication, si bien que des pratiques traditionnelles dans les entreprises (l'information des salariés par exemple) sont devenues, en l'espace de quelques années, des opérations de communication. La distinction entre information et communication reste cependant un préalable nécessaire. La notion de communication, qui signifiait il y a quelques siècles « mise en commun », intéresse en effet le sociologue car elle ajoute une dimension de relation sociale à la simple transmission de messages qu'est l'information. La communication met en relation plusieurs personnes et dans cette interaction, le récepteur du message, loin d'être passif, devient à son tour émetteur d'une réponse ou d'un autre message. Il y a communication lorsque la situation de départ subit une modification à l'issue du processus de communication.

Cette distinction élémentaire met immédiatement en évidence les limites de certains services de la communication qui réduisent cette dernière à une transmission unilatérale d'informations de la direction vers les salariés. Elle montre aussi l'importance de la remontée des informations dans les organisations et conduit à s'interroger sur les caractéristiques d'une véritable communication interne.

Ne convient-il pas de s'assurer de la conformité entre les messages envoyés et les messages reçus entre la direction et le personnel, et cela dans les deux sens ? Peut-on se contenter de moyens indirects (enquête de climat social, boîte aux lettres, etc.) excluant toute relation interpersonnelle pour assurer la remontée des informations ? Comment convaincre les salariés du bien-fondé d'une telle politique de communication si les échanges n'aboutissent pas à une modification de la situation de départ grâce à un processus d'influence réciproque ?

Les communications de l'entreprise

Plusieurs formes de communication traversent l'entreprise, qu'il s'agisse par exemple de la communication fonctionnelle, concernant les échanges d'informations nécessaires à l'exercice de l'activité professionnelle, de la communication informelle, aux aspects les plus divers (des contacts spontanés entre collègues aux phénomènes de rumeurs) ou encore de la communication que l'on peut qualifier de managériale, laquelle correspond aux activités d'une structure spécifique dans l'entreprise (service, direction) créé pour assurer cette seule fonction.

Le rappel de quelques-unes de ces formes invite aussitôt à des interrogations. N'y a-t-il pas dans de nombreux discours sur la communication une certaine confusion entre les informations relevant de ce que les gestionnaires appellent le « système d'informations » de l'entreprise (ensemble des informations qui sont le contenu même de l'activité productive) et les informations concernant la vie de l'organisation elle-même (organisation du travail, agencement des services, etc.) ? Comment peut s'articuler une communication managériale nouvelle avec les formes plus traditionnelles de communication ? Ne conviendrait-il pas de distinguer deux niveaux au sein même des échanges d'informations à caractère professionnel, un premier niveau où la communication, programmée et structurée dans l'organisation, ne remet pas en question le cadre global de l'activité et un deuxième niveau, où la communication porte sur le cadre global lui-même, sur les règles du jeu que les acteurs cherchent à modifier pour de multiples raisons ? Dans les contextes professionnels qui émergent peu à peu, ce second niveau de communication ne prend-il pas une place déterminante puisque le contenu de l'activité est le résultat d'un processus d'échanges interindividuels où chacun est amené à présenter un certain nombre d'arguments ?

Enfin, parmi les communications de l'entreprise, on peut distinguer la communication initiée par l'entreprise elle-même, sa direction ou sa hiérarchie. L'analyse de cette communication peut aussi s'avérer intéressante car l'entreprise ne communique pas seulement par des messages, mais aussi par ce qu'elle fait ou ne fait pas. Certaines actions de l'entreprise ne « communiquent »-elles pas davantage que bien des messages qu'elle cherche à transmettre ?

Quelques hypothèses concernant les communications dans les organisations

(...)

Un examen sommaire des liens entre communication et culture d'entreprise pourrait nous amener à voir dans la communication managériale le dernier avatar de toutes les pratiques d'entreprise visant à mobiliser les salariés. Cependant, la communication ne peut se réduire à un ensemble de techniques destinées à faciliter la mise en œuvre de stratégies de mobilisation.

(...)

En reprenant une conception plus sociologique de la culture d'entreprise (ensemble de valeurs, de normes et de pratiques partagées et peu susceptibles de modifications volontaristes) et en privilégiant la communication fondée sur l'activité raisonnante de chacun, il est peut-être possible d'analyser de façon plus pertinente les liens entre culture d'entreprise et communication. Ainsi, la communication ne gagne-t-elle pas en efficacité lorsqu'il existe une forte culture commune, un contexte commun entre les différents acteurs (connaissance commune de l'entreprise, vision claire des problèmes à résoudre, bases de langage communes, etc.) ?

(...)

Dans les modèles de rationalité bureaucratique ou technique, l'individu est inséré dans un système de normes imposées de l'extérieur par les règlements ou la technique. Dans les nouveaux contextes professionnels marqués par l'affirmation de l'autonomie de l'acteur, les normes ne sont pas toujours préexistantes à l'action car ce sont précisément l'interaction, la coopération et l'intersubjectivité qui produisent et modifient les normes qui suivront ensuite les acteurs. Dans ce processus, la communication est évidemment essentielle.

(...)

Dans les nouveaux modes de rationalité, où la difficulté tient moins aux modalités du contrôle social qu'à la coordination, le problème de l'autonomie se pose également. Dans ces situations professionnelles dominées par l'incertitude sur le travail effectif ou lorsque le flou subsiste dans des activités dont le produit n'est pas immédiatement observable ou mesurable, la nécessité de la communication, mise en avant par la hiérarchie, ne répondrait-elle pas précisément à ce double problème du contrôle social et de la coordination ? En assurant une meilleure coordination dans l'entreprise, le développement de la communication ne viserait-il pas aussi à assurer une certaine forme de contrôle avec l'obligation de rendre compte au niveau supérieur, de diffuser une information abondante et donc de soumettre son activité aux regards des autres ?

Source : J.-Y. Capul, « Les communications dans les organisations », dans *Cahiers Français*, n° 258, p. 45 à 48.

Corrigé commenté et évaluation

Analyse du sujet

1. Identification et définition des mots clés du sujet

Le cœur du sujet tient dans les trois mots « communication dans l'entreprise ».

- *«Communication»*

La communication peut se définir en première approche comme le fait de faire passer un message, une information d'un individu à un autre. La discussion même du concept fait partie du sujet (*cf.* la phrase du sujet: *«vous mettrez en évidence le sens du concept de communication»*).

- *«L'entreprise»*

C'est le cadre de référence. Ce n'est pas de la communication en général qu'il faut parler. Il faut notamment éviter de faire un devoir privilégiant de trop longs développements sur les aspects sociaux de la communication. Il faut au contraire faire ressortir la spécificité de la communication comme outil de gestion, c'est-à-dire comme objet à manipuler pour atteindre des objectifs.

- *«Dans»*

Il ne faut pas confondre la communication **de** l'entreprise (la communication voulue, initiée par l'entreprise) et la communication **dans** l'entreprise (la communication qui se situe dans le contexte de l'entreprise quels qu'en soient les initiateurs).

2. Analyse du libellé du sujet

L'énoncé du sujet comporte trois parties bien distinctes.

- Un premier paragraphe ***annonce le thème***, en indique l'importance tant théorique (évocation de la littérature managériale) que pratique en posant le principe d'un lien avec l'efficacité, notamment en soulignant deux implications majeures de la communication: l'impact sur les comportements collectifs et le lien avec les choix structurels. Ce premier paragraphe définit le cadre de réflexion.

- La deuxième partie contient le ***libellé du sujet*** proprement dit: mettre en évidence le concept et montrer ses enjeux et les difficultés d'utilisation comme outil de gestion.

Les éléments évoqués dans le premier paragraphe sont précisés: il faut montrer en quoi la communication est un des facteurs d'efficacité dans le contexte d'une « nouvelle rationalité ».

Il convient donc de définir ce qu'est cette nouvelle rationalité: rationalité limitée des acteurs au sens de H. Simon et/ou rationalité des processus de gestion qui sont passés d'un logique industrielle (matérielle) à une logique de prestations de services (immatérielle).

• La troisième partie du sujet est un ***texte d'appui*** constitué par les extraits de l'article de J-Y Capul, « Les communications dans les organisations », paru dans les *Cahiers français*. Ce texte contient l'essentiel des pistes de réflexion structurées autour de quatre grands thèmes qu'il convient de repérer dans un rapide travail préparatoire.

POINT DE MÉTHODE

Un texte annexé aussi long doit donner lieu à une lecture active : prise de notes, soulignement, d'une part pour bien le comprendre, d'autre part pour faciliter les relectures ponctuelles au moment de la rédaction finale de la copie.

Notes de lecture du document

La communication incertaine

La communication est un phénomène ambigu, paradoxal, dont les mécanismes sont finalement assez mal connus.

Ambiguïté entre communication interne (ressources humaines) et externe (image, publicité).

Paradoxe d'une activité toujours exercée mais d'une fonction vécue comme récente.

Phénomène mal connu car pas de corpus scientifique, toutefois l'auteur fait référence à la théorie des coûts de transaction de O. Williamson, et aux théories sociologiques sur l'intériorisation des normes des comportements collectifs.

L'évolution des modes de rationalité dans les organisations

Face à la rationalité taylorienne émergence d'une nouvelle rationalité.

La rationalité traditionnelle, illustrée par la théorie X de Mc Gregor, engendre une communication purement descendante pour transmettre des consignes fixes, correspondant à un environnement stable, bien maîtrisé.

À l'inverse, un environnement instable fait naître des besoins accrus de coordination et d'adaptation qui nécessitent une communication plus fluide en raison d'une autonomie plus grande laissée au travailleur pour faire face aux aléas.

Les différentes communications d'une organisation

Distinction entre information (simple transmission d'un message) et communication (processus de partage d'une information : la situation de départ est modifiée par la transmission de l'information) ; d'où l'importance d'une transmission non unilatérale de l'information et la nécessité d'outils de communication, tout en s'interrogeant sur la légitimité d'une politique de communication.

Évocation d'une typologie de la communication : fonctionnelle, formelle/informelle ; ne pas limiter la réflexion au système d'information mais intégrer le fait qu'il y ait deux niveaux de communication dans le cadre des règles du jeu et pour remettre en cause ces règles.

Quelques hypothèses concernant les communications dans les organisations

Il s'agit de fragments de textes évoquant la communication interne comme outil de gestion.

La communication ne peut pas se limiter à faciliter la mise en œuvre de la stratégie.

Existence d'un lien entre l'efficacité d'une organisation et une forte culture commune de ses membres.

Dans un contexte d'autonomie, les normes s'établissent par interaction entre les acteurs grâce à la communication.

Coordination et contrôle social des travailleurs sont liés et reposent sur la communication dans le contexte des nouveaux modes de rationalité.

3. Débats et questions autour du sujet

Un sujet sur la place de la communication interne peut conduire à s'interroger sur des questions techniques sur les systèmes d'information (notamment avec la montée en puissance des réseaux informatiques de type intranet), mais il paraît peu opportun de se lancer dans de tels développements compte tenu de l'orientation donnée par le libellé du sujet et le peu de temps disponible au cours de l'épreuve.

Les liens entre communication interne et stratégie sont assez proches du sujet et peuvent sans doute être évoqués. La remise en cause des organisations relativement rigides fondées sur la planification stratégique a conduit à développer le concept de « management stratégique ».

Les débats sur la culture d'entreprise sont également très proches des idées évoquées dans le texte d'appui, notamment en ce qui concerne la nécessité d'autres formes de conduite et de contrôle des hommes dans le cadre de la « nouvelle rationalité » économique.

La communication semble très sensible aux phénomènes de mode. De nombreux « outils » sont préconisés, puis semblent tomber dans l'oubli. Sans nier le caractère superficiel propre à tout phénomène médiatisé, il ne faut pas rejeter la possibilité d'une intervention rationnelle sur la communication interne mais celle-ci évolue très vite, et les outils disponibles ne peuvent pas avoir le même caractère instrumental que les méthodes quantitatives de gestion.

Inventaire des éléments pour traiter le sujet

1. Repères théoriques

Bien que l'auteur de l'article avance que la communication n'a pas donné lieu à un « fonds commun de connaissances », il évoque un certain nombre de pistes.

- La détention d'informations privilégiées comme source de pouvoir (thème évoqué dans le texte) : analyses de M. Crozier et E. Friedberg mettant en évidence les logiques d'acteurs dans l'organisation où chacun cherche à s'assurer une zone de pouvoir interne ; mais aussi travaux des théoriciens de l'agence avec l'analyse de la délégation de pouvoir de décision (entre actionnaires et dirigeants, mais aussi entre supérieur et subordonné). Il ressort de ces analyses que la gestion de la communication (quoi communiquer, à qui, à quel moment, sous quelle forme, avec quel degré d'exactitude, etc.) est un paramètre clé du pouvoir dans l'entreprise.
- Dans le prolongement de cette approche, il est possible d'évoquer les travaux mettant en évidence le lien entre l'intérêt au travail, la considération et l'implication des acteurs (E. Mayo, F. Herzberg, C. Argyris). Le courant socio-technique, en mettant l'accent sur les phénomènes de communication dans le groupe pour maîtriser un processus, peut également être évoqué, et rattaché à la nouvelle rationalité des processus productifs dont parle l'auteur de l'article.

De manière générale, toutes ces analyses mettent l'accent sur le comportement au travail, et insistent sur la communication interne comme paramètre fondamental à maîtriser pour rendre efficace le travail humain (coordination, adhésion, finalisation).

• Les travaux d'O. Williamson (dans le prolongement de ceux de R. Coase) sont centrés sur l'analyse des transactions : dans une économie d'échange, les coûts liés aux transactions (information, suivi des contrats, etc.) et ceux liés à la mise en place et au fonctionnement d'une organisation expliquent le recours au marché (faire faire) ou au contraire l'internalisation des opérations (faire). Dans ce processus, l'accès aux informations, la communication des paramètres (prix, quantité, conditions des contrats) sont des éléments essentiels. En permettant une économie sur les coûts de transaction, l'organisation se révèle parfois supérieure au marché.

• H. Simon (et un certain nombre d'auteurs avec lui comme Cyert et March) montre, avec la théorie de la rationalité limitée, que l'individu ne recherche pas l'optimum mais une situation satisfaisante. De ce fait, ce courant développe l'analyse du comportement opportuniste des acteurs, et l'importance de la communication dans les échanges d'informations entre individus coalisés ou antagonistes.

• Les références sur la théorie de l'information et les systèmes d'information : analyse des messages, de leur condition de transmission, des bruits parasites, de la construction des systèmes d'information (C. Schannon, W. Weaver, etc.). Les travaux des psychosociologues (Bavelas et Leavitt, notamment) ont insisté sur les propriétés des réseaux de communication (concept du degré de centralité) pour expliquer la plus ou moins grande efficacité des communications dans une organisation. D'autres analyses se sont concentrées sur les phénomènes psychosociologiques liées à la communication (sociométrie, analyse transactionnelle, etc.).

• Les théoriciens de la contingence montrent l'importance de disposer d'un système de communication adapté au degré de complexité et d'incertitude de l'environnement. La gestion de la communication s'intègre, de manière plus générale, dans le processus d'adaptation de la structure de l'organisation (pouvoir, hiérarchie, division des tâches, etc.) qui est la condition de son efficacité.

• Dans le courant de la contingence, les analyses de P. Lawrence et J. Lorsch sur le processus de différenciation-intégration des structures peuvent être évoquées car elles concernent aussi les formes de communication : degré de formalisme, niveau de détail, type d'information, etc., à différencier en fonction de l'environnement propre à chaque branche, à chaque service mais nécessité d'une communication intégratrice pour conserver l'unité de l'entreprise (autour d'un projet).

• Prolongeant cette idée de la nécessité d'outil d'intégration, les travaux sur la culture d'entreprise font ressortir l'importance des éléments informels, immatériels dans la conduite d'un projet d'entreprise et dans la gestion des hommes pour réaliser ce projet. La définition de la culture d'entreprise (notamment celle de Schein) peut aider à situer la communication interne par rapport aux deux objectifs « organisationnels » de la culture d'entreprise : *assurer la cohérence du groupe* (la communication interne met alors l'accent sur le partage de valeurs communes au lieu d'insister sur les divergences d'intérêts) et *améliorer l'adaptation à l'environnement* (le groupe réagit plus vite et de manière plus coordonnée aux aléas grâce à une vision commune de l'avenir que la communication interne permet d'établir et d'actualiser).

Des auteurs comme H. Seriex et G. Archer d'une part, T. Peter et R. Waterman d'autre part, ont illustré ces points par de nombreux exemples d'entreprises.

• M. Aoki, en opposant l'entreprise de forme J aux entreprises de forme A et M, a insisté sur la nécessité d'une communication plus souple, moins formelle, moins bureaucratique dans le cadre d'une organisation de la production, moins parcellisée, moins planifiée, plus réactive. Cette opposition entre les formes bureaucratiques d'organisation basée sur la planification et les formes plus réactives face à l'incertitude de l'environnement se retrouve chez de nombreux auteurs et constitue la toile de fond de la nouvelle rationalité de production dont parle l'auteur de l'article.

• Dans le prolongement de cette remarque, les analyses de H. Minzberg (ainsi que celles de M. Crozier) sur la bureaucratie permettent de fixer certaines caractéristiques de la communication comme paramètre de l'organisation pour coordonner les tâches, planifier les activités, formaliser les comportements. Ces éléments permettent de voir le rapport entre le type de communication (nature et sens des échanges) et la forme structurelle de l'organisation.

POINT DE MÉTHODE

Le nombre et l'importance des références théoriques disponibles, dont beaucoup sont évoquées dans le texte, montrent clairement qu'il ne faut pas chercher à tout vouloir dire. Il faut opérer un choix. En fonction de la problématique retenue, c'est la logique de l'argumentation avancée qui guide ce choix.

2. Démarches et questionnements pour mobiliser les idées

2.1 Questionnement générique : qui, quoi, quand, comment...

• *Qu'est-ce que* la communication ? Quelle est la différence entre communication interne et externe ? Quelle est la différence entre la communication et l'information ? (*cf.* texte d'appui)

• *Qui* est concerné par la communication interne, et à quel titre ? Avec quels objectifs ? Le personnel, les syndicats, la direction, les actionnaires ?

• *Comment* communique-t-on ? Quels sont les supports ?

• *Pourquoi* communique-t-on dans l'entreprise ? Pour transmettre des informations, pour donner des ordres, pour donner des avis, pour coordonner le travail, pour fixer les objectifs de travail ? etc.

• *Depuis quand* communique-t-on ? Le phénomène est-il constant ou au contraire récent ?

• Que faut-il communiquer ? Faut-il tout communiquer dans une organisation ou y a-t-il nécessité de filtrer pour cibler l'information ? Y a-t-il nécessité de garder certaines informations pour exercer le pouvoir ?

2.2 Approche thématique

La communication interne et la stratégie : la communication interne aide-t-elle à élaborer la stratégie ? à la communiquer ? à la faire comprendre ?

La communication interne et la structure : quelle est la place de la communication dans l'organisation structurelle de l'entreprise ? Son rattachement fréquent à la direction des ressources humaines est-il satisfaisant ?

La communication interne et l'organisation : organiser c'est diviser et coordonner ; en quoi la communication interne peut-elle contribuer à ces deux aspects ?

La communication interne et la gestion des hommes : information, compréhension, adhésion, implication.

2.3 *L'opposition de rationalité*

• Caractéristiques d'une organisation taylorienne/bureaucratique : division du travail, spécialisation, rigidité des procédures, négation des phénomènes humains informels, etc.

• Caractéristiques d'une organisation post-taylorienne : autonomie des travailleurs, formes souples de coordination pour intégrer l'aléa de l'environnement et l'initiative des opérateurs, etc.

POINT DE MÉTHODE

De très nombreuses idées, et notamment les plus essentielles, étant présentées dans le texte d'appui (*cf.* les notes de lecture du document en p. 143), cette phase de recherche des idées est limitée pour ce sujet. Compte tenu de ce paramètre, le choix des idées est ici plus délicat que leur mobilisation.

3. Éléments d'analyse intéressants à développer

• Le point central justifiant le recours à la communication interne comme instrument privilégié de gestion est la relation entre la nature de l'environnement (stable/instable) et le type de contrôle du travail des individus. Un environnement stable permet la planification, la mise au point de procédures de travail que le salarié devra respecter ; en conséquence, le contrôle du travail se fera a posteriori et portera sur le respect de la procédure. Dans un environnement instable, il faut laisser une marge d'autonomie plus grande aux opérateurs pour qu'ils puissent prendre des initiatives face à des situations inattendues (notamment en termes de service face à des demandes de la clientèle). En conséquence, il faut s'assurer du comportement des opérateurs a priori : éthique, culture d'entreprise pour la compréhension et l'intégration des objectifs de l'entreprise.

• Sur un plan plus organisationnel, la coordination des flux de travail est un autre point important à souligner. Dans une bureaucratie mécaniste (*cf.* les analystes de H. Mintzberg), la coordination est facilitée par la standardisation des procédés de travail, dans une bureaucratie professionnelle la coordination est assurée par la standardisation des qualifications ; quand ces formes de standardisation ne sont plus possibles, les opérateurs doivent communiquer de manière plus intense pour arriver à se coordonner : l'attention des gestionnaires doit alors porter, non sur la mise en place de procédures de standardisation, mais sur la gestion de la communication interne pour que la coordination du travail soit efficace.

4. Connaissances pratiques, exemples d'entreprises

• Pour l'émergence d'une nouvelle rationalité et les liens avec l'animation des hommes :

- Renault et la réorganisation de certains ateliers sur la base d'unité élémentaire de travail ;
- La réflexion conduite chez Renault lors de la conception de la Twingo pour faciliter le dialogue des différents acteurs en les regroupant autour d'un plateau de travail.

• Même type de remarque pour la conception de l'usine de la Smart (Swatch-Mercedes).

• Des exemples de formes de communication interne abondent : journal d'entreprise sous forme papier ou multimédia, etc.

• Le lien (notamment le problème de cohérence) entre communication interne et externe peut être illustré par les campagnes d'EDF (« On vous doit plus que la lumière ») ou de la SNCF (« À nous de vous faire préférer le train ») qui sont à la fois à usage externe comme promesse commerciale et à usage interne pour mobiliser les hommes sur un engagement.

• Les exemples donnés par Peter et Waterman dans le *Prix de l'excellence* peuvent illustrer le lien entre communication interne et culture d'entreprise.

Structuration et développement

1. Problématiques envisageables et plans possibles associés

POINT DE MÉTHODE

- Une problématique est une façon de formuler le problème pour structurer l'argumentation et définir un axe de démonstration.
- Que voulez-vous dire et comment allez-vous le dire ?

1.1 Problématique organisationnelle, relativement descriptive

• *Formulation:* La communication interne, bien que multiforme et ambiguë, contribue à l'efficience des organisations au travers de pratiques managériales difficiles à mettre œuvre mais cependant nécessaires face à l'évolution de l'environnement.

• *Portée:* Cette problématique suit la trame du texte et de l'intitulé de l'énoncé. Elle a l'avantage de répondre directement aux questions posées mais présente l'inconvénient d'un risque de paraphrase si le candidat ne soigne pas son argumentation

• *Plan associé*

1. **L'ambiguïté du concept de « communication interne »**
   1.1 Définition de la communication interne
   1.2 Typologie des formes de communication interne
   1.3 Méconnaissance relative des mécanismes de communication
2. **La logique du développement contemporain de la communication interne**
   2.1 La communication interne et la nouvelle rationalité économique
   2.2 La communication interne comme instrument de maîtrise de l'action collective
3. **La gestion de la communication interne**
   3.1 les outils de la communication interne
   3.2 La difficile gestion de la communication interne

1.2 Problématique plus analytique

• *Formulation:* De nouvelles conditions économiques font évoluer les facteurs de compétitivité et rendent le recours à la communication interne indispensable, bien que la maîtrise de celle-ci demeure imparfaite.

• *Portée:* Cette problématique est centrée sur l'émergence de la nouvelle rationalité et l'analyse de la communication interne comme réponse à cette évolution. Cette formulation s'écarte de la trame du texte d'appui, elle a donc l'avantage de minimiser les risques de paraphrase, tout en répondant aux questions posées par l'énoncé, sans consacrer toutefois beaucoup de place à l'analyse du concept qui sera défini et discuté dans l'introduction.

• *Plan associé*

1. La communication interne comme facteur de compétitivité
- 1.1 L'émergence d'une nouvelle rationalité économique
  - a) La remise en cause des formes tayloriennes d'organisation
  - b) La réactivité comme facteur clé de succès
- 1.2 Le rôle de la communication interne
  - a) Les fonctions de la communication interne
  - b) Des enjeux réactualisés

2. La gestion délicate de la communication interne
- 2.1 La maîtrise de la communication interne
  - a) Le caractère multiforme de la communication interne
  - b) Les principes majeurs à respecter pour maîtriser la communication interne
- 2.2 Des outils imparfaits pour maîtriser un objet très conflictuel
  - a) Les outils disponibles
  - b) Un objet contradictoire et conflictuel

C'est cette deuxième problématique qui sera développée dans le devoir rédigé.

POINT DE MÉTHODE

Compte tenu de la problématique retenue et du plan choisi, remarquez l'intégration des éléments de connaissance mobilisés dans la phase préparatoire. Tous ne sont pas repris.

Les phases recherche des idées/formulation de la problématique/construction du plan, constituent un processus itératif.

2. Un exemple de devoir rédigé

Plan retenu : problématique 1.2.

Introduction

Les dernières décennies ont vu émerger, de manière parfois quelque peu envahissante, la communication dans l'entreprise. Sous des formes les plus diverses, du panneau d'affichage aux boîtes de dialogue électronique, en passant par le journal d'entreprise, les supports de communication se sont développés sans doute plus vite que la réflexion conceptuelle sur ce thème, alors que les praticiens n'hésitent pas à en faire un objet de gestion.

La communication interne peut se définir comme le fait de faire passer un message d'un individu à un autre au sein de l'entreprise. Le concept de communication est plus large que celui d'information. L'information est le véhicule de la connaissance, elle est le contenu ; la communication interne, c'est la manière dont l'information circule et se développe dans l'entreprise.

Le caractère souvent informel de ces processus, les diverses altérations subies par l'information, le caractère parfois aléatoire du processus dans le résultat obtenu par rapport aux intentions de l'émetteur soulignent la difficulté à maîtriser la communication interne, contribuant à développer le caractère confus de sa pratique en écho au caractère ambigu du concept.

Ces difficultés sont devenues des préoccupations majeures des directions, qui se sont emparées de ce thème au cours des années 70. Cette période correspond à l'apparition de plus en plus nette de la crise du modèle de développement tayloriste. De nouvelles logiques de production voient le jour, à l'origine en référence à un certain « modèle » japonais. L'accroissement de la turbulence et de l'incertitude de l'environnement remet radicalement en cause la façon de piloter les entreprises. Ce contexte explique sans doute l'importance prise par la communication interne.

En effet, dans un environnement où la planification des activités n'est plus assurée, la communication interne est devenue un facteur de compétitivité (1re partie) mais elle reste délicate à gérer en raison de sa nature même et de l'imperfection des outils disponibles (2e partie).

1. La communication interne comme facteur de compétitivité

1.1 L'émergence d'une nouvelle rationalité économique

Les évolutions technologiques d'une part, et sociologiques d'autre part, se sont conjuguées pour faire de la réactivité un élément clé de compétitivité reposant largement sur les ressources humaines qu'il faut mobiliser et coordonner de manière radicalement différente des formes préconisées par l'organisation taylorienne.

a) La réactivité comme facteur clé de succès

L'évolution des technologies de production a conduit, avec l'essor des nouvelles technologies de l'information et de la communication, à l'apparition d'outils permettant une production à bas coût tout en étant adaptable aux fluctuations de la demande des consommateurs.

Dans le même temps, les consommateurs, dans les pays développés du moins, sont devenus de plus en plus sensibles à la satisfaction de besoins immatériels liés à des prestations de service. Ainsi, les véhicules automobiles ont commencé à être vendus non comme un bien durable mais comme une prestation de service : le client achète la disposition d'une voiture entretenue, réparée, échangée si besoin est. Les services d'assistance (« hot line ») et de dépannage se multiplient pour presque tous les produits.

Dans ce contexte, la compétitivité de l'entreprise repose de plus en plus sur son aptitude à répondre rapidement aux besoins du marché qui évoluent sans cesse, et le « produit vendu » est souvent un service dont la première qualité est la rapidité de mise à disposition.

L'importance prise par la réactivité comme facteur clé de succès a placé les ressources humaines au premier plan. Dans un tel contexte, la compétitivité de l'entreprise repose certes sur la compétence du personnel mais encore plus sa disponibilité, sa capacité à comprendre le client et son aptitude à trouver une solution plus au moins originale à la situation particulière présentée par le client.

Ainsi Renault, pour réduire le délai de conception d'un nouveau modèle, a expérimenté pour la conception de la Twingo une nouvelle organisation qui privilégie la communication entre opérateurs de divers métiers travaillant sur un même plateau technique, facilitant les échanges et le dialogue.

Cette utilisation des ressources humaines s'oppose aux principes fondateurs du taylorisme.

b) La remise en cause des formes tayloriennes d'organisation

L'organisation productive, issue du taylorisme, est caractérisée par une extrême division du travail qui limite la communication, sur le plan vertical, à une transmission de consignes du supérieur au subordonné et, sur le plan horizontal, à un échange standardisé de données entre poste amont et aval (bons de commande, bons de sortie de magasin, etc.). À l'extrême, la standardisation des pièces et des procédures permet le passage d'un en-cours sans aucune communication entre le poste aval et le poste amont. Sur un plan strictement organisationnel, l'idéal taylorien devrait conduire à la suppression de la communication horizontale, la standardisation des procédés y suppléant.

En effet, dans un environnement stable, il est possible de définir un procédé optimum (le fameux « *one best way* ») que le travailleur n'a plus qu'à reproduire une fois qu'il lui a été communiqué, et là encore, à l'extrême, la simplicité des tâches à exécuter à l'issue de la phase de standardisation, peut conduire à réduire à sa plus simple expression la communication verticale. Dans ce contexte, la communication horizontale est le signe d'imperfections résiduelles dans l'organisation ou d'une certaine agitation sociale.

La théorie X de Mc Gregor renvoie à cette conception de l'organisation. Le travail sans intérêt doit être imposé à un salarié, peu motivé, naturellement peu enclin à travailler. Il faut donc diriger et contrôler le personnel : c'est le rôle de la communication interne, qui est essentiellement descendante (de la direction vers les salariés), formelle et assez fréquemment écrite.

L'évolution contemporaine des formes d'organisation se fait en sens inverse de cette conception. Dans un environnement instable, et surtout fort peu prévisible, les organisations rigides, de type bureaucratique, ne permettent pas d'assurer la réactivité qui fonde la compétitivité de l'entreprise.

M. Aoki a notamment insisté sur cette différence entre les firmes organisées hiérarchiquement, avec des règles strictes à respecter, et la firme de modèle J où la division du travail est nettement moins poussée, ce qui assure une plus grande flexibilité à l'organisation.

Rendue moins rigide, l'organisation doit cependant être finalisée et le travail doit être coordonné ; la communication interne doit remplir ces rôles.

1.2 Le rôle de la communication interne

a) Les fonctions de la communication interne

Dans tous les domaines où le contact avec l'utilisateur est devenue prépondérante, les individus se trouvent dotés d'une autonomie que l'organisation taylorienne leur interdisait. Il faut donc que l'entreprise assure la coordination et la finalisation des activités en recourant à d'autres moyens que la standardisation des procédés.

En l'absence des formes bureaucratiques de planification et de contrôle du travail des hommes, la maîtrise de la communication interne est apparue comme la seule option possible, pour assurer une meilleure efficacité à l'organisation sans avoir à recourir au marché, source de trop nombreux coûts de transaction (*cf.* les analyses de Williamson).

Pour parvenir à ce résultat, la communication doit assurer quatre séries de rôles :

- assurer la circulation des données pour informer les acteurs ;
- assurer les échanges d'information pour que l'information soit comprise et appropriée par les acteurs concernés ;
- permettre l'acceptation des règles du jeu pour s'assurer de l'adhésion des différents acteurs de l'entreprise ;
- assurer le suivi des actions en renforçant la contribution les acteurs par la valorisation des résultats, le conseil face aux difficultés rencontrées.

L'objectif idéal d'une communication interne réussie est d'assurer une implication totale des différents personnels dans un projet de l'entreprise, résultat des échanges et des contributions de chacun.

Sans nécessairement atteindre cet idéal, la communication doit permettre de développer l'autonomie des acteurs (proposition d'orientation, initiative dans l'action) sans que l'entreprise perde son unité (fonction d'intégration de la communication interne) et son efficacité (fonction de coordination de la communication interne).

b) Des enjeux réactualisés

D'une certaine manière, la nécessité de maîtriser la communication interne correspond à l'actualisation du processus de différenciation / intégration décrit par Lawrence et Lorsch.

Le processus de différenciation provient du fait que chaque unité constituante de l'entreprise a besoin de disposer de ses propres caractéristiques organisationnelles pour remplir sa mission ; cela va même jusqu'au langage particulier que constitue le jargon spécifique à un métier, à une fonction.

Mais, compte tenu des comportements des acteurs qui cherchent à développer des stratégies personnelles, parfois au détriment de l'organisation, il faut mettre en place des mécanismes d'intégration.

Si ce processus de différenciation / intégration a longtemps été géré dans une perspective essentiellement structurelle, la dimension de communication interne a pris progressivement une importance considérable comme élément fédérateur pour guider l'action collective, mais aussi comme élément de différenciation en laissant les unités développer en interne des pratiques qui peuvent leur être spécifiques.

La gestion de la communication interne doit notamment :

- assurer la coordination entre des unités très différenciées pour des raisons techniques (par exemple ensemble électronique et mécanique au sein d'un moteur d'automobile) ou fonctionnelles (service comptable et service marketing) ;
- organiser les flux d'informations nécessaires à l'activité, notamment compte tenu de leur caractère imprévisible en volume et en nature ;
- connaître et orienter les comportements des acteurs développant des stratégies individuelles pour assurer leur cohérence avec le projet collectif.

2. La gestion délicate de la communication interne

Si l'évolution de l'environnement a fait de la communication interne un paramètre important à gérer, la maîtrise de la communication interne ne va pas de soi et les outils disponibles s'avèrent souvent imparfaits pour contrôler un domaine qui reste largement conflictuel.

2.1 La maîtrise de la communication interne

a) Le caractère multiforme de la communication interne

La définition du domaine à maîtriser se heurte à la difficulté d'appréhension du phénomène et aux multiples formes de communication selon les typologies retenues.

Le degré d'institutionnalisation de la communication (formelle, informelle), la nature des supports utilisés (écrit/oral/multimédia), la place prise par l'informatique (réseau local, messagerie, intranet), le niveau hiérarchique (vertical, horizontal, transversal) ; le sens de la communication (ascendante, descendante), la nature des destinataires (individu ou groupe) sont autant de paramètres qu'il est difficile, d'une part d'appréhender simultanément et, d'autre part, de gérer de façon cohérente, d'autant que la communication interne, compte tenu de ses implications stratégiques doit être en harmonie avec la communication externe. L'exemple des campagnes de publicité d'EDF (« On vous doit plus que la lumière ») et de la SNCF (« À nous de vous faire préférer le train ») illustre parfaitement cette nécessité d'une cohérence entre la communication interne et externe.

Les entreprises développent des pratiques de plus en plus organisées en matière de communication en prenant en compte des phénomènes étudiés par divers auteurs, comme par exemple :

- le fait que l'organisation corresponde à des coalitions plus ou moins éphémères d'individus dont la contribution est fonction des rétributions de toute nature obtenue (Simon, Cyert et March) ;
- le fait que l'analyse de Williamson en termes de coûts de transaction conduit à montrer qu'une communication interne fluide est un facteur limitant les coûts organisationnels et rendant l'internalisation des opérations plus opportune que le recours au marché où les coûts de transaction s'avèrent plus élevés ;
- la nécessité pour les acteurs de développer une zone d'influence personnelle (*cf.* Crozier et Friedberg) que l'organisation ne doit pas nier mais intégrer.

La gestion de la communication interne doit donc intégrer la dynamique des relations interindividuelles, des comportements des individus, ainsi que l'élaboration et la conduite du projet collectif.

b) Les principes majeurs à respecter pour maîtriser la communication interne

L'importance de la maîtrise de la communication interne est liée à l'émergence d'une nouvelle rationalité de production (la réactivité) qui ne touche pas toutes les activités, et quand elle les touche, ne les affecte pas avec la même intensité. Aussi, la maîtrise de la communication interne est essentiellement contingente, d'une part au métier (spécificité, etc.) et, d'autre part, à l'organisation (structure des personnels, climat social, passé social de l'entreprise, etc.).

D'autre part, toute organisation, même non soumise aux contraintes du marché, connaît des phénomènes de communication, que les dirigeants doivent prendre en compte car la communication vise à influencer le comportement.

Maîtriser la communication suppose de :

- connaître les circuits d'information, notamment en ce qui concerne l'information informelle ; exemple : laisser s'exprimer la caricature dans le journal d'entreprise ;
- concilier le système de communication avec les caractéristiques du métier et de l'organisation ; exemple : la communication interne du Club Med ne peut pas être celle de la Banque de France ;
- tenir compte de la nécessité du contrôle, à la fois sur un plan sociologique (normalisation, socialisation des comportements) et sur un plan économique (vérification de l'atteinte des objectifs). À cet égard, l'initiative laissée aux individus conduit à privilégier un contrôle a priori de nature comportementale (éthique, culture d'entreprise) par rapport à un contrôle a posteriori sur la conformité du travail aux procédures établies.

La gestion de la communication interne est apparue d'autant plus délicate qu'il y a une certaine distorsion entre l'importance prise par la communication et la portée mal connue des outils disponibles.

2.2 Des outils imparfaits pour maîtriser un objet très conflictuel

Les outils sont d'autant plus ressentis comme imparfaits qu'ils sont mal connus dans leurs mécanismes et qu'ils doivent agir sur un objet conflictuel : l'entreprise en tant qu'entité sociale.

a) Les outils disponibles

Au-delà de la maîtrise technique des supports (exemple : compétences techniques pour éditer un journal d'entreprise), les gestionnaires ont besoin d'outils conceptuels pour assurer la cohérence des paramètres régissant la communication interne… dont les mécanismes restent cependant mal connus (exemple : quels supports utiliser pour faire passer quels messages dans tel ou tel contexte et à quel moment ?).

Ce problème de maîtrise de la cohérence globale du processus conduit nombre d'entreprises à recourir à des moyens assez simples (dialogue direct, réunion d'information/discussion, boîtes aux lettres, cahier de réclamation, journal d'entreprise, etc.) bien que des méthodes plus sophistiquées se soient cependant considérablement développées (tests sociométriques, brain-storming, cercle de qualité, analyse transactionnelle, séminaires d'intégration, etc.).

Les outils de communication ont toujours visé deux objectifs :

- la circulation (longtemps à sens unique) d'informations à usage professionnel et organisationnel (ce dernier point ouvre un vaste champ social) ;
- l'accroissement de l'implication des salariés dans leur travail (la tâche à accomplir) et dans l'entreprise (autrefois il s'agissait de « l'esprit maison », de nos jours de « culture d'entreprise »).

L'évolution des techniques de traitement de l'information a considérablement fait évoluer les outils relatifs au premier objectif. Exemple : le développement de la messagerie électronique ; l'essor de la visioconférence, etc.

Ces dernières années, des outils relatifs au deuxième objectif, l'intégration de l'individu à un projet collectif, se sont développés. Il s'agit notamment des outils, démarches, méthodes issus des concepts de :

– projet d'entreprise : élaboration et actualisation d'une charte représentant les valeurs et les objectifs de l'entreprise pour renforcer son identité ;

– management participatif pour associer les salariés aux décisions de manière à mobiliser leurs compétences ;

– culture d'entreprise : Schein définit la culture d'entreprise comme l'ensemble des hypothèses fondamentales qu'un groupe donné a inventé, découvert ou constitué en apprenant à résoudre ses problèmes d'adaptation à son environnement et d'intégration.

La culture d'entreprise fait bien ressortir les deux objectifs « organisationnels » qui sont en fait ceux de la communication interne dans une conception contemporaine de ses rôles :

– assurer la cohérence du groupe en améliorant notamment la communication (accent sur le partage de valeurs communes au lieu d'insister sur les divergences d'intérêts) ;

– améliorer l'adaptation à l'environnement pour assurer la survie du groupe, notamment en constituant un groupe plus soudé et en réagissant plus vite aux aléas grâce à une vision commune de l'avenir.

La communication interne permet de transmettre et d'actualiser la culture d'entreprise. En effet, la culture d'entreprise se manifeste concrètement par un ensemble de valeurs (préférences collectives), de mythes (légendes, histoires mettant en avant les valeurs de l'entreprise), de symboles (éléments distinctifs : vêtements, badges), de rites (pratiques particulières comme, par exemple, un pot d'accueil, une cérémonie pour tel ou tel événement propre à l'entreprise).

Exemple : les valeurs des restaurants rapides McDonald's sont résumées dans le credo « Rapidité, qualité, bas prix, propreté ». Pour illustrer la valeur « propreté », l'histoire suivante est véhiculée par la communication interne : le fondateur Ray Kroc passant devant un restaurant de sa chaîne fait arrêter sa voiture pour ramasser lui-même des papiers gras qui salissaient le parking.

Au-delà de l'imperfection des outils, la gestion de la communication interne est difficile parce que les effets des actions restent en partie aléatoire en raison de la nature humaine et sociale de l'objet sur lequel ces outils sont appliqués.

b) Un objet contradictoire et conflictuel

L'entreprise, définie comme une entité sociale, est marquée par le caractère conflictuel des systèmes sociaux.

Les acteurs ont des objectifs nécessairement différents, de plus évolutifs avec le temps, et parfois marqués par un caractère très irrationnel notamment dans un contexte de crise des valeurs morales. Dès lors, l'entreprise reste souvent un lieu de conflit ; et la communication interne est souvent traversée par ces conflits, quand elle n'en est pas le vecteur direct.

Par ailleurs, la communication interne est fréquemment victime de son succès : l'intégration préconisée est souvent en contradiction avec les réalités économiques qui poussent les directions à privilégier les logiques de réduction de coûts salariaux. Le vécu répété de telles contradictions conduit à rendre peu crédibles les efforts déployés en communication interne.

De manière analogue, il est parfois difficile d'assurer la cohérence entre la communication externe (campagne de publicité notamment) et la communication interne. L'environnement de l'entreprise et les composantes internes de l'entreprise n'ont pas les même préoccupations, n'ont pas le même calendrier et certaines contradictions peuvent s'avérer très pénalisantes. Exemple : les difficultés de dialogue social à Air France au moment où la compagnie lançait une campagne pour améliorer son image de marque auprès de la clientèle.

Enfin, la gestion de la communication interne souffre d'un rattachement fréquent à la direction des ressources humaines, qui conduit les autres fonctions à ne pas se sentir responsables des phénomènes de communication interne, par définition multifonctionnels.

Conclusion

Dans un contexte économique où les ressources humaines constituent le facteur clé de succès et doivent être mobilisées, la gestion de la communication interne est devenue l'une des préoccupations majeures des directions d'entreprise. Face à l'émergence d'une rationalité organisationnelle plus fondée sur la réactivité que sur la conformité procédurale, la gestion de la communication doit assurer l'efficacité de l'action collective. Elle est en fait l'instrument d'un contrôle plus souple des individus pour tirer parti de leur autonomie dans le cadre d'un projet d'entreprise.

Destinée à agir sur un construit social, la communication interne reste marquée par l'ambiguïté de ses intentions (le paradoxe autonomie/contrôle) et l'aléa de son impact. Elle ne peut pas être pensée, et donc gérée, sans référence à la stratégie de l'entreprise et à son histoire.

3. Éléments d'auto-évaluation

Votre développement doit impérativement répondre aux questions posées par le sujet :
- définition de la communication ;
- enjeux (rôles, fonctions) de la communication ;
- difficultés de gestion de cette communication ;
- explicitation du lien entre la nouvelle rationalité économique et le besoin de communication interne.

La difficulté majeure consiste à aborder ces points sans paraphraser le texte. Votre plan, en recourant à une logique plus personnelle d'argumentation, est un bon moyen d'éviter les risques de paraphrase. L'absence d'apport personnel, essentiellement en termes de plan, de cohérence de démonstration, est toujours fortement sanctionnée dans un sujet présenté avec un long et riche document d'appui.

Quelle que soit l'argumentation retenue, vous devez avoir évoqué :
- la différence entre information et communication pour préciser le concept de communication ;
- la cohérence entre communication interne et communication externe ;
- la logique liant l'incertitude de l'environnement et la nécessité de l'autonomie relative des acteurs ;
- les comportements des acteurs et le caractère social de l'entreprise comme facteurs explicatifs de la difficulté à maîtriser la communication interne.

1996
Sujet conforme à la réforme

Thème : **Le pouvoir**

Énoncé

L'actualité des dernières années a mis en avant la question des rapports de pouvoir dans l'entreprise, notamment entre deux acteurs importants, les propriétaires et les dirigeants, lorsque la fonction de direction est séparée de la propriété.

Après avoir développé les aspects théoriques du pouvoir dans les organisations, vous montrerez pourquoi et comment les dirigeants peuvent ne pas toujours agir dans le seul intérêt des actionnaires et vous présenterez les solutions qui permettent de surveiller et d'obliger les dirigeants à adopter un comportement loyal envers les actionnaires.

Comment situer le sujet dans le programme ?	
Thèmes du programme abordés	**Correspondance avec le manuel** (1)
1. Les théories des organisations	Chap. 2 – Les analyses théoriques pour comprendre les organisations
2. Les structures : relation entre structure et pouvoir	Chap. 3 – Diriger l'organisation ; l'exercice du pouvoir de direction
4. Les décisions	Chap. 12 – Décision et processus décisionnels Chap. 13 – Information et système d'information
Indication de temps (2)	**Niveau de difficulté** (3)
Lecture et analyse du sujet : 30 minutes Recherche des idées : 1 heure 30 Rédaction : 2 heures	3

(1) Manuel de référence : J.-L. Charron et S. Sépari, *Organisation et gestion de l'entreprise, DECF n° 3*, Dunod, 1998.
(2) Durée globale de l'épreuve : 4 heures.
(3) Niveaux de difficulté notés de 1 à 4 par ordre croissant.

Les spécificités du sujet

1. Type de sujet

C'est une dissertation classique qui est demandée, mais le libellé est assez long pour présenter le problème et indiquer la manière d'y répondre. Un plan est même suggéré (*après avoir..., vous...*).

2. Problème posé par le sujet

Le sujet invite à s'interroger sur les relations qui peuvent apparaître entre les propriétaires et les dirigeants si ce ne sont pas les mêmes personnes. Il s'agit donc d'analyser le pouvoir et d'en montrer les fondements. Il en ressort que le pouvoir des dirigeants, légitimé par leur compétence, s'oppose au pouvoir des actionnaires, légitimé par la propriété. Dès lors, *comment gérer l'opposition entre ces deux légitimités qui se traduit par des divergences d'intérêts*, comment mettre en place des procédures de pilotage et de contrôle réciproque ?

3. Esprit et spécificité du sujet

Le thème du pouvoir est redevenu d'une grande *actualité* car les formes de propriétés, d'alliances se multiplient et génèrent de nouveaux acteurs (par exemple les fonds de pension) et de nouveaux conflits d'intérêts : c'est dans ce contexte particulier que s'est développée la réflexion sur le *gouvernement d'entreprise*.

Le champ d'analyse prioritaire de ce sujet, dans le contexte contemporain, reste celui des *grandes entreprises*. Dans les petites entreprises, le propriétaire est souvent le dirigeant et d'autres problèmes de pouvoir se posent, mais ils ne correspondent pas à l'hypothèse de travail posée par le sujet : la séparation de la fonction de direction et de la propriété.

Corrigé commenté et évaluation

Analyse du sujet

1. Identification et définition des mots clés du sujet

- *«Rapport de pouvoir»*

Le pouvoir est défini par B. Russel comme la production d'effets voulus, c'est la capacité d'agir au travers des autres. Pour une organisation, le pouvoir peut se définir comme la capacité à modifier le comportement d'autrui.

Les rapports de pouvoir vont donc s'exercer entre les acteurs, selon leur niveau de responsabilité, leurs capacités à faire agir les autres, leur autorité légale ou naturelle.

En effet, il faut différencier autorité et pouvoir ; l'autorité, c'est la capacité à faire observer volontairement les ordres ; c'est l'acceptation d'une domination considérée comme légitime, par exemple en raison de compétences, sans pour autant être fondée sur un pouvoir officiel.

Au sein d'une organisation, il est nécessaire que pouvoir et autorité coexistent chez un acteur, à tous les niveaux de la hiérarchie, pour que les ordres soient acceptés et exécutés.

- *« Propriétaires, propriété »*

La propriété de l'entreprise est partagée entre ceux qui ont investi des capitaux ; en contrepartie, ils possèdent des droits représentés par des parts de capital (actions, parts, etc., vocable différent selon le statut juridique). Les propriétaires recherchent des revenus de ces placements (dividendes) et une augmentation de la valeur de leur participation (plus-value). Les propriétaires peuvent également s'intéresser aux orientations prises dans l'entreprise et vouloir participer ou influencer les décisions.

- *«Dirigeants, fonction de direction»*

Recrutés par les propriétaires, ils ont un statut lié à leur compétence ; ils gèrent l'entreprise pour assurer sa survie et sa croissance. Les dirigeants salariés recherchent plutôt la maximisation des paramètres qui permettent leur maintien dans l'organisation, mais ils peuvent aussi être propriétaires de l'entreprise, en partie ou en totalité. Si dirigeants et propriétaires sont confondus, le conflit d'intérêts évoqué par le sujet n'a pas lieu d'être.

2. Analyse du libellé du sujet

Le libellé donne des indications sur le champ d'analyse et des orientations pour traiter le sujet : il faut donc être vigilant pour rester dans le cadre proposé. Il est d'abord nécessaire de bien délimiter le sujet posé dans le thème large du pouvoir et ensuite de réfléchir à la manière de présenter les éléments de connaissance pour développer une argumentation sur le thème du conflit d'intérêt entre propriétaires et dirigeants.

La première partie du sujet plante bien le décor du cadre d'analyse : l'entreprise contemporaine où la fonction de direction est séparée de la propriété.

Les points à développer sont clairement explicités et sont au nombre de trois.

• ***Les aspects théoriques du pouvoir***

Il est nécessaire de mettre en évidence les formalisations existantes sur la notion de pouvoir en montrant les contradictions qui peuvent apparaître. Il est souhaitable de montrer les évolutions dans l'analyse alors que les formes de production et d'organisation changent.

Les auteurs ont analysé le pouvoir, l'autorité, le partage du pouvoir, les zones légales et informelles du pouvoir, le pouvoir dans et hors de l'organisation.

La richesse ces analyses ne peut pas être reproduite dans le devoir, mais il faut montrer que la théorie des organisations présente des analyses de plus en plus réalistes des processus de pouvoir au sein des organisations en tenant compte des différents acteurs présents.

Bien qu'il faille exposer ces aspects théoriques, il ne faut pas « réciter » tout un exposé sur le pouvoir au sens large dans l'entreprise ; d'autant plus que le cœur du sujet est centré sur les rapport de pouvoir et aux conflits entre deux acteurs essentiels de la vie de l'entreprise : les propriétaires du capital et les dirigeants décideurs.

• ***Pourquoi et comment les dirigeants peuvent ne pas agir nécessairement dans le sens souhaité par les actionnaires?***

D'après les définitions de leur rôle respectif, il apparaît que les intérêts des deux protagonistes peuvent être différents, voire contradictoires ; il est donc nécessaire d'en montrer les causes et les conséquences.

• ***Solutions pour surveiller et obliger les dirigeants à adopter un comportement loyal***

Il est nécessaire de présenter les analyses théoriques et les pratiques instaurées qui cherchent à canaliser les décisions des gestionnaires, à harmoniser les intérêts et les objectifs des propriétaires et des dirigeants d'une entreprise.

Le terme de « comportement loyal » est un terme relativement subjectif et contingent à chaque entreprise : où est le seuil pour déterminer la zone de liberté du dirigeant par rapport aux actionnaires-propriétaires ?

Il n'est pas possible d'apporter la solution mais de discuter la portée des moyens disponibles pour s'assurer du comportement loyal des dirigeants.

POINT DE MÉTHODE

Le libellé donne beaucoup d'indications pour orienter l'analyse et structurer le développement : il est nécessaire de répondre à tous les éléments demandés mais il est possible de les articuler différemment du plan suggéré par le libellé, pour respecter une logique de développement propre au candidat et essayer de se différencier des autres candidats.

3. Débats et questions autour du sujet

• Autorité et pouvoir : quelle différence entre les deux ? L'autorité serait-elle liée au statut de dirigeant et le pouvoir aux propriétaires ? Y a-t-il au contraire association et confusion de l'autorité et du pouvoir chez les deux acteurs engendrant des conflits ?

• L'évolution des activités, des formes d'organisation, a-t-elle entraîné de nouveaux conflits, de nouvelles relations entre dirigeants et propriétaires ?

• Le gouvernement d'entreprise qui se développe dans les pays anglo-saxons, bien plus qu'en France, est-il une mode ou permet-il un rééquilibrage des pouvoirs entre propriétaires et dirigeants ?

• Pouvoir et structure : y a-t-il des statuts juridiques plus adéquats à la séparation ou à la réunion des pouvoirs au sein d'une organisation ? Une structure peut-elle s'adapter aux évolutions du pouvoir ?

• Style de direction et pouvoir : certaines manières de diriger des gestionnaires peuvent-elles permettre une meilleure harmonisation entre propriétaire et dirigeant ?

• Zone de pouvoir et zone d'incertitude : les conflits entre ces deux acteurs ne viennent-ils pas de la non-utilisation des pouvoirs octroyés aux propriétaires, laissant ainsi le champ libre aux gestionnaires ?

• Les PME ne connaissent-elles pas ce type de problèmes ? Si oui, sous quelle forme ?

• Plus généralement, le débat peut déboucher sur le rôle actuel de l'entrepreneur : est-il celui qui risque des capitaux, celui qui innove et propose des produits nouveaux, celui qui associe les deux fonctions ou l'intermédiaire qui rapproche des partenaires potentiels possédant l'un ou l'autre atout ?

Inventaire des éléments pour traiter le sujet

1. Repères théoriques

a) Pouvoir selon Max Weber

Le pouvoir, c'est la capacité à forcer l'obéissance. L'autorité, c'est l'aptitude à faire accepter les ordres.

Pour M. Weber, le pouvoir doit reposer sur une autorité pour que la « domination » soit acceptée, et que l'organisation fonctionne efficacement. Pour Weber, la légitimité de cette domination a trois fondements différents :

– *l'autorité charismatique:* les ordres sont respectés en fonction de la personnalité du leader,

– *l'autorité traditionnelle:* elle est liée aux coutumes de l'organisation, pas nécessairement rationnelles, en fonction d'un statut, d'une hérédité,

– *l'autorité rationnelle légale:* elle est fondée sur des textes décrivant les procédures à appliquer.

M. Weber considère que le pouvoir le plus efficace est celui qui est légitimé par la force de la réglementation (texte écrit) rationnellement établie par une hiérarchie où les individus sont sélectionnés sur la base de leur compétence.

b) Pouvoir du dirigeant selon Berles et Means (1932)

À partir des années 40, les grandes entreprises américaines, puis européennes, sont considérées comme managériales car le pouvoir y est détenu par les managers, c'est-à-dire les dirigeants salariés, non propriétaires de l'entreprise. Il y a donc une séparation des fonctions qui apparaît entre les actionnaires (propriété de l'entreprise) et les gestionnaires salariés (direction de l'entreprise). Compte tenu de la complexité croissante des problèmes de gestion, les managers voient leur pouvoir croître, et ils finissent par gérer l'entreprise en fonction de leurs intérêts en négligeant ceux des propriétaires.

Les excès de ce pouvoir des dirigeants seront analysés et formalisés par Burnham en 1941 dans la révolution managériale et surtout par *Galbraith* en 1967 avec l'analyse de la technocratie.

c) Les relations propriétaires-dirigeants selon la théorie des droits de propriété, Alchian et Demsetz (1972), selon la théorie de l'agence, Jensen et Meckling (1976), Fama (1980)

Dans l'entreprise managériale où apparaît une séparation entre le propriétaire de la firme et la dirigeant, le propriétaire délègue au gestionnaire un mandat de gestion de ses droits de propriété.

L'entreprise devient donc un lieu de contrats qu'il faut élaborer puis contrôler.

Ainsi s'élabore une ***relation d'agence*** : contrat par lequel une personne engage une autre personne pour exécuter en son nom une tâche qui implique une certaine délégation de décision.

Dans ces relations, il y a asymétrie d'information entre les deux contractants ; pour contrôler l'agent, il faut mettre en place des procédures qui génèrent des coûts d'agence.

Une politique de dividende et demande d'augmentation de capital aux actionnaires oblige les gestionnaires à présenter les comptes, à faire du marketing financier, à se plier aux règles du marché financier et donc à donner des informations aux propriétaires pour mieux justifier les choix stratégiques opérés.

d) Gouvernement d'entreprise

C'est l'ensemble des mécanismes organisationnels et de marché qui permet de contrôler le pouvoir au sein d'une organisation, tant en termes de performances économiques que de responsabilité sociale.

Pastré, en 1994, définit le gouvernement d'entreprise comme l'ensemble des règles de fonctionnement et de contrôle qui régissent, dans un cadre historique et géographique donné, la vie des entreprises.

Les débats sur le gouvernement d'entreprise correspondent aux développements pratiques actuels issus de l'analyse des relations d'agence.

POINT DE MÉTHODE

Attention à l'analyse du sujet, car ici les aspects théoriques sur l'exercice du pouvoir ne doivent pas intégrer les styles de direction mais seulement les procédures de contrôle des dirigeants.

2. Démarches et questionnements pour mobiliser les idées

2.1 Questionnement générique : qui, quoi, quand, comment...

• *Quoi?*

Qu'est-ce que le pouvoir ? Quels en sont les fondements ? Quels sont les différents niveaux de pouvoir qui coexistent dans une entreprise ?

Qu'est-ce que le gouvernement d'entreprise ? Qu'est-ce qui le caractérise ?

• *Qui?*

Tous les niveaux hiérarchiques d'une organisation sont concernés même si l'importance du pouvoir et donc l'amplitude de ses effets est plus grande dans les échelons supérieurs. De même dans une optique fonctionnelle, tous les métiers et toutes les activités peuvent être source de ce débat.

Les rapports de pouvoir entre propriétaires et dirigeants concernent les niveaux supérieurs de direction.

• *Où ?*

Le problème du pouvoir se pose dans toutes les organisations à but lucratif comme à but non lucratif, de petite ou de grande taille, national ou international.

Mais, les rapports de pouvoir entre propriétaire et dirigeants n'apparaissent que dans les formes d'organisation où il y a séparation de la propriété et de la fonction de direction ; le problème concerne donc surtout, mais pas exclusivement, les grandes entreprises à but lucratif, et celles dont les titres font l'objet de cotation sur un marché financier sont les plus intéressantes à analyser.

• *Quand?*

Dès qu'il y a un groupe d'acteurs qui doivent coopérer pour agir, apparaissent des zones de pouvoir, des relations de pouvoir, des conflits de pouvoir ; a fortiori entre les propriétaires extérieurs à l'entreprise, nombreux et dispersés, voire peu impliqués dans l'entreprise (cf. actionnaires dans une société anonyme) et des gestionnaires, bien informés des réalités de l'entreprise et impliqués dans son fonctionnement.

La distanciation de la propriété et de la fonction de direction est donc liée à l'évolution économique des entreprises.

• ***Comment?***

Comment s'établit le pouvoir ? (*Cf.* Weber : distinction autorité/pouvoir et sur la notion de légitimation du pouvoir.) Comment distinguer la légitimité du pouvoir des propriétaires et la légitimité du pouvoir des dirigeants ?

Comment contrôler les dirigeants ? En exigeant des informations, en les nommant et en leur demandant des comptes (en fonction des statuts juridiques), en associant leurs intérêts à ceux des propriétaires par des formes de rémunération liées à la valorisation des intérêts des propriétaires (participation au capital par des stocks-options, par exemple).

Comment mesurer l'impact réel de l'action des dirigeants sur la situation des propriétaires ? C'est le problème de la disponibilité d'instruments de mesure de la performance de l'entreprise (*cf.* l'apparition contemporaine des notions d'*Economic Value Added* et de *Market Value Added* pour essayer de mesurer l'accroissement de richesses de l'entreprise).

2.2 Démarche historique

Le problème des relations de pouvoir entre ces deux acteurs s'est-il posé de la même manière aux différents stades de l'évolution des entreprises ?

• Dans l'***entreprise capitaliste du début du siècle***, le propriétaire de l'entreprise cumule les fonctions de financier de son activité, d'entrepreneur par sa prise de risque et sa capacité d'innovation et de gestionnaire pour conduire le fonctionnement de l'organisation.

Il ne peut alors y avoir conflit d'intérêt ; les décisions prises permettront de satisfaire ses objectifs de croissance ou de plus-value à long terme ou de dividende à court terme.

• Dans l'*entreprise managériale de la seconde moitié du siècle*, la croissance économique et la diversification des activités rendent difficiles le cumul des fonctions de propriété et de direction ; il faut ouvrir le capital à de nombreux actionnaires et déléguer la gestion à des managers compétents. Les propriétaires font confiance aux choix de gestion des directeurs, et, dans certains cas, l'éclatement du capital rend les propriétaires peu influents.

• Dans l'*entreprise de la fin du XX*e *siècle*, les besoins de financement ont rendu nécessaire l'ouverture du capital à des actionnaires diversifiés (petits porteurs et institutions financières) mais plus avertis et plus informés, si bien qu'ils revendiquent un droit de regard sur la gestion faite par les managers ; des procédures de contrôle, et plus généralement le gouvernement d'entreprise rendent les nouvelles relations propriétaires-gestionnaires plus complexes que dans la phase précédente.

3. Éléments d'analyse intéressants à développer

a) Un nouveau type d'actionnariat

Depuis le début des années 90, l'actionnariat des grandes entreprises a évolué dans sa nature et dans ses attitudes. Les investisseurs institutionnels sont de plus en plus présents dans le capital des sociétés cotées en bourse (8 % en 1960 aux États-Unis et 60 % en 1990) ; sur l'ensemble des firmes américaines, 40 % sont détenus par les gestionnaires de fonds et les institutions financières et cette tendance se diffuse en Europe.

En France, depuis le rapport Vienot en 1995, le poids des institutionnels s'accroît également car des mesures les incitent à user de leur influence dans les conseils d'administration des entreprises. C'est le principe du gouvernement d'entreprise.

Ainsi, l'actionnariat n'est plus seulement composé d'une multitude de petits porteurs sans influence ni pression forte sur les managers, mais comprend des acteurs plus informés, plus expérimentés, disposant d'une large palette d'outils d'analyse et d'intervention sur des marchés où la diffusion de l'information a pris une importance considérable.

Si bien que les relations entre actionnaires et dirigeants vont aussi évoluer tant dans la nature des oppositions que dans celle des solutions.

b) Les conflits d'intérêts entre actionnaires et gestionnaires

Trois sources de conflits peuvent être repérées de manière traditionnelle dans l'entreprise managériale (d'après les analyses de Jensen et Meckling, de Fama, Rappaport et Charreaux).

• Les managers maximisent leur propre utilité sans chercher à augmenter la valeur de la firme, alors que les actionnaires souhaitent cette augmentation de valeur. Les choix des managers, avantageux pour eux-mêmes, peuvent grever la performance de l'entreprise tant à court qu'à long terme.

• Les managers investissent peu ou de manière prudente sans prendre de risques importants, pour préserver leur poste.

• Enfin, les managers ont plutôt une vision à court terme de leur gestion alors que les actionnaires raisonnent sur un horizon plus long.

Avec l'apparition d'actionnaires institutionnels, les antagonismes avec les managers changent.

Certains institutionnels propriétaires ont la même vision de court terme que les dirigeants : ils recherchent des investissements rentables rapidement pour satisfaire leurs clients, alors que d'autres institutionnels (fonds de pension par exemple) recherchent la stabilité et la croissance sur le long terme.

Ainsi, la maximisation des performances à court terme peut parfois être un terrain d'entente entre les deux acteurs et non plus source de conflit d'intérêt.

Mais la pérennité et la survie de la firme obligent à élaborer des stratégies de plus long terme : il n'est pas envisageable de ne considérer la performance que sous le seul angle du montant élevé des dividendes distribués à court terme ; les choix qui les ont induits peuvent être contraires à l'efficacité et à l'efficience de l'entreprise.

Le débat reste alors ouvert sur la pertinence d'une gestion de court ou de long terme : la contingence de chaque activité doit alors être prise en compte (le secteur des médias ne peut pas raisonner comme l'aéronautique ou la pharmacie)

c) Les limites des solutions actuelles

Il faut relativiser les solutions de gouvernement d'entreprise et prendre en compte les coûts indirects à long terme qu'elles peuvent engendrer pour l'entreprise.

Le contrôle des actionnaires ne doit pas se transformer en menace pour les gestionnaires.

Ainsi des conflits pourraient réapparaître entre propriétaires et dirigeants si la marge de manœuvre qui leur est laissée n'est pas suffisante.

4. Connaissances pratiques, exemples d'entreprises

Les pratiques ne sont pas toujours en accord avec les formalisations théoriques. Les principes du gouvernement d'entreprise qui paraissent rétablir un compromis, une entente, si ce n'est une harmonie entre propriétaires et dirigeants, sont bien perçus et bien appliqués dans les pays anglo-saxons mais beaucoup plus difficilement assimilables dans les entreprises françaises.

Dans le contexte actuel du financement des entreprises par un actionnariat vigilant, les politiques choisies par les managers sont très surveillées et peuvent donner lieu à des sanctions et des évictions : ainsi, le principal propriétaire du « ***Club Med*** », le groupe Agnelli (Fiat), a demandé en 1997 le départ du manager, Serge Trigano, fils de l'un des fondateurs, Gilbert Trigano ; de même, les patrons gestionnaires de ***Suez***, ***Alcatel Alsthom*** ont été sanctionnés par leurs actionnaires en 1995.

Le conflit qui a opposé Vincent Bolloré et Martin Bouygues est une illustration des problèmes liés au gouvernement d'entreprise et des choix d'alliance entre des coalitions d'actionnaires-propriétaires et d'actionnaires-gestionnaires pour influencer les options stratégiques et prendre le contrôle d'une entreprise.

Les dérives de société où le contrôle n'a pas été exercé correctement peuvent être illustrées par le cas exemplaire du Crédit Lyonnais, mais le caractère particulier de son actionnariat doit être souligné (l'État actionnaire unique).

Les nombreuses campagnes d'information financière faites par différentes sociétés peuvent également fournir des exemples de la pression des actionnaires pour obtenir de l'information.

Structuration et développement

1. Problématiques envisageables et plans possibles associés

POINT DE MÉTHODE

- Une problématique est une façon de formuler le problème pour structurer l'argumentation et définir un axe de démonstration.
- Que voulez-vous dire et comment allez-vous le dire ?

1.1 Une problématique neutre reprenant directement le libellé

• *Formulation:* Les relations de pouvoir entre dirigeants et propriétaires et les pratiques de pouvoir doivent être régulées.

• *Portée:* Il s'agit d'un exposé impersonnel qui répond exactement aux questions.

• *Le plan découlant directement de cette première problématique*

1. **Les aspects théoriques sur le pouvoir**
   1.1 Les fondements de la légitimité du pouvoir
   1.2 Propriétaires et gestionnaires : un conflit de légitimité ?
   1.3 L'analyse par la théorie de l'agence
2. **Les pratiques de pouvoir dans les entreprises**
   2.1 La compétence et l'asymétrie d'information
   2.2 Critique du fonctionnement des conseils d'administration
3. **Les régulations nécessaires et possibles**
   3.1 Régulations juridiques (contrôle) et financières (rémunération des dirigeants)
   3.2 Régulations par le marché

1.2 Une problématique centrée sur la dynamique d'évolution des rapports

• *Formulation:* L'évolution des organisations rend nécessaire une adaptation des rapports de pouvoir entre dirigeants et propriétaires.

• *Portée:* Une démarche historique montre la nécessaire évolution permanente de la gestion, et la justifie par la dynamique du développement économique.

• *Plan possible pour cette problématique reposant sur une logique historique*

1. **Le pouvoir dans l'entreprise classique capitaliste : le propriétaire dirigeant (début du siècle)**
   1.1 L'entrepreneur au sens de Schumpeter
   1.2 Conséquences du cumul des fonctions → pas de conflit d'intérêt
2. **L'entreprise managériale (milieu du siècle)**
   2.1 Analyse théorique des relations propriétaires-dirigeants : théorie de l'agence, théorie des droits de propriété
   2.2 L'analyse des pratiques observées : prédominance des gestionnaires, la technocratie et l'évolution des systèmes de contrôle

3. **L'entreprise contemporaine (fin de siècle)**
   3.1 L'émergence de nouvelles formes d'organisation et de relations de pouvoir : alliances, petits porteurs/propriétaires sans influence, l'arrivée des fonds de pension, le rôle des investisseurs institutionnels
   3.2 Le gouvernement d'entreprise : les pratiques des conseils d'administration, le contrôle externe par le marché des biens et services, le marché financier

• ***Autre plan possible pour cette deuxième problématique (devoir rédigé)***

1. **L'évolution des rapports de pouvoir (entre propriétaires et gestionnaires)**
   1.1 De l'entreprise classique à l'entreprise managériale ; naissance d'un conflit
   1.2 L'émergence de nouveaux rapports de pouvoir et de nouveaux conflits d'intérêts
2. **La nécessaire adaptation de la gestion de ces rapports de pouvoir**
   2.1 Des relations contrôlées : le gouvernement d'entreprise
   2.2 La mise en place de nouvelles pratiques pour faire converger les intérêts

2. Un exemple de devoir rédigé

Plan retenu : problématique 1.2, 2e plan.

Introduction

POINTS DE MÉTHODE

L'enchaînement de l'introduction correspond aux cinq points suivants :

- Actualité du thème.
- Définition du pouvoir, définition des propriétaires et des managers au sens classique.
- Les questions posées par le sujet dans le contexte actuel.
- Justification de la problématique choisie.
- Annonce du plan qui en découle.

La question permanente du pouvoir dans toute entreprise est remise actuellement au centre des débats en raison des évolutions majeures dans l'actionnariat des entreprises : les décisions de placement et les avis des fonds de pension américains et, de plus en plus, européens, ont de lourdes conséquences sur les performances boursières des entreprises.

Des dirigeants de grandes entreprises françaises, habitués à un pouvoir de caste, se sont vus remerciés par des propriétaires qui s'intéressent de plus en plus près à leurs choix de gestion.

Ainsi il semble qu'un nouveau type d'actionnariat apparaisse dans le contexte économique des années 90 et contribue à créer de nouveaux rapports entre gestionnaires et propriétaires qu'il est intéressant d'analyser.

De plus, le développement de différentes formes de stratégie d'alliances, entre entreprises et entre groupes d'entreprises, génèrent de nouveaux acteurs donc des sources de pouvoir et de conflits au sein des processus décisionnels des entreprises.

Le pouvoir est défini par B. Russel comme la capacité de produire des effets voulus. Pour une organisation, le pouvoir peut se définir comme la capacité à modifier le comportement d'autrui.

Les rapports de pouvoir vont donc s'exercer entre les acteurs, selon leur niveau de responsabilité, leurs capacités à faire agir les autres, leur autorité légale ou naturelle.

En effet, dans le prolongement des travaux de M. Weber, il faut différencier autorité et pouvoir. L'autorité, c'est la capacité à faire observer volontairement les ordres ; c'est l'acceptation d'une domination considérée comme légitime, par exemple en raison des compétences du dirigeant, sans pour autant être fondée sur un pouvoir « officiel ». Le pouvoir étant, lui, la capacité à forcer (légalement) l'obéissance.

Cette distinction du pouvoir et de l'autorité peut aider à comprendre la divergence initiale entre propriétaires et dirigeants.

La propriété de l'entreprise est partagée entre ceux qui ont investi des capitaux ; en contrepartie ils possèdent des droits représentés par des parts de capital (actions, parts selon le statut juridique). Les propriétaires recherchent des revenus de leurs placements (dividendes) et une augmentation de la valeur de leur participation (plus-value). Les propriétaires peuvent également s'intéresser aux orientations prises dans l'entreprise et vouloir participer ou influencer les décisions.

Les gestionnaires sont recrutés par les propriétaires, avec un statut lié à leur compétence ; ils gèrent l'entreprise pour assurer sa survie et sa croissance. À l'origine, leurs compétences leur donnent une autorité qui s'oppose au pouvoir légitime des propriétaires. Progressivement, les dirigeants recherchent plutôt la maximisation de paramètres qui permettent leur maintien dans l'organisation, mais ils peuvent aussi être en partie propriétaire de l'entreprise.

Des relations de conflit peuvent donc apparaître entre les propriétaires et les dirigeants si ce ne sont pas les mêmes personnes. Dès lors se pose le problème de la façon de gérer cette divergence d'intérêts

Une analyse historique des entreprises montre que les rapports de pouvoir et les pratiques pour les réglementer ont fortement évolué en fonction des contraintes économiques et de la transformation de la situation des acteurs de ce conflit.

La gestion doit s'adapter en permanence aux stratégies, au financement des activités, c'est pourquoi l'évolution des organisations rend nécessaire une adaptation des rapport de pouvoir entre dirigeants et propriétaires.

L'évolution des rapports de pouvoir entre propriétaires et dirigeants, présentée dans une première partie, permet de mieux comprendre l'évolution des solutions imaginées et des pratiques adoptées pour contrôler ce conflit d'intérêts (2e partie).

1. Une évolution des rapports de pouvoir (entre propriétaires et gestionnaires)

Si les entreprises ont évolué dans leurs activités et dans leurs modes de gestion pour s'adapter à l'environnement économique et technologique actuel, il semble logique que les formes de financement et les investisseurs aient également évolué.

Ainsi, l'analyse des rapports de pouvoir entre propriétaires et dirigeants dans les différentes formes d'entreprises, depuis le début du siècle, tant sur un plan théorique que pratique, montre l'évolution de leurs intérêts et de leurs conflits.

1.1 De l'entreprise classique à l'entreprise managériale

a) L'évolution des entreprises

L'entreprise capitaliste classique

Le propriétaire de l'entreprise cumule les fonctions de financier de son activité, d'entrepreneur par sa prise de risque et par sa capacité d'innovation, et enfin de gestionnaire pour conduire le fonctionnement de l'organisation.

Dans cette approche, il ne peut alors y avoir conflit d'intérêt ; les décisions prises permettront de satisfaire les objectifs de croissance ou de plus-value à long terme ou de dividende à court terme.

C'est la théorie de Schumpeter analysant l'entrepreneur comme un innovateur risquant ses capitaux et gérant son activité : le profit est alors la juste rémunération de ses prises de risques. Le propriétaire est dirigeant, et ses choix, privilégiant le dividende ou la plus-value, ne traduisent pas un conflit d'intérêt mais une hiérarchie de préférences personnelles.

b) L'entreprise managériale

Avec la croissance économique, la diversification des activités, il devient difficile de cumuler les fonctions de propriété et de direction. En effet, la masse de capitaux à réunir pour financer le développement des activités est telle qu'il faut ouvrir le capital à de nombreux actionnaires. Ceux-ci sont trop nombreux et/ou incompétents pour diriger effectivement l'entreprise. Ils délèguent donc la gestion à des managers compétents. Le « financier » n'est plus « l'entrepreneur ».

À partir des années 40 aux États-Unis puis ensuite en Europe, les grandes entreprises sont appelées managériales car le pouvoir y est massivement détenu par les managers salariés, indépendants des actionnaires car ceux-ci sont trop dispersés pour exercer une réelle pression sur les dirigeants, et ceci d'autant plus qu'ils font confiance aux gestionnaires pour les choix de gestion.

La séparation des fonctions apparaît donc nettement entre les actionnaires (propriété) et les gestionnaires (direction). Le pouvoir des managers ira en croissant avec la dispersion de l'actionnariat et la complexité des affaires à gérer ; si bien que les dirigeants ne seront plus que très formellement dépendant des propriétaires, et en fait, ils deviendront relativement indépendants dans leurs choix de gestion. Les dirigeants en arriveront à gérer en fonction de leurs intérêts propres ; cette évolution a été analysée par Berle et Means.

Les excès de ce pouvoir des dirigeants seront également formalisés par Burnham en 1941 sous le nome de révolution managériale, tandis que Galbraith, en 1967, définira la technocratie comme la forme de pouvoir exercée par les dirigeants, techniciens compétents usurpant d'une certaine manière le pouvoir aux propriétaires apporteurs des capitaux dont les dirigeants ont besoin pour développer leurs activités et asseoir leur pouvoir.

c) La compréhension et la résolution du conflit d'intérêt

Un cadre théorique d'analyse : la relation d'agence

Sans nier l'intérêt du concept de technocratie, celui-ci reste relativement descriptif. Aussi des théories plus analytiques vont expliciter les relations entre propriétaires et dirigeants, ainsi que la régulation de leur conflit d'intérêts. Ce sont la théorie des droits de propriété (Alchian et Demsetz, 1972) et la théorie de l'agence (Jensen et Meckling, 1976, Fama, 1980). Ces théories donnent un cadre général d'analyse qui est le suivant.

Le propriétaire délègue au gestionnaire un mandat de gestion de ses droits de propriété. Et cette opération de délégation se généralise à tous les niveaux. L'entreprise devient donc un lieu de contrats qu'il faut élaborer puis contrôler.

La relation d'agence est un contrat par lequel une personne engage une autre personne pour exécuter en son nom une tâche qui implique une certaine délégation de décision. L'actionnaire délègue au conseil d'administration qui délègue au directeur général, qui lui-même délègue certaines tâches à des subalternes ou des prestataires extérieurs. Le propriétaire d'un appartement délègue au syndic, qui lui-même délègue ponctuellement à d'autres, par exemple à un architecte pour la conduite de travaux. La relation d'agence est donc un cadre général d'analyse.

Dans ces relations, il y a asymétrie d'information entre les deux contractants et pour contrôler l'agent, il faut mettre en place des procédures qui génèrent des coûts d'agence : rédiger des contrats, prévoir des réunions d'information, étudier les comptes rendus, éventuellement engager un contentieux.

Les particularités du conflit d'intérêts entre actionnaires et dirigeants et sa régulation

Au-delà de ce cadre général d'analyse qu'est la relation d'agence, il est possible d'identifier trois sources de conflits dans l'entreprise managériale (d'après les analyses de Jensen et Meckling, de Fama, Rappaport et Charreaux).

• D'une part, les managers maximisent leur propre utilité sans chercher à augmenter la valeur de la firme, alors que c'est le souhait général des actionnaires. Les choix de gestion des managers, avantageux pour leurs propres intérêts, peuvent grever la performance de l'entreprise tant à court qu'à long terme.

• D'autre part, les managers en investissant de manière souvent trop prudente ne prennent pas de risques importants, de manière à préserver leur poste, et donc n'offrent pas de perspective de gains importants aux actionnaires, alors que l'entrepreneur schumpeterien pouvait les espérer.

• Enfin, les managers ont plutôt une vision à court terme de leur gestion alors que les actionnaires raisonnent sur un horizon plus long.

Mais les gestionnaires doivent rendre des comptes. Ils doivent justifier les politiques de dividende et les demandes d'augmentation de capital aux actionnaires. Ils doivent se plier aux règles du marché financier pour se procurer des capitaux, ils doivent donc donner des informations aux propriétaires, ou aux futures propriétaires pour justifier les choix stratégiques effectués.

Les instances de représentation des actionnaires, assemblées générales mais surtout conseil d'administration, permettent de régler les cas de conflit graves. Ainsi, avec des particularités propres à chaque structure juridique, les représentants des propriétaires peuvent contrôler la conformité des décisions du dirigeant avec leurs intérêts, ce contrôle est parfois brutal, puisqu'il se traduit par l'éviction du dirigeant. Cette crainte doit conduire les dirigeants à proposer aux propriétaires un programme de satisfaction minimum de leurs intérêts.

Dans ce contexte, les dirigeants, de crainte d'être sanctionnés, cherchent à éviter l'insatisfaction des propriétaires qui en fait sanctionnent peu, ne contrôlent pas et n'influencent aucunement les stratégies. C'était le cas de la plupart des grandes entreprises, comme IBM aux États-Unis ou Saint-Gobain en France, où les actionnaires n'exerçaient aucun pouvoir sur les décisions des dirigeants.

1.2 La réactualisation du conflit d'intérêts

De nouveaux rapports de pouvoir et de nouveaux conflits d'intérêts apparaissent dans les entreprises contemporaines en raison de l'arrivée de nouveaux acteurs qui modifient les données du compromis antérieur sans en changer le cadre d'analyse.

a) Un nouvel actionnariat

Depuis le début des années 90, l'actionnariat des grandes entreprises a évolué dans sa nature et dans ses attitudes. Les investisseurs institutionnels sont de plus en plus présents dans le capital des sociétés cotées en bourse (8 % en 1960 aux États-Unis et 60 % en 1990). Sur l'ensemble des firmes américaines, 40 % est détenu par les gestionnaires de fonds et les institutions financières et cette tendance se diffuse en Europe.

En France, le rapport Viénot, en 1995, a mis en évidence le poids grandissant des investisseurs institutionnels (organisme de placement collectif en valeurs mobilières, mutuelles, caisse de retraite, etc.). Leur poids a été grandissant pour diverses raisons économiques, sociales (*cf.* l'apparition récente des fonds de pension), fiscales (cf. les avantages d'un plan d'épargne en actions), etc., diverses mesures juridiques et techniques les incitent à user de leur influence dans les conseils d'administration des entreprises où des investisseurs institutionnels prennent des participations.

La prise en compte de ces comportements de propriétaires « actifs » a conduit à forger le concept de « gouvernement d'entreprise ».

Ainsi l'actionnariat n'est plus seulement composé d'une multitude de petits porteurs, financièrement peu important, peu informés, peu avertis des techniques financières et juridique et donc sans influence ni pression forte sur les managers. Au contraire, il comprend des acteurs informés, financièrement puissants, négociant leur soutien aux managers et dotés de stratégie de valorisation de leurs actifs qui leur sont propres. Par exemple, une caisse de retraite va rechercher une valorisation sûre dans une optique à long terme, alors qu'un fonds commun de placement orienté vers le capital-risque va rechercher des hausses brusques à court terme en acceptant un risque élevé.

Compte tenu de ces profonds changements dans l'actionnariat, les relations entre actionnaires et dirigeants vont aussi profondément évoluer car la nature des conflits et le type de solutions à mettre en œuvre changent radicalement.

b) De nouveaux conflits d'intérêts

Avec l'apparition des actionnaires institutionnels, les antagonismes avec les managers changent.

Certains institutionnels propriétaires peuvent avoir la même vision de court terme que les dirigeants : ils peuvent rechercher des investissements rentables rapidement pour satisfaire leurs clients.

Ainsi, la maximisation des performances à court terme peut être un terrain d'entente entre les deux acteurs et non plus source de conflit d'intérêt, comme il l'était dans l'entreprise managériale.

Toutefois, le souci de pérennité de la firme oblige à élaborer des stratégies de plus long terme : il n'est pas envisageable de ne considérer comme performance que le montant élevé des dividendes distribués à court terme ; les choix de gestion ayant permis ces résultats à court terme peuvent être contraires à l'efficacité et à l'efficience de l'entreprise.

Mais si le poids croissant d'acteurs institutionnels peut pousser à des politiques à court terme, la diversité de ces investisseurs institutionnels constitue à la fois un facteur de contre-pouvoir et une source supplémentaire de complexité.

Dans certains cas extrêmes, l'actionnariat de l'entreprise peut être réparti entre des petits porteurs « classiques », des investisseurs institutionnels de natures différentes, des entreprises ayant noué des accords stratégiques et des actionnaires fondateurs de l'entreprise.

Les conflits d'intérêts prennent alors une acuité particulière et sont propices à des coalitions, des alliances, des opérations de bourse, souvent très inamicales. Ces divergences fortes entre actionnaires et dirigeants sont parfois mises à profit par certains pour… prendre le pouvoir. Le groupe LVM de B. Arnault, le groupe Bolloré de Vincent Bolloré se sont en partie constitués à l'occasion de conflits d'actionnaires. La bataille pour le contrôle de Casino en est une autre illustration, de même que le conflit entre Vincent Bolloré (actionnaire de Bouygues) et Martin Bouygues (actionnaire et dirigeant de Bouygues).

2. La nécessaire adaptation de la gestion de ces conflits d'intérêts

Le conflit actionnaires-dirigeants se complique donc d'autant plus que l'actionnaire cherche parfois à devenir dirigeant, avec l'appui d'autres actionnaires.

Il n'en demeure pas moins que l'analyse en termes de relations d'agence, permet de clarifier la situation en dégageant la logique de la délégation de pouvoir entre le mandataire (dirigeant) et le principal (propriétaire). Le dirigeant mandataire ne sera réellement remis en cause que s'il ne satisfait pas les objectifs du principal. Celui-ci cherchant toujours à contrôler son mandataire mais les formes de contrôle évoluent.

Pour gérer ces relations souvent discordantes entre propriétaires et dirigeants, et de plus en plus complexes, plusieurs moyens ont été imaginés et mis en pratique mais ils ne sont pas toujours pertinents pour tous les acteurs. Il s'agit de contrôler les dirigeants par les marchés ou par l'organisation elle-même.

2.1 La régulation du conflit par les marchés

L'entreprise doit survivre dans son environnement. Ses marchés, amont comme aval, peuvent envoyer des signes de bonne ou mauvaise santé récompensant ou sanctionnant le dirigeant de ses actions. Trois marchés permettent de réguler les rapports de pouvoir entre actionnaires et dirigeants.

a) Le marché des biens et services

Les mauvaises décisions de gestion peuvent se traduire par des pertes de part de marché, des produits obsolètes, des prix trop élevés qui feront baisser les résultats de l'entreprise.

Le dirigeant doit donc agir en fonction des réactions du marché pour ne pas nuire à la performance de l'entreprise et donc à l'intérêt des actionnaires propriétaires. Ceux-ci déçus par leur placement pourraient apporter leurs actions lors d'une éventuelle OPA (offre publique d'achat) qui priverait les dirigeants de leur poste.

b) Le marché du travail

De même, une mauvaise gestion des rémunérations, des emplois et des compétences tant pour les salariés que pour le dirigeant peut grever les bénéfices et affaiblir la compétitivité de l'entreprise.

Si le personnel part, si les qualifications baissent, l'entreprise sera pénalisée et le dirigeant ne sera plus en mesure d'atteindre ses objectifs propres.

De plus, le fait que l'entreprise qu'il dirige soit performante est un facteur de valorisation de la valeur marchande du dirigeant. Un dirigeant qui enrichit ses actionnaires serait demandé à un salaire bien plus élevé par d'autres actionnaires pour diriger leur entreprise. Ainsi, en évinçant S. Trigano de la direction du Club Méditerranée, la famille Agnelli a recruté P. Bourguignon qui avait réussi à redresser la situation de d'Euro-Disney, au grand soulagement des actionnaires de Disney.

c) Le marché financier

C'est le régulateur le plus important actuellement : les décisions inadéquates des dirigeants, ou trop orientées vers leurs seuls intérêts, seront sanctionnées par une baisse du cours des titres de l'entreprise cotée et une désaffection des actionnaires. À l'extrême, l'entreprise peut devenir la proie de raiders, ou simplement d'autres entreprises cherchant à la racheter pour se débarrasser d'un concurrent ou constituer un groupe.

L'attribution d'une part importante de la rémunération des dirigeants sous forme d'options pour l'achat de titres de la société permet de les associer fortement aux intérêts des propriétaires. En ayant une rémunération liée à celles des propriétaires, les dirigeants sont moins tentés de développer des stratégies personnelles antagonistes de l'intérêt des propriétaires.

Cependant, ces régulations du pouvoir des dirigeants par les marchés peuvent être analysées comme un biais.

En effet, d'une part, les dirigeants géreront l'entreprise en fonction exclusivement des objectifs affichés par les actionnaires et qui ne sont pas nécessairement conforme… aux intérêts de l'entreprise. D'autre part, préconiser ce mode de régulation suppose que les marchés fonctionnent correctement, et qu'ils sont donc efficients. La réalité montre que ce n'est pas toujours le cas, surtout dans le domaine boursier, il faut donc mettre en place d'autres modes de régulation externe, comme la Commission des opérations de bourse sur le marché financier (qui permet de limiter l'asymétrie d'information) mais il faut aussi développer les moyens de régulation interne.

2.2 La régulation interne du conflit d'intérêts

Des procédures de régulation ont été instaurées de longue date par les statuts juridiques, comme le conseil d'administration. L'usage contemporain qui est fait de ces moyens classiques en conjonction avec d'autres procédures constitue le gouvernement d'entreprise.

a) Le conseil d'administration

La surveillance la plus directe des dirigeants par les actionnaires est réglée par les modalités juridiques régissant les différentes assemblées prévues selon les statuts juridiques propres à l'entreprise et à la législation à laquelle elle est soumise.

Dans le cas français des sociétés anonymes, les assemblées générales ordinaires et extraordinaires peuvent résoudre des conflits et gérer les rapports de pouvoir par les votes confirmant ou infirmant les choix des dirigeants mandataires.

Mais encore faut-il que les porteurs d'actions soient informés, qu'ils votent et qu'ils aient une majorité suffisante pour emporter la décision.

Au stade supérieur, le conseil d'administration pourrait représenter une solution de régulation des rapports de pouvoir. En effet, le conseil d'administration assure, d'une part, une fonction de contrôle sur le dirigeant en le choisissant et en le révoquant et, d'autre part, le conseil d'administration assure une fonction d'organisation par le choix des membres du conseil, sont-ils choisis parmi les membres de l'organisation ou à l'extérieur de l'organisation.

L'observation des pratiques françaises montre des situations différenciées : dans certains cas, le conseil d'administration est contrôlé par la direction qui gère donc en fonction de ses intérêts propres sous la contrainte d'une satisfaction minimum des intérêts des propriétaires ; dans d'autres cas, le conseil d'administration s'avère un bon organe de contrôle des dirigeants par les actionnaires.

Les statuts des sociétés comportant directoire et conseil de surveillance distinguent mieux les fonctions de contrôle et de direction.

Une des questions souvent débattues, dans le cas français, est de savoir si les améliorations du fonctionnement des organes de direction et de contrôle des entreprises ne seront réellement significatives que si la législation change pour modifier les conditions d'équilibre de pouvoir entre actionnaires et dirigeants. Ainsi, en 1996, un rapport parlementaire suggérait différentes mesures, notamment pour renforcer le pouvoir des actionnaires minoritaires.

b) Le gouvernement d'entreprise

Au-delà des formes juridiques, il faut s'intéresser à l'ensemble des procédures de régulation des rapports entre propriétaires et dirigeants. Depuis la fin des années 80 est apparu aux États-Unis le concept de gouvernement d'entreprise.

Le terme de gouvernement d'entreprise est la traduction imparfaite de *Corporate Governance*. Pastré, en 1994, le définit comme l'ensemble des règles de fonctionnement et de contrôle qui régissent, dans un cadre historique et géographique donné, la vie des entreprises.

C'est donc aujourd'hui l'ensemble des mécanismes organisationnels et de marché qui permettent de contrôler le pouvoir au sein d'une organisation tant en termes de performances économiques que de responsabilité sociale. Cette notion désigne un ensemble de pratiques qui sont les développements concrets actuels issus des relations d'agence.

L'analyse théorique du comportement des dirigeants met en avant la notion d'opportunisme, qui peut se définir comme la communication incomplète, déformée ou falsifiée de l'information par un agent à son principal. L'opportunisme, conséquence directe de l'asymétrie d'information entre dirigeants et propriétaires, conduit les dirigeants à rechercher leurs intérêts personnels.

Aussi, le « gouvernement d'entreprise » met l'accent sur l'ensemble des moyens susceptibles d'améliorer l'information donnée aux actionnaires, tant en volume, en fréquence, en précision et en sincérité. L'essor des technologies d'information permet d'assurer un suivi plus constant des comptes de l'entreprise et offre des possibilités pour animer des réunions d'actionnaires interactives.

Les entreprises multiplient les formules pour informer leurs actionnaires. Par exemple, Saint-Gobain, au-delà de l'information légale sur les comptes sociaux, publie un guide de l'actionnaire où les références au gouvernement d'entreprise et aux recommandations du rapport Viénot sont explicites.

Certaines sociétés, notamment les privatisées comme Paribas, ont dû repenser l'organisation de leurs assemblées générales, compte tenu du nombre considérable d'actionnaires. Elles ont dans certains cas favorisé l'organisation d'associations d'actionnaires pour fidéliser et stabiliser leur actionnariat. D'autres poussent le souci d'information des actionnaires jusqu'à leur offrir la possibilité de visiter les sites de production, c'est notamment le cas de Total, qui utilise cet élément dans sa publicité institutionnelle.

Toutefois, la recherche de la transparence de l'information, bien que prônée, reste encore un objectif à atteindre dans beaucoup d'entreprises. D'autre part, la conversion des dirigeants français aux principes du gouvernement d'entreprise s'avère difficile car de nombreuses réticences apparaissent liées à la culture française et surtout en raison du système particulièrement fort de participations croisées, issu d'une certaine conception plus générale de l'organisation sociale française sur la base de clans issus des grandes écoles.

Au-delà des limites propres au cas français, il faut relativiser les solutions de gouvernement d'entreprise et prendre en compte les coûts à long terme qu'il peut engendrer pour l'entreprise (coûts directs liés à l'information, mais aussi coûts indirects liés à la lourdeur des processus de prise de décision contraints par un contrôle plus étroit des propriétaires).

Le contrôle des actionnaires ne doit pas se transformer en menace pour les gestionnaires.

Ainsi, une nouvelle nature de conflits pourrait apparaître entre propriétaires et dirigeants si la marge de manœuvre qui est laissée à ces derniers n'est pas suffisante.

Conclusion

Dans les entreprises actuelles, le pouvoir ne peut être que partagé entre de nombreux acteurs internes et externes à l'organisation. Il semble donc nécessaire de prévoir des mécanismes de régulation des rapports de pouvoir pour ne pas nuire à la pérennité de l'entreprise. Compte tenu de la diversité des situations, du caractère multidimensionnel de ces conflits d'intérêts, il n'y a pas de réponse unique ni de solution valable pour toutes les entreprises. Il ne peut y avoir que des solutions contingentes, d'autant que la question du rapport dirigeant/actionnaire se complique singulièrement avec le développement de l'actionnariat des salariés.

Le développement de cette forme d'actionnariat ne manquera pas de provoquer un profond renouvellement des théories et des pratiques du pouvoir de direction.

3. Éléments d'auto-évaluation

- Un devoir général sur le pouvoir dans les entreprises, les rapports dirigeants/subordonnés, est à considérer comme hors-sujet.
- Un catalogue d'idées sans raisonnement analytique est pénalisé.
- Une analyse qui ne présente pas les rapports actuels entre propriétaires et dirigeants est considérée comme obsolète, et peu pertinente.
- Un développement qui se limiterait à un exposé sur toutes les théories anciennes et récentes sans prendre du recul ni intégrer les pratiques correspondrait à la moitié du sujet demandé.
- À l'inverse, il est nécessaire, pour répondre au libellé, de présenter les théories relatives au pouvoir : un développement exhaustif des concepts serait excessif ; il s'agit plutôt de rappels sur plusieurs dimensions théoriques en rapport avec le pouvoir.
- En revanche, la théorie de l'agence, formalisation importante pour le sujet mais pas nécessairement connue des candidats constitue un « plus » pour ceux qui l'introduisent, elle ne peut pas être considérée comme une référence classique de base obligatoire dans la copie.
- Une problématique analytique et un plan qui ne reprend pas les indications directes du libellé tout en analysant toutes les pistes proposées seront très valorisés par le correcteur.

Mais le plan proposé par le sujet, s'il est bien traité dans son contenu, doit obtenir la moyenne.

• Tous les exemples introduits dans le développement pour illustrer la démonstration sont bienvenus et valorisent la copie.

• Une grille d'évaluation peut être présentée à titre d'exemple (selon le barème officiel) :

- une copie qui ne comporte pas de problématique, qui est dépourvue de connaissances et comporte des fautes de syntaxe et d'orthographe, aura une note inférieure à 5 ;
- une copie qui présente des connaissances pauvres, une structure défaillante (plan succinct ou non respecté), sans exemples, n'aura pas la moyenne ;
- une copie avec des connaissances même incomplètes, présentées de manière organisée avec des exemples pertinents aura au moins la moyenne ;
- une valorisation supplémentaire sera faite pour des illustrations pertinentes et des références théoriques appropriées.

1997

Sujet conforme à la réforme

Thème : **Les stratégies de rémunération des salariés dans l'entreprise**

Énoncé

Vous êtes collaborateur dans un cabinet d'expertise comptable, qui, pour fidéliser sa clientèle, organise des conférences destinées aux dirigeants de petites et moyennes entreprises (PME). Ces conférences ont pour objet de faire le point sur différents thèmes afférents à la gestion de l'entreprise.

Vous êtes chargé de préparer le thème suivant :

« Les stratégies de rémunération des salariés dans l'entreprise. »

Vous présenterez sous forme de dissertation le document écrit qui accompagnera votre exposé.

Comment situer le sujet dans le programme ?

Thèmes du programme abordés	**Correspondance avec le manuel(1)**
6.2 Les fonctions de support : personnel	Chap. 9 – La gestion des ressources humaines
3. Les stratégies	Chap. 14 – Stratégie et démarche stratégique
Indication de temps(2)	**Niveau de difficulté(3)**
Lecture et analyse du sujet : 30 minutes Recherche des idées : 1 heure 30 Rédaction : 2 heures	2

(1) Manuel de référence : J.-L. Charron et S. Sépari, *Organisation et gestion de l'entreprise, DECF n° 3*, Dunod, 1998.
(2) Durée globale de l'épreuve : 4 heures.
(3) Niveaux de difficulté notés de 1 à 4 par ordre croissant.

Les spécificités du sujet

1. Type de sujet

C'est un sujet très classique sous forme de dissertation.

Le caractère quelque peu original de la mise en situation (la préparation d'une conférence) ne doit pas induire le candidat en erreur. Il doit présenter une dissertation et non pas la trame d'un exposé oral.

2. Problème posé par le sujet

Le problème que pose le sujet est celui de la *place particulière du facteur travail* dans l'entreprise.

Si le salaire n'est considéré que sous le seul angle de la rémunération d'un facteur de production, l'entreprise s'engage dans une logique de minimisation de ce coût, logique qui est préjudiciable à la valorisation du potentiel humain, seule véritable source de richesse sur le long terme.

Le sujet porte donc sur cette contradiction: sa mise en évidence et les façons de la surmonter. La problématique centrale pourrait s'énoncer de la manière suivante: « ***minimiser le coût d'un facteur ou valoriser le potentiel humain ?*** ».

3. Esprit et spécificité du sujet

- Compte tenu de la mise en situation du sujet (préparation d'une conférence pour des dirigeants) et du temps imparti à l'épreuve de l'examen, *il ne s'agit pas d'un devoir technique*, nécessitant des références « pointues » pour présenter dans le détail les mécanismes des différentes modalités de rémunération envisageables.
- Bien au contraire, le sujet invite à présenter et à *débattre de grandes options génériques* et à montrer les incidences de ces options sur la conduite à long terme de l'entreprise.

  C'est moins le contenu des différentes options qui est intéressant à présenter que le sens de ces options dans le cadre de la stratégie générale de l'entreprise.

Corrigé commenté et évaluation

Analyse du sujet

1. Identification et définition des mots clés du sujet

Deux mots clés déterminent le thème de fond du sujet.

• *«Stratégies»*

La stratégie consiste en « la détermination des buts et des objectifs à long terme d'une entreprise, l'adoption des moyens d'action et d'allocation des ressources nécessaires pour atteindre ces objectifs » (A. Chandler).

• *«Rémunération des salariés»*

Une rémunération est la contrepartie d'un apport au processus de production. S'agissant des salariés la rémunération est celle du facteur travail, mais l'apport des salariés recouvre des formes très variées et de plus en plus immatérielles, ce qui a engendré de nouvelles formes de rémunération qui peuvent parfois se confondre avec celles du capital (intéressement au résultat, etc.).

2. Analyse du libellé du sujet

• Le petit texte de « mise en situation » précise que l'auditoire de la conférence sera constitué par des dirigeants de *PME*. Le problème se pose de savoir s'il faut limiter les stratégies de rémunération à ce seul contexte alors que le libellé même du sujet concerne l'ensemble des entreprises.

Les deux options sont admissibles : s'en tenir aux PME ou au contraire disserter dans le cas général. C'est au candidat d'indiquer et de justifier dans l'introduction la manière dont il souhaite aborder le sujet.

• Sans être un mot clef, l'expression « *dans l'entreprise* » mérite réflexion car une des façons de résoudre les problèmes liés à la gestion des ressources humaines (notamment dans le cadre de la recherche de la flexibilité) consiste à externaliser de nombreux travaux et à remplacer le contrat de travail par un contrat commercial. À s'en tenir au strict libellé du sujet, les formes d'externalisation du travail ne sont pas à discuter en tant que stratégies de rémunération, elles méritent peut-être cependant d'être évoquées.

3. Débats et questions autour du sujet

• Le débat sur le ***lien entre motivation et rémunération*** fait partie intégrante du sujet.

• Les débats concernant ***l'individualisation des rémunérations*** ne peuvent pas être ignorés mais il s'agit de discuter les finalités et les motivations de l'individualisation et en aucun cas les modalités pratiques.

• Le débat sur les charges sociales n'est pas à développer en tant que tel mais l'importance variable des ***prélèvements obligatoires*** suivant les modes de rémunération est un élément fondamental à prendre en compte dans les choix des modes de rémunération.

• Certaines questions relatives au lien entre ***temps de travail et rémunération*** peuvent être évoquées notamment en ce qui concerne le débat sur les 35 heures, l'annualisation du temps de travail, le débat sur le niveau de rémunération et la qualité de vie sous la forme, par exemple, de l'arbitrage entre plus de temps libre et plus de rémunération.

• La ***participation au capital*** de l'entreprise est un débat voisin qui doit être abordé, d'une part en tant qu'élément de rémunération « monétaire » (plus-value sur les titres possédés, encaissement de dividendes) mais aussi comme élément de rémunération « non monétaire » par la participation au pouvoir, ou par le contrôle exercé sur les dirigeants dans le cadre d'une analyse en termes de « gouvernement d'entreprise ».

• La ***flexibilité des rémunérations*** est un paramètre important de la flexibilité de l'entreprise. La recherche de la flexibilité est sans doute un axe stratégique majeur pour faire face au risque provoqué par l'instabilité de l'environnement.

Inventaire des éléments pour traiter le sujet

1. Repères théoriques

• Les analyses économiques (classique, marxiste, néo-classique) expliquent la formation du niveau de salaire sur le ***marché du travail*** par le jeu d'offre et de la demande. Les analyses contemporaines ont surtout insisté sur les dysfonctionnements de ce marché (notamment sa rigidité) comme facteur principal des difficultés économiques et comme cause première des délocalisations.

• Les organisateurs du début du siècle (Taylor, Ford, Fayol) se sont intéressés à la question de la rémunération pour proposer des méthodes de ***salaire au rendement*** pour développer la productivité et intéresser le travailleur à son effort.

• A. Maslow explique la psychologie de la ***motivation*** par la ***hiérarchie des besoins***. Les modalités de rémunération doivent peut-être tenir compte de cette pyramide car la sensibilité des personnes aux diverses modalités n'est pas la même.

• Les travaux de F. Herzberg, qui prolongent et affinent les travaux de Maslow, sont intéressants à utiliser car cet auteur distingue les ***facteurs d'hygiène*** (qui sont un frein en cas d'insatisfaction) et les ***facteurs motivants*** (source de réelle motivation, car ils sont difficilement satiables).

L'intérêt des analyses de F. Herzberg est de réfléchir à la fonction que peut avoir telle ou telle modalité de rémunération, par exemple : une prime peut motiver, mais l'existence d'un système de retraite complémentaire sécurise.

• Les approches diverses sur la « fin du travail », la « fin du salariat » sont apparues au cours des années 90. Elles se retrouvent par exemple, dans les travaux de Jeremy Rifkin, d'André Gorz ou de Martin Weitzman :

– Jeremy Rifkin en insistant sur la *bipolarité du monde du travail* (une élite surqualifiée, surpayée, protégée, face à une majorité de travailleurs en situation précaire, sans véritable perspective) définit un contexte générateur de fortes disparités de politiques de rémunérations ;

– André Gorz montre que, derrière les formes précaires de travail, se dessine une crise du travail qui est en fait *une crise du sens*. Une activité économique privée de sens conduit à des formes sociales régressives d'organisation du travail. La portée pratique pour l'entreprise est la recherche d'un projet d'entreprise qui donne un sens collectif à l'action des hommes. « Donner du sens » (valorisation de l'action) pourrait être une forme de rémunération non monétaire ;
– Pour Martin Weitzman, le *partage du profit* au sein des entreprises (approche commerciale des relations sociales) est une forme d'organisation de l'économie beaucoup plus efficace qu'une économie fondée sur le partage du travail, avec un marché du travail encadré par des lois sociales.

Toutes ces analyses insistent sur l'importance du cadre d'organisation sociale. Les stratégies de rémunération n'ont pas qu'un fondement économique propre à l'entreprise, elles s'inscrivent dans un contexte juridique et social, caractéristique de la société.

• Les travaux de l'***école de la contingence***, et notamment la synthèse faite par H. Mintzberg, rappellent qu'il n'y a pas de solution optimale : le choix d'une stratégie de rémunération n'échappe pas à la contingence (rappel des quatre facteurs de contingence : l'âge et la taille, l'environnement, le pouvoir, la technologie).

2. Démarches et questionnements pour mobiliser les idées

2.1 Questionnement générique : qui, quoi, quand, comment...

• *Qu'est-ce que la rémunération des salariés?*

Principalement le salaire, mais aussi les accessoires du salaire (primes, etc.) et les diverses formes de participation aux résultats.

L'approche contemporaine insiste sur la notion de **rémunération globale** pour intégrer la rémunération directe, les éléments périphériques légaux, les avantages en nature, et les compléments sociaux indirects (assurance maladie, mutuelle, complément de retraite).

Compte tenu des charges sociales et de la fiscalité, la rémunération n'est pas appréhendée de la même manière par le salarié (vision en « net » après impôt) et par l'entreprise (vision en « brut ») d'où l'approche en termes de **rémunération totale** qui intègre, salarié par salarié, l'incidence de tous les éléments monétaires et non monétaires tant pour l'entreprise que pour le salarié, et de privilégier ceux qui ont le meilleur rendement « net perçu/brut payé ».

• ***Qui est concerné par la définition d'une stratégie de rémunération?***

Les salariés (*cf.* référence à la pyramide des besoins de Maslow)

Parmi les salariés, divergences d'approche entre :

– qualifiés/non qualifiés (problème de perspective, d'intérêt au travail) ;
– cadres/non cadres (problème de participation au travail) ;
– hommes/femmes (problème d'équité : à travail égal salaire égal) ;
– diplômés/non diplômés (accès à la formation continue, possibilité de reconversion, la formation comme complément de rémunération en valorisant le capital humain du salarié).

L'entreprise: contradiction entre compétitivité par la motivation des hommes (augmenter les salaires) et compétitivité par la faiblesse des coûts (diminuer les salaires).

Les actionnaires: partager, associer les salariés ou au contraire s'opposer à eux.

Les consommateurs: le consommateur peut estimer que des salaires élevés (supérieurs au sien ?) sont un surcoût, ou qu'à l'inverse il est complice de l'exploitation si les salaires sont réputés être « trop bas ».

La société dans son ensemble : le lien entre la rémunération, la forme de contribution à l'activité sociale (nature du travail, pénibilité, reconnaissance sociale, etc.) et le statut social est un élément central du système de valeurs et constitue largement le fondement de la législation.

Le fisc, les organismes sociaux: la part des prélèvements obligatoires est telle que les modalités de rémunération sont directement conditionnées par des allégements fiscaux ou sociaux dont le caractère temporaire et très politique contribue à rendre l'environnement de l'entreprise encore plus instable.

Les syndicats: ce sont les interlocuteurs institutionnels dans le processus de négociation des conventions collectives et dans la mise en place des formules d'intéressement ; les syndicats (du moins en France) manifestent une hostilité idéologique aux formes contemporaines d'individualisation des rémunérations et de participation au capital.

• ***Comment rémunérer les salariés?***

Par des *formes monétaires* (salaires, primes) mais aussi *non monétaires* (pouvoir, intérêt du travail, sécurité).

Par des *formes collectives ou individuelles* : évolution historique en cours marquée par le passage des formes.

De manière *uniforme, égalitaire* sur la base des diplômes, des postes occupés, ou de *façon plus discriminante* en liant la rémunération à des éléments comme résultat/ productivité/performance.

• ***Quand le problème est-il apparu?***

Permanence d'un conflit social, humain sur la répartition des richesses mais modification contemporaine de la problématique : le débat en termes de niveau de rémunération (conflit sur le partage d'une richesse certain) est passé au second plan par rapport au débat en termes de formes de rémunération (négociation sur les formes d'association des salariés au risque de réversibilité des revenus de l'entreprise).

• ***Pourquoi mettre en place une stratégie des rémunérations?***

En raison de l'importance quantitative de la masse salariale: la maîtrise de la masse salariale est devenue un objectif conditionnant la réussite de la stratégie générale.

En raison de la nature particulière des phénomènes humains et sociaux: inertie des compétences, des comportements : place des ressources humaines dans la chaîne de création de la valeur (créativité, service, adaptabilité, réactivité).

2.2 Questionnement thématique

• ***Approche économique.*** La rémunération est la contrepartie d'un travail, c'est le revenu de facteur de production, c'est un coût.

• *Approche sociale.* La rémunération est un élément du partage des richesses (justice sociale, solidarité), c'est une récompense (équité individuelle et sociale).

• *Approche gestionnaire.* La rémunération est un moyen de gestion des ressources humaines pour motiver, impliquer les individus.

• *Approche juridique.* Le salaire est un élément d'un contrat : le contrat de travail. La rémunération peut-elle échapper à ce cadre ? D'où l'émergence de formes d'externalisation qui vise à échapper au contrat de travail et à établir des relations commerciales avec des sous-traitants au lieu d'avoir des salariés.

Ces définitions/approches peuvent être complémentaires et contradictoires.

2.3 Questionnement analytique

Des fondements conceptuels expliquent et justifient les formes diverses de rémunération.

• C'est le ***poste occupé*** qui est le fondement de la rémunération (*modèle d'attribution* du revenu ; exemple : grille indiciaire de rémunération).

• C'est ***la personne*** qui est le fondement de la rémunération (modèle de rémunération basé sur la *contribution* du salarié ; exemple de modalité : intéressement, prime de rendement).

• C'est ***le fait de participer*** à l'entreprise qui est le fondement de la rémunération (modèle de rémunération basé sur *l'intégration* ; exemple de modalité : participation aux résultats).

POINT DE MÉTHODE

Compte tenu du caractère très central de la question de la rémunération, de très nombreuses idées peuvent être répertoriées par le candidat, quel que soit le principe de mobilisation des idées utilisé.

Encore une fois, il faut bien distinguer la phase de recherche des idées où il faut « laisser venir les idées comme elles se présentent » et la phase ultérieure de structuration de l'argumentation où il convient de faire un tri en fonction de la formulation exacte de la problématique qui est retenue.

3. Éléments d'analyse intéressants à développer

• Le mode de raisonnement taylorien suppose un environnement relativement stable, qui permet d'assurer une certaine sécurité (permanence du revenu) ; dès lors, l'essentiel du débat porte sur le ***niveau de rémunération***. L'approche contemporaine de la gestion des rémunérations cherche à intégrer l'instabilité de l'environnement en rendant la rémunération *plus flexible*.

• Les ***PME*** présentent un certain nombre de ***spécificités*** qui peuvent être soulignées selon l'option de présentation retenue par le candidat.

• Une ***logique d'analyse stratégique*** peut conduire à s'intéresser aux objectifs des stratégies de rémunération et aux modalités de ces stratégies.

• Une autre analyse peut être faite en utilisant les ***facteurs de contingence*** comme éléments d'analyse pour justifier certains choix de modes de rémunération : par exemple, la bureaucratie mécaniste préconise un système de rémunération fondé sur des grilles indiciaires calquées sur les grilles de définition des postes.

4. Connaissances pratiques, exemples d'entreprises

• La privatisation partielle ou complète de certaines entreprises publiques (Air France, France Télécom), parfois au travers de conflits (Air France), illustre certains aspects du sujet :

- la fin d'une fixation bureaucratique des rémunérations sans référence à la compétitivité (notion de secteur exposé ou protégé) ;
- l'arbitrage entre une rémunération sous forme de salaires et une rémunération sous forme d'actions, ce qui suppose que celles-ci soient cotées (élément fort de conflit chez Air France).

• Les statistiques montrent un accroissement constant depuis 1993 des accords d'intéressement : 2 000 accords signés en 1987, plus de 10 000 accords en 1995.

• Le conflit de Renault-Cléon en 1992 a montré que les accords d'intéressement trop globaux ne pouvaient pas remplacer une politique salariale basée sur des primes individuelles ou d'équipe. De plus, ce type de conflit a montré que l'intéressement était plus adapté comme formule d'épargne (élément accessoire) et que des formules plus liées à l'activité réelle devaient conditionner la rémunération immédiate.

• L'importance des *stocks-options* est souvent soulignée dans le cas des cadres dirigeants. La fiscalité avantageuse de cette formule a été rendue moins attractive en France, constituant un facteur de démotivation expliquant la délocalisation de certaines activités financières vers Londres. L'importance des *stock-options* est également soulignée dans le cas des jeunes entreprises innovantes.

POINT DE MÉTHODE

Un sujet de ce type est à alimenter avec des exemples que le candidat aura retenus dans l'actualité.

Structuration et développement

1. Problématiques envisageables et plans possibles associés

POINT DE MÉTHODE

- Une problématique est une façon de formuler le problème pour structurer l'argumentation et définir un axe de démonstration.
- Que voulez-vous dire et comment allez-vous le dire ?

1.1 Problématique large et neutre

• *Formulation:* La gestion des rémunérations a pris une dimension stratégique en raison de l'importance des choix à opérer face aux enjeux concernés.

• *Portée:* Cette formulation permet diverses approches, divers plans, relativement classiques mais permettant de bien identifier les pistes essentielles.

De nombreux plans correspondent à cette première problématique.

• *Plan 1*

Introduction: définition des termes; annonce du plan: les options stratégiques nouvelles sont choisies en fonction des objectifs assignés à la gestion des rémunérations.

1. Les objectifs d'une gestion des rémunérations

1.1 Les objectifs traditionnels
- a) Assurer la compétitivité de l'entreprise
- b) Permettre la mobilisation des ressources humaines

1.2 Les enjeux contemporains
- a) L'exigence générale de flexibilité
- b) L'approche multidimensionnelle de la rémunération

2. Le choix des options stratégiques

2.1 Mesurer l'impact des contraintes propres à la firme
- a) La place des ressources humaines dans la formule stratégique de l'entreprise
- b) Les marges de manœuvre de l'entreprise (concurrence/taille/structure et forme du capital)

2.2 Les grandes options génériques
- a) La part respective de la gestion individuelle et de la gestion collective
- b) De la participation aux résultats à la participation au capital

Conclusion: l'intégration de la stratégie des rémunérations dans la stratégie globale de l'entreprise.

• *Plan 2*

Ce plan reprend la structure générale du plan précédent mais il est plus riche en contenu analytique. C'est le plan qui sera développé dans le devoir rédigé.

Introduction: rapide évolution de la position du problème de la gestion des rémunérations, définition des termes, annonce du plan: les enjeux stratégiques doivent être clarifiés pour comprendre les options stratégiques dont le choix est très contraint.

1. Les enjeux d'une approche stratégique de la rémunération

1.1 La nécessité de maîtriser la masse salariale

1.2 La nécessité d'intégrer les facteurs de motivation

1.3 La prise en compte de l'exigence de flexibilité

1.4 L'intégration des débats sur le temps de travail (aménagement et réduction)

2. Les choix stratégiques

2.1 Les fondements des options stratégiques génériques
- a) Le modèle d'attribution
- b) Le modèle d'individualisation
- c) Le modèle d'intégration

2.2 Un choix largement contingent
- a) Environnement
- b) La taille et l'âge

c) La technologie
d) Le pouvoir (gouvernement d'entreprise)

Conclusion : l'évolution des formes de rémunération annoncent-elles la fin du salariat ?

1.2 Problématique plus orientée vers la mise en évidence des problèmes de mise en œuvre

• *Formulation:* Les stratégies de rémunération sont nécessaires mais difficiles à mettre en œuvre car elles sont contraintes par de nombreux facteurs.

• *Portée:* Une formulation de ce type conduit à des argumentations, soit plus polémiques (pour/contre), soit plus analytiques.

• ***Plan correspondant à cette deuxième problématique***

Introduction : les stratégies de rémunération sont très difficiles à mettre en œuvre car elles doivent concilier deux objectifs contradictoires : la flexibilité externe et la mobilisation interne.

1. **Stratégies de rémunération et mobilisation des acteurs internes de l'entreprise**
   1.1 L'actualité de l'adage : « Il n'y a de richesses que d'hommes »
   1.2 L'approche nouvelle en termes de rémunération globale
2. **Stratégie de rémunération et atteinte de la flexibilité externe**
   2.1 Les nouvelles formes de compétitivité
   2.2 La nécessité d'adapter rapidement la masse salariale

Conclusion : le développement des formes de rémunération associant les salariés au capital de l'entreprise est le signe de la difficulté de développer une stratégie cohérente sur la stricte base du salariat.

N.B. Ce plan est donné à titre d'illustration de montage d'une argumentation différente avec le même « réservoir » d'idées que pour les plans précédents. Il est toutefois plus délicat à développer. À l'examen, il est toujours préférable de « jouer la sécurité ».

POINT DE MÉTHODE

- Compte tenu de la problématique retenue et du plan choisi, remarquez l'intégration des éléments de connaissance mobilisés dans la phase préparatoire. Tous ne sont pas repris.
- Les phases « recherche des idées » / « formulation de la problématique » / « construction du plan » constituent un processus itératif.

2. Un exemple de devoir rédigé

Plan retenu : problématique 1.1, 2e plan.

Introduction

Dans l'approche économique classique, la rémunération du salarié se confond totalement avec la rémunération d'un facteur de production, le travail, dont le prix est déterminé par le seul jeu de l'offre et de la demande sur le marché du travail.

La réalité sociale, mais aussi économique, a largement démontré, d'une part, les dysfonctionnements du marché du travail, et, d'autre part, l'insuffisance d'une approche en termes strictement économiques.

Cependant, l'action des entreprises en matière de rémunération est longtemps restée le résultat d'un compromis fragile et aléatoire entre une logique économique de minimisation d'un coût et une logique sociale de compensation paternaliste des insuffisances de la première approche pour assurer un revenu décent aux travailleurs. Le conflit particulièrement aigu entre capitalistes et prolétaires portait parfois sur les conditions de survie et a contribué à l'émergence des syndicats.

Pendant les Trente Glorieuses, l'importance des gains de productivité a permis de distribuer des revenus importants tout en assurant le financement de la croissance. Le conflit latent entre l'entrepreneur et le salarié portait sur le partage d'un surplus de richesse, conflit dont le contexte inflationniste facilitait l'arbitrage.

Si la rémunération du travail conserve son caractère conflictuel, car c'est un coût à minimiser pour l'entreprise et un revenu à maximiser pour le salarié, les conditions économiques et sociales obligent à une révision assez radicale des conceptions en matière de rémunération des salariés.

Pour dépasser une approche conflictuelle et tenir compte des évolutions radicales des conditions économiques et sociales, les entreprises doivent élaborer de véritables stratégies de rémunération des salariés.

Une stratégie consiste en « la détermination des buts et des objectifs à long terme d'une entreprise, l'adoption des moyens d'action et d'allocation des ressources nécessaires pour atteindre ces objectifs » (A. Chandler). Les entreprises doivent donc s'interroger sur les objectifs à long terme en matière de gestion des ressources humaines pour définir les grandes options qui seront retenues pour assurer la rémunération des salariés.

Une rémunération est la contrepartie d'un apport au processus de production, ou plus généralement, c'est la contrepartie d'un apport au processus de création de richesses. S'agissant des salariés, la rémunération est, à l'origine, celle du facteur travail entendu comme force physique, comme mise à disposition d'un temps de travail mais l'apport des salariés, s'il continue à être appelé « travail », a de moins en moins de matérialité ; il recouvre des formes très variées et de plus en plus immatérielles (par exemple, création de slogans publicitaires), ce qui a engendré de nouvelles formes de rémunération qui peuvent parfois se confondre avec celles du capital (intéressement au résultat, etc.).

Les modalités les plus diverses qui sont apparues au cours des dernières décennies, et notamment la montée de la part prise par les éléments périphériques du salaire, sont des réponses à de nouveaux enjeux (première partie) qui nécessitent de clarifier les options stratégiques disponibles en matière de rémunération (deuxième partie).

1. Les enjeux d'une approche stratégique de la rémunération

La contrainte classique de compétitivité de l'entreprise existe toujours mais prend des formes nouvelles.

1.1 La nécessité de maîtriser la masse salariale

En raison de l'importance quantitative de la masse salariale : la maîtrise de la masse salariale est devenue un objectif conditionnant la réussite de la stratégie générale. Longtemps, le contexte inflationniste permettait de limiter les négociations à un débat sur le niveau des salaires que l'entreprise était en mesure de répercuter sur ses prix de vente, dans un contexte inflationniste et peu concurrentiel.

L'attribution d'augmentations de salaire généralisées n'est plus un mode de gestion des rémunérations. Le ralentissement, voire la disparition, de l'inflation a montré l'importance qu'il y avait à contrôler l'impact des hausses de niveau de salaires. La répercussion des différents effets des variations des niveaux de salaires (effet de noria, effet du glissement vieillesse-technologie, l'effet de report, etc.) a été progressivement mieux comprise et intégrée à un raisonnement en masse.

Compte tenu de l'inertie de toute action sur la grille indiciaire, ce souci de maîtrise de la masse salariale a conduit à privilégier les éléments périphériques du salaire.

1.2 La nécessité d'intégrer les facteurs de motivation

Le contrôle « physique » du travail est souvent de moins en moins possible, compte tenu du caractère immatériel et diffus de la contribution de chacun. Les formes de rémunération au rendement sont donc peu praticables dès lors que le lien entre production effectuée et rémunération est plus difficile à faire.

Dans une optique organisationnelle, il faut cependant canaliser le comportement des individus et utiliser la rémunération pour susciter des contributions positives des employés. Une meilleure compréhension des facteurs de motivation doit y contribuer.

A. Maslow explique la psychologie de la motivation par la hiérarchie des besoins. Selon Maslow, les besoins sont hiérarchisés dans une pyramide à cinq niveaux : besoins physiologiques, besoins de sécurité, besoins sociaux d'appartenance et d'affection, besoins d'estime et de reconnaissance, et enfin besoin de développement et d'accomplissement personnel. Les modalités de rémunération doivent tenir compte de cette pyramide car la sensibilité des personnes aux diverses modalités n'est pas la même, compte tenu de leur place supposée dans la pyramide des besoins. Par exemple, un jeune salarié sera souvent plus sensible à une augmentation immédiate de sa rémunération, alors qu'un salarié plus âgé appréciera une rémunération sous forme de complément de retraite dans le cadre d'un plan d'épargne d'entreprise.

Par ailleurs, les travaux de Maslow semblent indiquer que plus un individu est devenu sensible aux éléments d'épanouissement, plus des éléments non monétaires vont le motiver : participation à la décision, plus de temps libre ou plus de liberté, d'initiative dans son travail. Les débats sur l'aménagement du temps de travail (plus d'initiative) ou la réduction du temps de travail (plus de temps libre) trouvent là un fondement analytique.

Les travaux de F. Herzberg, qui prolongent et affinent les travaux de Maslow, sont intéressants à utiliser pour hiérarchiser les modalités de rémunération car cet auteur distingue :

- ce qu'il appelle les facteurs d'hygiène qui doivent être satisfaits car sinon il y a insatisfaction ; ils ne sont pas source de motivation mais leur absence est un frein ;
- les facteurs motivants comme le besoin de participation, d'accomplissement, de créativité, etc., qui vont être la source de réelle motivation, car ils sont difficilement satiables.

L'intérêt des analyses de F. Herzberg est de mettre l'accent sur la différence de fonctionnement des besoins : certains sont motivants, d'autres sont seulement sécurisants. Or, les différentes modalités de rémunération n'ont pas la même fonction : un certain niveau de salaire sécurise, alors que des primes liées à des indicateurs de résultat ont un réel impact sur la motivation.

Une meilleure compréhension du comportement des salariés permet de mieux ajuster les modes de rémunération, notamment dans la palette des instruments périphériques du salaire.

1.3 La prise en compte de l'exigence de flexibilité

Le mode de raisonnement taylorien suppose un environnement relativement stable, qui permet d'assurer une certaine sécurité (au travers d'une forte garantie de la permanence du revenu) ; dès lors l'essentiel du débat, voire du conflit entre employeur et employés, porte sur le niveau de rémunération.

L'approche contemporaine de la gestion des rémunérations intègre comme premier facteur à gérer l'extrême instabilité de l'environnement, dés lors il est souvent préférable d'associer les salariés aux résultats de l'entreprise ; le niveau de rémunération peut être très élevé mais il doit être beaucoup plus flexible.

La flexibilité de la rémunération peut être une alternative à la flexibilité externe (licenciement, recours à des sous-traitants, à des travailleurs intérimaires). En ayant une masse salariale dont le niveau s'adapte à l'activité de l'entreprise, celle-ci peut garantir un emploi à un nombre beaucoup plus grand d'individus, ce qui est un facteur de fidélisation, mais l'emploi n'est garanti que dans la mesure où la rémunération est variable. Il faut donc trouver un compromis pour fixer une rémunération plancher sécurisante et une part variable suffisamment attractive et motivante.

1.4 L'intégration des débats sur le temps de travail

Le lien entre rémunération et temps de travail est complexe car il comporte des aspects économiques (productivité du temps de travail, renchérissement du coût de la main-d'œuvre), des aspects sociaux et humains (*cf.* les facteurs de motivation évoqués plus haut).

La difficulté pour l'entreprise est de trouver un compromis entre des facteurs aux effets largement contradictoires.

La flexibilité du temps de travail sous la forme de l'annualisation du temps de travail est une option intéressante pour faire face aux variations saisonnières d'activité avec du personnel qualifié garantissant le maintien d'une certaine qualité de production. Mais cette annualisation se traduit par la perte d'un complément de salaire pour les employés qui n'effectuent plus d'heures supplémentaires et par la perte de l'emploi pour les travailleurs intérimaires auxquels l'entreprise n'a plus recours.

La réduction du temps de travail est souvent une revendication des salariés, mais si celle-ci se fait à salaire égal, l'entreprise y perd sa compétitivité. Si, dans le passé, des diminutions de la durée du travail ont pu être compensées par des hausses de productivité, le contexte général a changé : la productivité croît moins fortement car les activités sont essentiellement des activités tertiaires, et, d'autre part, la contrainte de compétitivité est plus forte compte tenu de la mondialisation de la concurrence.

D'autre part, si la réduction du temps de travail s'accompagne d'une perte de pouvoir d'achat, elle devient une source de conflit surtout pour les bas niveaux de rémunération.

2. Les choix stratégiques

2.1 Les fondements des options stratégiques génériques

Face à la multiplicité des facteurs, dont les plus actuels ont été rappelés ci-dessus, il paraît intéressant de sérier les fondements conceptuels qui peuvent expliquer et justifier les choix stratégiques entre les diverses formes de rémunération.

En simplifiant, l'entreprise doit choisir :

- le caractère plus ou moins individuel ou collectif de la rémunération ;
- le degré de réversibilité des modes de rémunération ;
- le degré d'association des salariés au risque entrepreneurial.

Les choix stratégiques à faire seront un compromis entre le modèle d'attribution, le modèle de contribution et le modèle de participation, dont chacun constitue un modèle justificatif d'un système de rémunération.

2.2 Le modèle d'attribution

C'est le poste occupé qui est le fondement de la rémunération en fonction du contenu et des conditions du travail. Les rémunérations (niveau, différenciation entre salariés) ont une base objective : composantes du poste (temps de travail, volume de production), nuisances subies (prime de bruit, etc.). La rémunération est attribuée au titulaire d'un poste sur la base d'une grille indiciaire qui justifie et objective la rémunération (modèle d'attribution du revenu).

L'approche classique de la gestion des rémunérations est basée sur le modèle d'attribution. L'action individuelle est certes identifiée mais les références privilégient le collectif sur la base de grilles de classification négociées par les syndicats.

Le modèle d'attribution, d'une certaine manière, privilégie l'égalitarisme et une approche collective de la rémunération. C'est une première composante de la stratégie de rémunération pour définir des critères de différenciation entre les salariés.

2.3 Le modèle de contribution

C'est la personne qui est le fondement de la rémunération en fonction de ses compétences (notamment diplômes et expérience) et de ses performances observées, voire de ses comportements constatés.

La rémunération est personnalisée dans un souci de motivation de l'individu dont l'entreprise essaie de tenir compte des spécificités. Cette approche conduit à l'individualisation des rémunérations notamment quand le lien est fort avec des indicateurs de performance (modèle de rémunération basé sur la contribution du salarié ; exemple de modalité : intéressement).

Le modèle de contribution permet d'attirer l'attention sur deux autres paramètres importants des stratégies de rémunération : le degré d'individualisation et le degré de réversibilité de la rémunération.

2.4 Le modèle d'intégration

Dans cette approche, c'est le fait de participer à l'entreprise qui est le fondement de la rémunération en fonction de sa position concurrentielle (secteur exposé ou abrité) et de son résultat économique.

La performance de l'entreprise ne résulte pas d'une somme d'actions individuelles (logique du poste de travail) mais au contraire d'une interaction des différents acteurs sans qu'une responsabilité ou une mesure des contributions individuelles soit possible ou souhaitable.

La dimension collective de l'action et du résultat est prédominante ; la logique de rémunération doit le traduire, aussi le modèle de rémunération va être basé sur l'intégration, en privilégiant des modalités, comme par exemple la participation collective aux résultats, certaines modalités des plans d'épargne d'entreprise, etc.

Le degré de participation d'une part au résultat, d'autre part au capital, est la dernière grande composante des stratégies de rémunération.

L'entreprise doit faire un compromis entre ces diverses approches, dont aucune ne peut être totalement ignorée, notamment dans les grands groupes à structure divisionnalisée.

Quels sont les paramètres explicatifs des compromis faits entre ces trois stratégies génériques ?

2.5 Un choix largement contingent

L'entreprise ne choisit pas une stratégie de rémunération indépendamment de sa stratégie globale. Il y a imbrication forte des stratégies de rémunération avec la formule stratégique générale de l'entreprise.

Les stratégies de rémunération sont d'ailleurs largement contraintes par les choix stratégiques généraux et par le « passé » de l'entreprise, compte tenu de l'inertie des comportements humains et les effets de cliquets à la baisse des rémunérations.

Les stratégies de rémunération apparaissent donc comme largement contingentes. Le recours aux facteurs classiques de contingence (environnement, pouvoir, âge et taille, technologie) permet de clarifier ces contraintes.

a) Environnement

Plus l'environnement est certain, plus le débat sur les salaires, voire le conflit, se place en termes de niveau de rémunération pour le partage entre profit et salaires. Plus l'environnement est incertain, plus le débat porte sur les modalités de rémunération que le gestionnaire cherche à rendre réversibles. Une rémunération élevée est alors acceptée par les propriétaires de l'entreprise et par les gestionnaires dans la mesure où elle est largement réversible.

L'incertitude de l'environnement est donc un paramètre déterminant dans le choix de modalités de rémunération rendant celle-ci flexible. À l'inverse, une entreprise du secteur public, ou plus généralement une entreprise protégée de la concurrence, ne subira pas une telle contrainte.

Par ailleurs, les modalités de rémunération sont sans doute l'un des paramètres de gestion les plus contraints par l'environnement, notamment en France. Il s'agit pour l'essentiel des législations sociales, fiscales. Au-delà du débat sur le niveau des prélèvements obligatoires, il convient de souligner le caractère fluctuant des textes, notamment fiscaux, qui rendent difficile la mise en place d'une véritable stratégie de rémunération.

Ainsi, les modifications fréquentes sur les modes de calcul de la CSG, la création temporaire de prélèvements (comme la RDS) ou l'évolution soudaine de la législation sur les *stock-options* sont des illustrations de cette instabilité du cadre institutionnel.

La lourdeur et l'instabilité du cadre institutionnel français sont souvent évoquées comme facteurs explicatifs de la délocalisation de certaines activités, ce qui, dans certains cas, peut être considéré comme une option de la gestion des rémunérations.

Enfin, la fragilité des systèmes de retraite par répartition conduit les salariés à demander de plus en plus des formes de rémunération qui intègrent une rémunération différée, au travers de la participation à un système de retraite par capitalisation. Les entreprises peuvent difficilement ignorer ce facteur environnemental, d'autant plus aigu que le système de retraite par répartition était développé, et elles doivent donc développer des formules de plans d'épargne d'entreprise.

b) La taille et l'âge

Les relations sociales dans une entreprise, les accords conclus antérieurement, le poids et le rôle historique des syndicats conditionnent largement l'évolution des modes de rémunération.

Ainsi, la mise en place de systèmes de plan d'épargne est parfois plus difficile dans certaines grandes entreprises en raison de l'hostilité des syndicats, alors qu'en raison de la grande taille, cette modalité est techniquement plus facile. Cela a été le cas par exemple chez Renault, en raison de l'histoire syndicale particulière de cette entreprise.

En matière de taille, les PME présentent un certain nombre de spécificités, d'ailleurs contradictoires.

Leur taille plus petite ne permet pas d'octroyer aux employés des augmentations de salaire basées sur la promotion hiérarchique mais offre plus de possibilités de rémunération non monétaire en termes d'aménagement du temps de travail, de place à l'initiative personnelle.

Leur structure capitalistique familiale ne les prédispose pas à pratiquer une participation au capital, d'autant que l'absence de cotation des titres rend ces formules moins lisibles pour les salariés ; mais la petite taille se prête plus facilement à un dialogue social et à transparence qui facilitent la mise en place de formule d'intéressement aux résultats (3 entreprises sur 5 qui ont signé un accord d'intéressement ont moins de 50 salariés).

c) La technologie

L'influence de la technologie sur les choix des modes de rémunération est perceptible au travers de l'organisation de la production, et, plus généralement de l'entreprise, et au travers des niveaux de qualification du personnel.

La normalisation des postes de travail, notamment dans une organisation taylorienne (bureaucratie mécaniste au sens de H. Mintzberg), favorise le traitement uniforme et égalitaire des salariés au sein d'une grille de classification des postes.

À l'inverse, la montée des organisations à flux tendus, la part grandissante des services dans la production, la multiplication des productions en plus petite série sont autant d'éléments privilégiant l'initiative et la responsabilité individuelle, que le système de rémunération doit alors prendre en compte.

Cette prise en compte s'effectue sous des formes diverses d'intéressement au résultat, plus ou moins individualisées selon que la contribution personnelle, toujours nécessaire et impliquante, est identifiable ou non au travers d'indicateur. Certaines formes de production à flux tendus, notamment, exigent une implication, une disponibilité de tous mais c'est le résultat de l'interaction de l'ensemble qui produit un résultat. C'est ainsi qu'Antoine Riboud, l'ancien PDG de Danone s'est toujours opposé à l'individualisation des salaires qu'il jugeait préjudiciable à l'esprit d'équipe que nécessite une production au plus près des fluctuations de la demande. En revanche, il se montrait très favorable à l'intéressement au résultat et à l'actionnariat des salariés.

Par ailleurs, un niveau de qualification élevé du personnel permet d'envisager des formes plus sophistiquées de rémunération, notamment d'intéressement au résultat et au capital. Les rémunérations non monétaires ou à effet monétaire retardé peuvent avoir un impact plus grand.

Enfin, dans le cadre de haute technologie offrant des perspectives fortes d'innovation, la distribution de *stock-options* est un facteur privilégié de rémunération que la culture ambiante préconise comme la norme (exemple des *« start up »* américaines, référence aux salariés millionnaires de Microsoft ou d'Intel).

Enfin, de façon générale, il y a un lien fort entre les choix organisationnels et les politiques salariales mises en place. Dans le cadre d'une stratégie globale, les deux éléments (organisation et rémunération) doivent donc être manipulés de concert avec les risques de conflit que cela représente si l'équilibre est rompu, comme l'illustre le cas d'Air France où l'abandon de l'ancienne grille salariale, supposant un échange salaire contre action (changement du mode de rémunération), nécessitait la mise en place d'une autre structure d'entreprise notamment en termes d'organisation du capital de l'entreprise (changement d'organisation).

d) Le pouvoir

L'exemple du cas d'Air France montre dans le même temps que certaines formes de rémunération remettent en cause le pouvoir dans l'entreprise.

L'association des salariés, d'une part aux résultats, mais plus encore au capital de l'entreprise sous la forme de l'actionnariat des salariés (selon des modalités diverses) est parfois souhaitée par les investisseurs qui veulent ainsi faire disparaître le conflit latent entre travail et capital.

Mais cette association est parfois refusée parce qu'elle remet en cause des fondements idéologiques et/ou des pouvoirs en place.

Certains syndicats sont ainsi farouchement hostiles à des formules d'association capital/travail pour des raisons idéologiques mais aussi pragmatiques : les salariés majoritairement dépendants de leurs salaire seraient « piégés » par leur maigre participation au capital. Ils accepteraient trop facilement, en tant que salariés, des sacrifices importants dont ils ne bénéficieraient que très marginalement en tant qu'actionnaires.

De manière symétrique, certains propriétaires ne souhaitent pas voir se développer des formes d'actionnariat qui obligent à communiquer avec le personnel sur un autre registre et fait entrer d'autres logiques dans les assemblées générales et les conseils d'administration (préservation de l'emploi, par exemple).

Par ailleurs, dans le cadre du gouvernement d'entreprise, un certain nombre d'investisseurs, notamment aux États-Unis, s'est inquiété des formules trop avantageuses de *stock-options* qui profitaient exclusivement aux dirigeants salariés sans que l'actionnaire ne constate une valorisation analogue de son patrimoine. Sous l'action des fonds de pension, qui sont des investisseurs vigilants, des formules plus proches des primes au résultat ont remplacé des systèmes de *stock-option* pour les salariés de l'entreprise.

À l'inverse, un certain nombre de dirigeants estiment que dans le cadre du redressement des entreprises, qui passe souvent par un effort des salariés en termes de modération des résultats, il faut absolument associer le personnel pour légitimer le redressement et éviter tout conflit susceptible de remettre en cause le redressement opéré. Ce type d'argumentation montre qu'au travers de l'association des salariés au capital, il s'agit clairement d'éviter un conflit d'intérêt et de légitimer le pouvoir des dirigeants.

Conclusion

La tendance générale des stratégies de rémunération est d'évoluer vers plus de flexibilité, notamment avec la réduction du secteur public (*cf.* les privatisations) encore largement dominé par une logique d'attribution.

Si les modes de rémunération sont appelés à évoluer encore plus fortement au cours des prochaines années, c'est peut-être aussi parce que le salariat ne sera plus la forme dominante adaptée aux évolutions économiques en cours.

La multiplication des formes de travail précaire est peut-être une étape vers des formes d'organisation où le contrat commercial, externalisant la prestation de services entre un donneur d'ordres et un « apporteur de travail », dominera par rapport au contrat de travail tel qu'il existe aujourd'hui.

À la suite d'un auteur comme Jeremy Rifkin, il est alors légitime de s'interroger sur les conditions humaines de la généralisation d'une telle organisation sociale.

3. Éléments d'auto-évaluation

Un devoir qui présenterait une trame d'exposé oral, sans rédaction complète d'une introduction, d'un développement structuré et d'une conclusion, serait sanctionné par une note nécessairement inférieure à 10 sur 20.

La référence à des exemples est toujours fortement valorisée pour un sujet dont la permanence du débat se traduit nécessairement dans l'actualité toujours réitérée de conflits sociaux.

Un développement explicitant les différents modes de rémunération est tout à fait admissible mais il ne doit pas s'agir d'un catalogue. La définition du mode rémunération doit être intégrée à la mise en évidence du type de stratégie correspondante.

1998
Sujet conforme à la réforme

Thème : **Décision**

Énoncé

De nombreux auteurs assimilent la gestion à une discipline centrée sur l'étude des prises de décision dans les organisations et dans les entreprises en particulier. Décisions stratégiques, d'investissement, de financement, d'exploitation..., toutes seraient contraintes dans leur rationalité économique par des facteurs aussi variés que les caractéristiques personnelles des décideurs, l'imperfection des informations liées à des environnements complexes, les relations d'agence ou encore les comportements stratégiques des individus au sein des organisations.

À partir de références théoriques, d'exemples tirés de l'organisation et de la gestion des entreprises et d'une réflexion sur le concept de rationalité, vous apprécierez dans quelle mesure les dirigeants peuvent être rationnels dans leur prise de décision et vous présenterez les outils de gestion qu'ils peuvent exploiter afin que leurs décisions tendent vers l'efficience économique.

Comment situer le sujet dans le programme ?

Thèmes du programme abordés	Correspondance avec le manuel(1)
4. Les décisions	Chap. 12 – Décision et processus décisionnels
1. Théories des organisations	Chap. 2 – Les analyses théoriques pour comprendre les organisations
Indication de temps(2)	**Niveau de difficulté(3)**
Lecture et analyse du sujet : 40 minutes Recherche des idées : 1 heure 20 Rédaction : 2 heures	3

(1) Manuel de référence : J.-L. Charron et S. Sépari, *Organisation et gestion de l'entreprise, DECF n° 3*, Dunod, 1998.
(2) Durée globale de l'épreuve : 4 heures.
(3) Niveaux de difficulté notés de 1 à 4 par ordre croissant.

Les spécificités du sujet

1. Type de sujet

Le travail demandé est une dissertation classique, structurée à partir de pistes de réflexion bien précises indiquées dans le sujet. Le libellé comporte de nombreuses notions et indications qu'il faut bien délimiter avant de commencer la rédaction de la copie.

2. Problème posé par le sujet

• Le sujet cherche à faire réfléchir sur les différences entre le schéma théorique classique de rationalité économique et l'analyse plus récente des organisations intégrant la rationalité limitée des acteurs dans leur prise de décision: pourquoi et comment les processus de prise des décisions au sein des organisations sont-ils biaisés ?

• Le sujet invite également à analyser la pertinence des outils de gestion pour aider à la prise de décision: des techniques ou méthodes permettent-elles de réduire l'irrationalité, l'incertitude dans lesquelles les choix de gestion sont faits ?

Le problème posé par le sujet est double:

- la rationalité limitée dans le processus de prise de décision: qu'est-ce que la rationalité ? comment évaluer ces différentes limites ? etc.
- quels sont les moyens pour lutter contre les limites de la rationalité et tendre vers un processus d'optimisation (prendre des décisions efficientes) ?

Il est parfois possible de donner un sens particulier à certains termes de l'énoncé. C'est le cas ici, car le candidat peut s'interroger sur le sens à donner à la phrase *«afin que leurs décisions tendent vers l'efficience économique»*:

- s'agit-il que les décisions produisent des résultats efficients ? Les résultats peuvent être efficients alors que le processus de prise de décisions ne l'est pas ;
- s'agit-il que le processus de prise de décision soit efficient ? Le processus de prise de décision peut être efficient mais produire des résultats qui ne le sont pas.

3. Esprit et spécificités du sujet

• Les problèmes de la **décision** et des processus de prise de décision à analyser dans ce sujet sont abordés sous l'angle de **nombreux concepts théoriques**; il convient donc d'utiliser les références de la théorie des organisations pour étayer le développement.

• Le débat posé par le sujet intègre moins la dimension stratégique (pourquoi cette décision est-elle prise ?) que la **dimension organisationnelle** de la prise de décision (comment cette décision est-elle prise ?).

• D'après les indications du premier paragraphe, la prise de décision doit plutôt être analysée dans une entreprise considérée comme un système de relations sociales, un lieu de pouvoir et de jeux politiques, un nœud de contrats et de coalitions. Les **dimensions humaines, individuelles et de groupe** sont importantes à souligner dans le débat.

• Le sujet concerne **toutes les organisations**, depuis l'analyse de Simon et de l'école de la décision (vers 1955), et plus particulièrement dans la période actuelle d'environnement complexe, incertain et turbulent.

Corrigé commenté et évaluation

Analyse du sujet

1. Identification et définition des mots clés du sujet

Le sujet se décompose, ici, en deux paragraphes bien distincts :

- un premier paragraphe introduit la thématique du sujet en insistant sur le concept de rationalité limitée ;
- le second paragraphe constitue l'intitulé au sens strict du sujet à traiter.

Les mots-clés de ce second paragraphe sont :

- ***«Prise de décision»***

Elle peut être délimitée comme les étapes du processus conduisant à un choix. Il faut donc analyser tous les paramètres intervenant à chaque étape de la prise de décision.

À lui seul le terme de décision mérite d'être défini.

- ***«Décision»***

La décision est un choix effectué à un moment donné, dans un contexte donné, parmi plusieurs possibilités, pour impulser des actions d'ampleur et de durée variable.

- ***«Rationnel», «rationalité»***

La rationalité concerne le cadre de raisonnement dans lequel les décideurs effectuent leurs choix. La rationalité peut se définir de manière générale comme le fait de déduire par un raisonnement logique une conclusion (une décision) à partir de données (informations).

En terme de raisonnement économique, la rationalité pose le problème de la fin et des moyens.

La rationalité appliquée à la seule atteinte des résultats permet l'efficacité et conduit à un comportement pragmatique.

La rationalité appliquée à une gestion économe des moyens permet l'efficience et conduit à un comportement d'optimisation.

Pour l'économie classique, les acteurs économiques, producteurs comme consommateurs, sont totalement rationnels car ils choisissent de manière optimale sans aucun biais dans un univers certain. À partir de 1950, plusieurs auteurs comme H. Simon, R. Cyert, J. March, récusent ces visions mécanistes et élaborent le concept de rationalité limitée.

La rationalité est limitée par trois séries de facteurs : l'information disponible, les motivations du décideur, les capacités du décideur.

- ***«Outils de gestion»***

Toutes les techniques et les méthodes qui permettent de traiter des informations pour les rendre utiles à des décideurs. Les outils de gestion peuvent être issus de plusieurs domaines, mathématiques, statistiques, recherche opérationnelle, comptabilité, sciences humaines ; ils sont d'ordre quantitatif et qualitatif mais ne sont, de toute manière, que des moyens pour réduire partiellement l'incertitude de l'environnement et ne constituent, pour l'essentiel, que des aides à la décision ; ils ne donnent que très rarement la solution optimale et la meilleure décision.

• *«Efficience économique»*

Traduction du terme anglais *efficiency*, l'efficience peut être définie comme l'utilisation la plus pertinente des moyens et des ressources de l'entreprise au moindre coût. Elle est souvent associée à efficacité pour constituer la performance de l'entreprise.

L'efficacité, c'est atteindre les objectifs (obtenir des résultats). L'efficience, c'est l'économicité des moyens employés pour atteindre ces objectifs.

2. Analyse du libellé du sujet

Les mots clés du deuxième paragraphe ont été identifiés. Il convient de s'intéresser également au premier paragraphe qui définit la *thématique générale* du sujet.

Dans ce premier paragraphe, il y a beaucoup de notions et concepts importants à définir et beaucoup d'informations à retenir pour bien délimiter le champ d'analyse du sujet et le débat sous-jacent.

• *«Entreprise» et «organisation»*

Le champ à retenir pour l'analyse est large car les deux termes sont utilisés. Il est vrai que les processus de décisions se posent de la même manière dans toutes les formes de sociétés, à partir du moment où des individus doivent coopérer pour agir. Les exemples à insérer dans le développement peuvent donc être pris dans toutes les sortes d'activités et d'entreprises.

• *«Décisions stratégiques, d'investissement, de financement, d'exploitation»*

Toutes les décisions de court, moyen et long terme sont citées alors que le degré de rationalité varie peut-être selon le niveau, l'ampleur et l'importance de la décision. Peut-on généraliser l'influence de la rationalité limitée des individus pour des petites décisions de court terme, répétitives et quantitatives ? Il faut donc réfléchir à la délimitation d'un champ d'analyse pertinent et à des exemples qui illustrent le mieux la rationalité limitée. Le lien entre la typologie des décisions et le degré de rationalité peut être discuté dans le devoir et constitue, en soi, une piste de réflexion.

• *«Rationalité économique»*

C'est le cadre de raisonnement classique pour la prise de décision : l'individu choisit de manière objective la solution optimale dans un environnement certain avec une parfaite connaissance des données. Les modèles classiques proposent des optimisations quantitatives qui ne tiennent pas compte des comportements, des idéologies et des subjectivités humaines.

• *«Contraintes» des décisions*

Ce paragraphe énumère des éléments limitant la rationalité :

– *les caractères personnels des décideurs :* les systèmes de valeurs, les idéologies et les sensibilités propres à chaque individu et évolutifs dans le temps et l'espace ;

– *l'imperfection des informations de l'environnement complexe:* aucune situation ne peut être connue de manière complète, certaine et objective ; il n'y a toujours qu'une vue partielle, aléatoire, de l'environnement car trop de variables de natures diverses interagissent ;
– *les relations d'agence:* les contrats passés entre les membres d'une organisation en fonction de leurs compétences, pour déléguer les tâches et les pouvoirs, influencent les prises de décision au sein de l'entreprise ;
– *le comportement stratégique des individus:* le jeu politique et de pouvoir pour gérer au mieux leurs propres intérêts conduit les acteurs à orienter les processus de décision.

• Il est possible de s'interroger sur la différence, si elle existe, entre le terme de « **décideur** » utilisé dans le premier paragraphe du libellé et celui de « **dirigeant** » employé dans l'énoncé de la question, au deuxième paragraphe. Si tous les dirigeants sont en général décideurs, tous les décideurs ne sont pas dirigeants, bien au contraire. Le processus de prise de décision des dirigeants se déroule dans un contexte bien spécifique ; par ailleurs, tous les décideurs, selon leur position hiérarchique et leur fonction, ne supporteront pas les mêmes influences et la limitation de rationalité n'aura pas la même importance dans le processus décisionnel.

Au total, tout le paragraphe développe l'idée selon laquelle toutes les décisions d'une organisation sont fortement biaisées par la rationalité limitée des acteurs (décideurs, dirigeants) et parfois en contradiction avec la rationalité économique « pure ».

Le second paragraphe invite de plus à analyser le rôle, l'utilité, les limites des outils de gestion qui peuvent aider à prendre des décisions dans un contexte de rationalité limitée. Il demande des références théoriques pour définir le concept de rationalité.

3. Débats et questions autour du sujet

• Les décisions prises dans les entreprises sont-elles davantage influencées par les comportements humains subjectifs que par la raison économique « objective » ?

• Quelles sont les contradictions entre la rationalité économique « pure » et la rationalité limitée des acteurs ?

• La prise de décision rationnelle assure-t-elle des décisions rationnelles ?

• Si le critère de rationalité est la conformité à la raison, est-il raisonnable dans une société marquée par l'individualisme de s'opposer totalement au jeu de pouvoir des acteurs ?

• L'environnement actuel rend-il la rationalité encore plus limitée en multipliant les intervenants et les paramètres à intégrer dans la prise de décision ?

• La forme ultime de rationalité limitée ne consiste-t-elle pas en la croyance qu'il est possible d'optimiser, alors que la rapidité d'évolution des paramètres et l'incertitude relative sur les valeurs prises par ces paramètres ne permettent que de raisonner en termes de satisfaction minimale ?

• Les outils de gestion peuvent-ils réduire la rationalité limitée ? ou seulement l'incertitude ? Est-il possible d'associer rationalité limitée et incertitude ?

• Quelles sont les oppositions entre efficience et efficacité ? Comment les concilier ? Des outils de gestion permettent-ils d'intégrer les deux dimensions ? La recherche de l'efficience dans le processus de prise de décision ne conduit-elle pas à perdre de vue l'efficacité, à privilégier la conformité à des procédures plutôt que la pertinence des décisions ?

• À quel niveau de compréhension du fonctionnement de l'organisation, l'analyse théorique est-elle parvenue aujourd'hui ? La réalité de l'organisation est-elle tellement complexe qu'aucun modèle ou processus ne puisse être élaboré et suivi pour la prise de décision ?

• Comment la gestion peut-elle associer les dimensions quantitatives, techniques et objectives et celles, qualitatives, subjectives, humaines, de tout choix économique ?

Inventaire des éléments pour traiter le sujet

1. Repères théoriques

POINTS DE MÉTHODE

Le sujet impose de faire référence à des approches et des concepts théoriques bien précis. Ne pas les citer serait une lagune grave mais il ne s'agit pas pour autant de transformer le développement en un exposé descriptif exhaustif de ces théories, il faut plutôt montrer que ces approches enrichissent la compréhension du fonctionnement des organisations.

a) L'étude de la prise de décision

Différents courants théoriques ont analysé la façon dont les décisions sont prises, ou ont donné des indications sur les contraintes organisationnelles des processus décisionnels.

• ***Approche classique des choix de gestion*** (l'école formelle : Taylor, Fayol)

Conçue dans l'optique de la microéconomie classique, une théorie émerge au début du siècle et sert de fondement aux approches d'auteurs comme Taylor et Fayol.

Les objectifs de la firme et ceux de l'entrepreneur décideur unique sont présentés comme identiques ; c'est la *maximisation du profit et la minimisation des coûts dans un environnement certain*, avec des informations parfaites et des acteurs rationnels agissant objectivement.

• ***École de la décision:*** H. Simon et la rationalité limitée

H. Simon (à partir des années 50) considère que toute décision est situationnelle, prise par une personnalité ou un groupe soumis à une logique souvent mal identifiable. Il rejette l'hypothèse de la rationalité parfaite du décideur. La rationalité des responsables est contrainte et limitée à la fois par l'environnement et les dimensions psychologiques de tout individu. De plus, le décideur ne peut connaître toute l'information pour réduire l'incertitude de l'environnement et il recherche un résultat « satisfaisant » plutôt qu'un résultat optimal.

• ***Théorie comportementale de la firme:*** Cyert & March (l'entreprise comme système socio-politique)

R.M. Cyert et J. March, à la suite d'H. Simon, montrent que seuls les individus ont des buts, tandis que les objectifs de l'organisation résultent des négociations et des compromis entre des « coalitions » d'acteurs qui, tous, veulent recevoir des contreparties en échange de leur participation à l'organisation.

• ***L'approche sociologique des organisations:*** M. Crozier, E. Friedberg

L'organisation est un système social qui n'est pas entièrement régulé, pas entièrement contrôlé par la « direction » car chaque membre de l'organisation essaie de gagner, de conserver une certaine autonomie en jouant avec/contre les règles de l'organisation. L'approche procédurale est donc insuffisante, il faut intégrer des phénomènes de pouvoir.

• ***La théorie de l'agence:*** M. Jensen et W. Meckling en 1976 mais dès 1932 avec A. Berle & G. Means pour les relations propriétaires/gestionnaires

Le point fondamental pour la prise de décision est que, dans ces relations, il y a *asymétrie* d'information, c'est-à-dire que l'information détenue par les deux personnes n'est pas la même: l'agent a en général une connaissance plus grande sur la tâche qu'il doit accomplir que le principal, donc le *contrat est incomplet* et si le principal veut contrôler l'agent, il doit supporter des *coûts d'agence.*

b) Les typologies des décisions

Ces différents rappels théoriques ne permettent pas de faire un lien direct avec les outils de gestion. Les références théoriques centrées sur la typologie des décisions offrent plus de possibilité pour établir ce lien.

• ***Typologie selon la durée*** (I. Ansoff, 1965)

L'horizon temporel concerné par la décision est un facteur distinctif classique des décisions. Sur l'axe des temps, il est possible de classer:

– les *décisions stratégiques* concernant toute l'entreprise sur une longue période;
– les *décisions tactiques ou administratives* qui produisent leurs effets dans le moyen terme pour une fonction de l'entreprise,
– les *décisions courantes ou opérationnelles* de court terme à portée locale, quotidienne, sur un poste de travail ou pour une opération déterminée.

• ***Typologie selon le degré de répétition*** (H. Simon)

Simon distingue ainsi les décisions *programmées ou non*, les décisions programmées sont des décisions décomposables en éléments analysables selon un processus algorithmique; ce sont généralement des *décisions structurées* (il existe une méthode de résolution) et *répétitives* (le même processus de décision se répète dans le temps). Le critère retenu est donc celui du caractère prévu de la procédure de décision.

• ***Typologie selon le contexte de choix*** (M. Porter)

M. Porter distingue les *décisions délibérées* et les *décisions émergentes* car il oppose:

– les *décisions plutôt choisies* par l'entreprise en fonction de ses objectifs, de ses activités;
– aux *décisions plutôt imposées* par des contraintes, des concurrents qui canalisent, contraignent alors les actions de l'entreprise.

Le critère retenu est donc le *degré de liberté de choix* du décideur.

Au sein de toute organisation, de nombreuses décisions différentes sont prises en permanence. Ces décisions conditionnent les activités de l'organisation et constituent des objectifs pour certains services ou fonctions et des contraintes pour d'autres.

L'ensemble des décisions d'une organisation est donc en interaction entre les services de cette organisation (en interne) et avec les décisions prises par les partenaires, les concurrents, les institutions dans l'environnement. Il faut donc rechercher une certaine *cohérence interne et externe* des décisions prises.

• ***Typologie selon le degré de formalisation du comportement du décideur*** (L. Sfez)

L. Sfez propose une classification de l'évolution de la formalisation du décideur en trois étapes :

– *l'homme certain* est un acteur de l'organisation classique qui prend des décisions de manière rationnelle, selon un processus linéaire dans un univers certain ; il peut optimiser tous les facteurs et ses objectifs individuels convergent avec ceux de l'organisation ;

– *l'homme probable* est un acteur à rationalité limitée qui cherche une solution seulement satisfaisante dans un univers plus incertain mais probabilisable ; les organisations sont le lieu de multiples conflits ;

– *l'homme aléatoire* est un acteur dans les organisations actuelles où l'indétermination, l'incertitude et la complexité sont encore plus grandes ; les décisions sont des compromis. La décision n'est mise en œuvre que si les acteurs la comprennent, l'acceptent et l'appliquent ; la décision intègre en outre des dimensions psychologiques.

2. Démarches et questionnements pour mobiliser les idées

POINTS DE MÉTHODE

L'importance prise par les références théoriques permet déjà de disposer d'un riche matériau. Sur de tels sujets, la recherche d'idées complémentaires doit se concentrer sur les liens entre concepts, mots-clés pour trouver des pistes qui permettront d'échapper au simple rappel de connaissance.

Ici, il s'agit de rechercher des idées pour faire le lien entre les différentes rationalités identifiées par la théorie et les outils disponibles pour aider à faire tendre la prise de décision vers plus d'efficience économique.

2.1 Questionnement générique : qui, quoi, quand, comment...

• *Quoi?*

Quelles sont les décisions concernée? Tous les processus de prise de décision ne sont pas identiques. La typologie des décisions (stratégiques, administratives, opérationnelles) renvoie à une typologie des processus de prise de décisions. Le caractère programmé/non programmé de la décision est un paramètre important pour juger du degré de rationalité de la décision et de l'impact de l'utilisation d'outil d'aide à la décision pour rationaliser le processus de prise de décision et la solution retenue.

Quels sont les outils de gestion disponibles pour améliorer la prise de décision?

– les outils de traitement de l'information, l'informatisation du système d'information, les systèmes d'aide à la décision qui simulent les conséquences d'une décision en fonction de scénarios de comportement des autres acteurs ;

– les outils statistiques d'étude du passé et de prévision de l'avenir, notamment le recours aux probabilités ;
– les outils issus de la théorie des jeux : les différents critères de choix suivant les états de la nature (certain/probabilisable/inconnu/hostile) ;
– mais aussi les outils organisationnels qui permettent, soit d'unifier les points de vue (projet, culture), soit d'intégrer l'autonomie de comportements des acteurs (décentralisation, direction par objectifs).

• ***Qui est concerné ?***

Toutes les organisations sont touchées car toutes les formes d'entreprises doivent effectuer en permanence de multiples choix et décisions.

Le dirigeant: l'accent est alors mis sur la fonction de direction et peut-être sur les décisions de nature stratégique.

Tous les acteurs impliqués dans le processus de prise de décisions: ceux qui par leurs actes interfèrent avec le processus de prise de décision.

Chacun de ces acteurs dispose-t-il de la même information ? des mêmes outils pour prendre des décisions ?

• ***Quand la rationalité est-elle limitée?***

À tout moment dans la vie des entreprises, pour toutes les fonctions et les activités, à tous les niveaux hiérarchiques de l'organisation.

Pour l'analyse, il peut être judicieux de distinguer :
– pendant le processus de prise de décision : rétention d'information, incomplétude de l'information pour des raisons techniques de disponibilité ou de coût d'obtention ;
– après la prise de décision : la résistance des acteurs, l'intervention de variables non prises en compte, etc. contrarient la décision qui pouvait être rationnelle « à l'origine ».

La rationalité n'est donc pas « absolue ».

• ***Comment?***

Comment les décisions sont-elles prises? (*Cf.* les typologies des décisions et, notamment, celle basée sur le degré de programmation des décisions.)

Comment peut-on améliorer le processus de prise de décision? Les pistes d'améliorations consistent à lutter contre les facteurs limitant la rationalité :
– face à l'incomplétude de l'information : développer le système d'information ;
– face à la capacité cognitive limitée des acteurs : développer la formation, le travail en équipe ou en réseau pour créer un maillage de compétences ; etc.

2.2 Démarche historique

De la vision mécanique de l'entreprise boîte noire à l'approche organique de l'organisation réunion d'hommes, la reconnaissance du caractère socio-politique de l'organisation correspond à la montée de la complexité des situations et à la nécessité de faire participer une grande diversité d'acteurs. Il convient de ne pas négliger que quantité de décisions, en devenant procédurales et totalement routinières, ont atteint un très haut degré de rationalité (*cf.* par exemple, la gestion automatisée des stocks). En revanche, la remise en cause des hypothèses fondatrices d'un modèle (par exemple, stabilité des conditions de livraisons) pose d'autant plus de problèmes que la prise de décision a été « intériorisée » par les membres de l'organisation.

2.3 Démarche dichotomique: avantages, inconvénients

Quels sont les avantages et limites des différents outils de gestion élaborés au fur et à mesure de l'évolution de la compréhension du fonctionnement des organisations ? Un certain nombre de remarques sont proches de celles du paragraphe précédent. D'autres peuvent faire référence au coût de ses outils (notamment pour les outils informatisés), à leur fiabilité et à la difficulté de leur mise au point. Par ailleurs, en automatisant certains processus, ces systèmes d'aide à la décision contribuent à propager rapidement tout dysfonctionnement et deviennent pour partie un facteur d'irrationalité (par exemple dans le domaine boursier où les systèmes de *trading* en prenant trop rapidement des décisions contribuent à renforcer l'instabilité des marchés).

3. Éléments d'analyse intéressants à développer

POINT DE MÉTHODE

Il s'agit de repérer des logiques simples, à exprimer en quelques phrases, pour constituer des points d'ancrage du développement pour regrouper des idées, des citations énoncées dans les phases précédentes de recherche.

- La ***fin des modèles globaux de gestion:*** les domaines où un modèle de prise de décision s'impose sont l'exception. Les processus de prise de décision sont largement contingents.

- Les ***limites des outils*** doivent toujours être soulignées car les outils ne sont que des aides pour réduire l'incertitude, mais il est difficile de lutter contre la rationalité limitée alors que les organisations se complexifient de plus en plus.

- Le ***recours à l'informatique*** doit être évoqué comme outil essentiel à la fois pour rendre l'information disponible au décideur mais aussi pour l'aider dans sa décision en lui proposant des aides, voire des raisonnements pour prendre le relais de ses propres démarches d'analyse (système expert, recours à l'intelligence artificielle).

4. Connaissances pratiques, exemples d'entreprises

- Exemple de décision biaisée par la politique: les différents dirigeants d'**Air France** remerciés dès qu'ils dirigeaient au lieu d'accepter un compromis dans une situation rendue conflictuelle par une catégorie de personnel bénéficiant d'un pouvoir technique fort (les pilotes). Air France peut être citée également comme cas de recours à la participation au capital de l'entreprise comme moyen de faire taire les divergences d'intérêts.

- Illustration a contrario d'une relation d'agence: décisions économiques de dirigeants contrecarrées par la volonté des actionnaires en raison d'une divergence d'intérêt entre propriétaires et managers; le renvoi de Serge Trigano du **Club Med** par la famille Agnelli, principal actionnaire de l'entreprise.

• Exemples de l'importance du système d'information comme outil de rationalisation des décisions : le recours aux bases de données relationnelles, l'émergence à la fin des années 90 du concept de Data Mining et le succès d'un logiciel comme SAP ; l'importance prise par les logiciels de *yield management* dans les activités de production de service (transport aérien notamment).

POINT DE MÉTHODE

Les différentes approches précédentes ont permis de recenser de nombreux matériaux. Il ne faut pas chercher à vouloir exploiter tous ces éléments. Suivant la problématique et le plan choisis, vous devez retenir certains points et en écarter d'autres. Il faut en outre ne retenir que les aspects essentiels, compte tenu du temps limité dont vous disposez.

Structuration et développement

1. Problématiques envisageables et plans possibles associés

POINTS DE MÉTHODE

Une problématique est une façon de formuler le problème pour structurer l'argumentation et définir un axe de démonstration. Que voulez-vous dire et comment allez-vous le dire ?

Ici, le sujet peut donner lieu à deux grands types de traitement :
- juxtaposer les deux questions posées en les traitant séquentiellement : discuter de la rationalité, de la rationalité limitée, puis présenter les outils pour rendre les décisions plus efficientes ;
- centrer l'argumentation sur le lien entre le niveau de rationalité et le type d'outil d'aide à la décision utilisée pour rendre la décision plus efficiente.

1.1 Problématique large et neutre

• ***Formulation:*** Le difficile cadre de la prise de décision dans les organisations actuelles (thème : il est possible de maîtriser un peu mais pas tout).

• ***Portée:*** La structure de l'analyse reste très proche des indications du libellé du sujet mais elle peut conduire à une récitation de cours proche des rappels du paragraphe « Repères théoriques ».

• ***1er plan possible pour cette problématique***

1. La rationalité limitée des décisions des gestionnaires (évolution de la prise de décision et du contexte de rationalité)
   - 1.1 L'analyse de la rationalité : évolution théorique et facteurs explicatifs de la rationalité limitée
   - 1.2 la prise de décision des dirigeants et des décideurs dans ce contexte
2. Les outils de gestion pour aider aux décisions (dans ce contexte de rationalité limitée) (le rôle des outils dans la prise de décision)
   - 2.1 L'évolution des outils ; intérêts et limites des outils pour la prise de décision
   - 2.2 La structure de l'organisation et la gestion des comportements

• *2e plan possible pour cette même problématique*

1. Les éléments maîtrisables dans la prise de décision : pour une efficience économique des décisions
   1.1 Les aspects rationnels
   1.2 Les outils de contrôle et de maîtrise
2. Les éléments non maîtrisables dans la prise de décision ; ce qui ne peut conduire à l'efficience économique
   2.1 La rationalité limitée contre la rationalité économique
   2.2 Les limites des outils, des structures, des comportements

1.2 Problématique plus orientée

• *Formulation:* La rationalité économique des actions est contrecarrée par la rationalité limitée des décideurs de ces actions et des exécutants.

• *Portée:* L'analyse est centrée sur la contradiction entre rationalité économique et rationalité organisationnelle ; elle reprend sans difficulté tous les éléments dont le libellé du sujet demande l'explicitation.

• *Un plan possible pour cette deuxième problématique*

1. Deux rationalités antagonistes
   1.1 Les décisions dans le cadre de la rationalité économique : univers certain, outils, processus
   1.2 Les décisions et la rationalité limitée : causes, processus, outils
2. L'intégration de ces deux rationalités pour une efficience économique des décisions ?
   2.1 Par les outils d'aide à la décision ?
   2.2 Par les comportements ? et les structures ?

1.3 Problématique très engagée et très pessimiste quant à la question du sujet

• *Formulation:* Les décideurs ne peuvent pas atteindre l'efficience économique dans leur prise de décision (il n'est pas possible de maîtriser ni contrôler le processus de prise de décision).

• *Portée:* Cette analyse conduit à ne présenter que les arguments qui montrent l'imperfection des processus de prise de décision et les limites des outils, voire leur inutile prétention à la rationalisation des prises de décision.

1.4 Problématique transversale

(Problématique retenue pour le devoir rédigé)

• *Formulation:* La rationalité n'est pas univoque ; selon leur nature, les décisions sont prises dans différents univers de rationalité, mais la recherche de l'efficience économique reste la préoccupation majeure des outils mis en œuvre.

• *Portée:* Cette problématique cherche à faire le lien entre les analyses de la rationalité et les outils mis en œuvre pour assurer l'efficience économique que la réalité du fonctionnement des organisations semble en permanence contrecarrer.

• ***Un plan possible retenu pour le devoir rédigé***

1. La rationalité pure et les décisions programmées
   1.1 La théorie classique de la rationalité « pure »
   1.2 Les outils de la décision programmée dans un univers « certain »
2. La rationalité limitée et les systèmes d'aide à la décision
   2.1 L'analyse des facteurs limitant la rationalité du décideur individuel
   2.1 Les outils d'aide à la décision dans un univers « probable »
3. La rationalité politique et l'intégration des jeux de pouvoir
   3.1 L'analyse du processus décisionnel en termes socio-politiques
   3.2 Les outils pour limiter l'aléa du comportement des acteurs

2. Un exemple de devoir rédigé

POINTS DE MÉTHODE

- La rédaction du développement n'est pas une phase créative. Il faut sélectionner une problématique et un plan en cohérence avec les idées, les références, les exemples que vous avez inventoriés.
- Rappelez-vous que le souci de la logique de l'argumentation (enchaînement cohérent et convaincant) doit l'emporter sur le désir d'exhaustivité.

Plan de la 4e problématique.

Introduction

L'activité du dirigeant est souvent perçue au travers de la fonction jugée la plus caractéristique : la prise de décision. Gérer, c'est décider.

La décision est un choix effectué à un moment donné, dans un contexte donné, parmi plusieurs possibilités, pour impulser des actions d'ampleur et de durée variable.

Mélèse définit la décision comme le comportement de l'homme qui opère des choix dans une situation d'information partielle. Pour Mintzberg, la décision est un processus qui consiste à être, en permanence, placé devant un choix. Nizard précise que la décision est une ligne d'action consciemment choisie parmi un certain nombre de possibilités, dans le but de réduire une insatisfaction perçue face à un problème ; ce choix suppose un traitement d'information selon des critères de choix et une volonté de réalisation.

Si en théorie économique « pure », il n'y a pas de réelle décision à prendre car les mécanismes économiques provoquent des ajustements automatiques, la recherche de la « bonne décision » a cependant constitué un domaine d'étude des premiers théoriciens de la gestion qui cherchaient à donner des règles normatives de décision.

En effet, les premières théories considéraient que les décideurs effectuaient leurs choix dans un cadre de raisonnement marqué par la rationalité. La rationalité peut se définir de manière générale comme le fait de déduire par un raisonnement logique une conclusion (une décision) à partir de données (informations).

L'analyse de la façon dont les décisions sont effectivement prises a conduit à s'intéresser aux mécanismes de prise de décision, c'est-à-dire à l'étude des étapes du processus conduisant à un choix. Les auteurs se sont alors plus préoccupés des paramètres intervenant à chaque étape de la prise de décision. Ils ont montré que la rationalité « pure » de l'homo economicus n'était pas l'hypothèse la plus souvent vérifiée et qu'il convenait de différencier plusieurs types de rationalité pour caractériser les processus de prise de décision.

De façon générale, en termes de raisonnement économique, la rationalité pose le problème de la fin et des moyens.

La rationalité appliquée à la seule atteinte des résultats permet l'efficacité et conduit à un comportement pragmatique.

La rationalité appliquée à une gestion économe des moyens permet l'efficience et conduit à un comportement d'optimisation.

De cette distinction naît une préoccupation majeure : comment atteindre le plus haut degré d'efficience économique alors que les processus de décision ne correspondent pas nécessairement à la rationalité économique pure ? De là une deuxième interrogation, compte tenu des caractéristiques d'un processus de prise de décision, dans quelle mesure et par quels moyens est-il possible de contrôler et de réduire son manque de rationalité économique ?

Sans vouloir tendre à l'exhaustivité, il est possible de distinguer trois univers de prise de décision, dont chacun justifie le recours à un certain type d'outils pour tendre vers l'efficience économique : dans un univers de rationalité économique « pure », l'efficience économique est obtenue par le recours à des techniques l'optimisation ; dans un univers de rationalité limitée, l'efficience économique peut être atteinte si des techniques sont mises en œuvre pour pallier les insuffisances de la rationalité, alors que dans un univers de rationalité « politique », le souci d'efficience économique conduit à utiliser les jeux de pouvoir au bénéfice de la rationalité économique.

1. La rationalité pure et les décisions programmées

1.1 La théorie classique de la rationalité « pure »

Conçue dans l'optique de la microéconomie classique, une théorie émerge au début du siècle et sert de fondement aux approches d'auteurs comme Taylor et Fayol.

Les objectifs de la firme et ceux de l'entrepreneur décideur unique sont présentés comme identiques ; c'est la maximisation du profit et la minimisation des coûts dans un environnement certain, avec des informations parfaites et des acteurs rationnels agissant objectivement.

Dans cette optique, les décisions sont prises en fonction de l'optimisation quantitative des profits et des coûts en dehors de tout autre facteur ; de plus, la théorie considère que les décisions sont acceptées par les individus membres de l'organisation.

Les recommandations de Taylor pour organiser « scientifiquement » le travail, et celles de Fayol pour administrer une entreprise sont dans la lignée de cette conception : dans un univers certain et connu, le décideur rationnel recherche la solution optimale.

1.2 Les outils de la décision programmée dans un univers « certain »

Le but poursuivi est unique et universel (la maximisation du profit), les moyens de l'atteindre sont déterminés de manière certaine et unique : c'est le *one best way* obtenu par l'étude scientifique du problème à résoudre.

La mise à jour d'un algorithme de résolution du problème permet de reproduire la bonne solution de façon réitérée et certaine. Les outils utilisés sont des modèles de gestion qui intègrent un algorithme permettant de programmer la décision. Les modèles de gestion de stocks (par exemple, modèle de Wilson et ses dérivés), les décisions de placement financier correspondent typiquement à ce type de processus de prise de décision.

Le recours à la programmation linéaire est une des pistes les plus fécondes pour prendre la bonne décision, et surtout pour programmer la décision en fixant la procédure de résolution dans un algorithme.

Les systèmes de tarification au coût marginal (comme par exemple les tarifs d'EDF, les tarifs différenciés de la SNCF, etc.) constituent des illustrations de ces démarches d'optimisation issues de l'analyse économique et appliquées à la gestion des entreprises.

Mais les décisions ne sont pas prises dans ces conditions de rationalité « pure ». Une première série de travaux dans les années 50 a montré que la rationalité du décideur était limitée.

2. La rationalité limitée et les systèmes d'aide à la décision

2.1 L'analyse des facteurs limitant la rationalité du décideur individuel

H. Simon (à partir des années 50) considère que toute décision est situationnelle, prise par une personnalité ou un groupe soumis à une logique souvent mal identifiable.

Il rejette l'hypothèse de la rationalité parfaite du décideur. La rationalité des responsables est contrainte et limitée à la fois par l'environnement et les dimensions psychologiques de tout individu. De plus, le décideur ne peut connaître toute l'information pour réduire l'incertitude de l'environnement et il recherche un résultat "satisfaisant" plutôt qu'un résultat optimal.

La décision est prise :

- dans un contexte de rationalité limitée par le temps disponible, l'information utilisable et les capacités du décideur ;
- avec une démarche de satisfaction au lieu d'un processus d'optimisation.

Dans un univers incertain, le décideur recherche une solution satisfaisante compte tenu de son état d'information et de compréhension de la situation.

2.2 Les outils d'aide à la décision dans un univers « probable »

Le fait même que le décideur ne recherche plus l'optimum mais une satisfaction minimale contrarie la recherche de l'efficience économique. Toutefois, l'abandon de la recherche d'une solution optimale résulte de la prise de conscience des facteurs limitatifs de la rationalité.

Aussi, l'essentiel des outils vise à pallier les insuffisances de la rationalité, chaque limite vaincue permet de se rapprocher des conditions de la rationalité pure et conduit à le décideur à rechercher une solution plus satisfaisante qui se rapproche de l'optimum.

Un effort particulier est fait pour améliorer la situation d'information du décideur à la fois en termes de rapidité d'obtention des informations et en termes de disponibilité de celles-ci. L'accent est mis sur les systèmes automatisés d'information pour faire circuler l'information pour l'agréger, pour interroger les bases de données. Les efforts méthodologiques sont mis en œuvre pour construire des systèmes d'information sur des bases relationnelles de manière à tirer le meilleur parti possible des données. Les récents développements du *data mining*, l'émergence contemporaine d'un logiciel comme SAP sont directement dans cette lignée de contribution.

Si l'information du décideur demeure incomplète, ou si la séquence de causalité n'est pas déterministe, le recours aux outils de calculs probabiliste permet de se rapprocher de la situation de recherche d'un optimum.

La lutte contre les capacités cognitives du décideur conduit à deux types d'approches complémentaires. Une première approche consiste à privilégier la formation et à mettre en place des outils de diagnostic des besoins. Une deuxième approche consiste à développer des systèmes experts, des systèmes recourant à l'intelligence artificielle pour mettre à la disposition du décideur l'ensemble des savoirs et des savoir-faire disponibles dans un domaine particulier pour prendre des décisions.

Les systèmes combinant réservation et tarification différenciée que sont les systèmes de *yield management* (notamment dans les compagnies aériennes) constituent une illustration synthétique des démarches évoquées ci-dessus : disponibilité instantanée d'un grand nombre d'informations, recherche probabiliste des liens de causalité, exploitation de ces liens pour atteindre un objectif qui peut être l'optimisation d'un coefficient de remplissage ou la maximisation du montant des recettes.

L'analyse du processus de prise de décision en terme de rationalité limitée reste cependant incomplète car elle ne prend pas en compte la dimension sociale de l'organisation. La décision est rarement le fait d'un individu isolé. Celui-ci est membre d'une organisation et les modalités de sa participation à l'organisation détermine ses choix tout autant que la recherche de l'efficience économique.

3. La rationalité politique et l'intégration des jeux de pouvoir

3.1 L'analyse du processus décisionnel en termes socio-politiques

R.M. Cyert et J.March complètent les travaux d'H. Simon. Ils montrent que seuls les individus ont des buts, tandis que les objectifs de l'organisation résultent des négociations et des compromis entre des « coalitions » entre acteurs qui, tous, veulent recevoir des contreparties en échange de leur participation à l'organisation.

La décision résulte alors d'un ensemble de comportements caractérisés par les quatre principes suivants : la quasi-résolution des conflits, l'élimination de l'incertitude (recherche d'une solution durable, sûre en termes « politiques », plutôt qu'une solution optimale), la recherche des causes d'un problème au voisinage des symptômes (remonter à la source des problèmes perturbe trop les coalitions et le habitudes) et l'impact des mécanismes d'apprentissage (avec les mêmes données, la même décision n'est pas prise au cours du temps car l'organisaiton « apprend »).

La rationalité est alors une rationalité procédurale, la bonne décision est celle qui obtient un consensus dans l'organisation.

M. Crozier, E. Friedberg complètent ce point en démontant les mécanismes de fonctionnement des organisations bureaucratiques. Ils établissent que l'organisation est un système social qui n'est pas entièrement régulé, pas entièrement contrôlé par la « direction » car chaque membre de l'organisation essaie de gagner, de conserver une certaine autonomie en jouant avec/contre les règles de l'organisation et que, en conséquence, toute organisation doit accepter des zones d'incertitude dans son fonctionnement pour les acteurs puissent y développer leurs stratégies propres, ce qui est la condition de leur participation, de leur implication dans l'organisation. La prise de décision se fait donc en intégrant les jeux de pouvoir des différents acteurs.

L'approche procédurale est donc insuffisante, il faut intégrer des phénomènes de pouvoir.

La théorie de l'agence (M. Jensen et W. Meckling en 1976, mais dès 1932 avec A. Berle et G Means pour les relations propriétaires/gestionnaires) propose une analyse particulière de ces jeux de pouvoir, notamment quand il s'agit des propriétaires et des gestionnaires.

La théorie de l'agence appréhende l'entreprise comme étant un ensemble de contrats au sein de l'organisation, qu'il faut initier, mettre en place et contrôler.

Une relation d'agence est un contrat par lequel une ou plusieurs personnes (le principal) engage une autre personne (l'agent) pour exécuter en son nom une tâche quelconque qui implique une délégation d'un certain pouvoir de décision à l'agent.

Toute relation contractuelle interne ou externe à une organisation est une relation d'agence.

La théorie de l'agence n'est pas une théorie de la décision, mais en proposant une analyse particulière du fonctionnement des organisations, elle systématise le comportement de certains acteurs (l'agent/le principal) et des processus de prise de décisions qui en découlent.

Le point fondamental pour la prise de décision est que, dans ces relations, il y a asymétrie d'information, c'est-à-dire que l'information détenue par les deux personnes n'est pas la même ; l'agent a en général une connaissance plus grande sur la tâche qu'il doit accomplir que le principal, donc le contrat est incomplet et, si le principal veut contrôler l'agent, il doit supporter des coûts d'agence.

3.2 Les outils pour limiter l'aléa du comportement des acteurs

Dans un tel contexte, l'ignorance du fait politique fait du décideur un « homme aléatoire ». Ses décisions, même rationnellement fondées, ont peu de chance de produire de l'efficience économique car elles ne seront que peu suivies par l'organisation, voire elles risquent d'être combattues par les acteurs de l'organisation. La recherche de l'efficience économique passe alors par l'intégration des acteurs et la prise en compte des jeux de pouvoir.

Les outils organisationnels qui permettent de manipuler les structures de manière à décentraliser les décisions, à rendre la structure plus flexible, participent de cette démarche de réduction de l'aléa quant aux comportements des acteurs. En donnant du pouvoir aux différents membres, il est possible d'obtenir une plus grande adhésion aux objectifs de l'entreprise qu'en imposant des décisions a priori plus rationnelles mais « politiquement » inacceptables. L'adhésion aux objectifs de l'entreprise permet alors de se rapprocher de la rationalité économique, notamment si des moyens financiers sont mis en œuvre pour rapprocher les intérêts des acteurs avec ceux de l'entreprise. Le management participatif (direction par les objectifs, etc.) et plus encore les systèmes de participation et d'intéressement deviennent alors des outils au service du rétablissement de la rationalité économique. Le cas d'Air France illustre le recours à la participation au capital du personnel comme moyen privilégié (sans être exclusif) de rendre compatible la logique de comportement de certains acteurs (en l'occurrence principalement les pilotes) avec la logique économique de la compagnie, engagée dans un rétablissement salutaire de sa situation dans un environnement où la logique économique est devenue prédominante alors que pendant des décennies l'efficience économique d'Air France avait moins d'importance que son rôle politique de compagnie nationale.

La théorie de l'agence montre notamment comment le système de stock options permet de rendre convergents les intérêts des propriétaires et des dirigeants et évite des conflits en raison de l'autonomie trop grande des dirigeants qui oublient la rationalité économique de l'entreprise pour se concentrer sur le maintien de leur propre pouvoir. Certains observateurs ont eu recours à une analyse de ce type pour expliquer, voire justifier, l'éviction de Serge Trigano, PDG du Club Méditerranée, par le plus gros des actionnaires, représentant des intérêts de la famille Agnelli.

La limitation des divergences d'intérêts des membres de l'organisation avec les objectifs de l'organisation elle-même peut s'appuyer sur des outils organisationnels comme le projet d'entreprise et la culture d'entreprise. Sans viser expressément le rétablissement de l'efficience économique, ils y contribuent largement en canalisant positivement les oppositions et en agrégeant efficacement les énergies vers les mêmes objectifs.

Sans améliorer directement la prise de décisions, ils permettent d'en rendre le contexte plus maîtrisable, ou du moins plus intelligible.

Ainsi, le cas de France Telecom illustre le recours combiné à la culture d'entreprise, aux modifications structurelles (décentralisation, départementalisation à partir d'une segmentation des marchés) et aux formules de participation au capital pour donner à l'entreprise les moyens d'un comportement plus proche de l'efficience économique que celui qui était le sien auparavant.

Conclusion

La recherche de la rationalité des dirigeants, définie comme la capacité à prendre en toutes circonstances LA décision optimale, est sans doute illusoire.

Elle est illusoire car le monde contemporain, ouvert, mondialisé, est devenu trop complexe pour que tous les paramètres soient parfaitement maîtrisés par les décideurs.

Cette recherche n'est pas vaine, car il est sans doute possible de maîtriser l'essentiel, et c'est ce à quoi servent les divers outils d'aide à la décision et les outils organisationnels cherchant à rendre le fonctionnement des entreprises plus efficient.

Toutefois, le dirigeant n'est pas qu'un décideur, c'est aussi, et peut-être avant tout, un entrepreneur, c'est-à-dire quelqu'un qui prend un risque, qui ose.

Décider, quand l'information manque ou est incertaine, c'est ce qui a fait le succès d'Apple, la réussite de Microsoft face à IBM, Control Data, Unisys et autres. L'efficience économique des décisions de routine passe sans doute par la recherche incessante d'une rationalité d'optimisation, mais la réussite entrepreneuriale ne demande sans doute qu'une appréciation raisonnée du risque.

3. Éléments d'auto-évaluation

• Le sujet demande explicitement de faire référence à des théories, en conséquence si les concepts de rationalité et de décision sont abordés sans références théoriques, la copie du candidat se voit sanctionnée.

• Le danger, avec un tel sujet qui invite aux rappels de cours, est de sombrer dans la seule récitation des éléments de connaissances. Il faut donc penser que le cœur du sujet n'est pas dans la confection d'une liste de connaissances mais dans la réflexion sur la possibilité et les moyens de rendre les décisions plus efficientes.

• Le devoir doit comporter les trois niveaux d'approche de la rationalité (« pure » ; « limitée », « socio-politique »).

• Les termes de décision et d'efficacité doivent être définis (*cf.* introduction du devoir rédigé).

1999

Thème : **Les finalités de l'entreprise**

Énoncé

La recherche de la réussite économique et financière occupe aujourd'hui une place plus importante que jamais dans les études consacrées à l'organisation des entreprises.

À partir du texte joint, d'illustrations tirées de l'actualité et de vos connaissances théoriques, **vous apprécierez si, pour réussir, les dirigeants de l'entreprise peuvent limiter leur champ d'action à l'économique.**

NB : La paraphrase du document joint devra être exceptionnelle et nécessairement identifiée par des guillemets. Les concepts utilisés devront être définis avec un soin particulier.

(Voir document annexé pages 197 à 199.)

Comment situer le sujet dans le programme ?

Thèmes du programme abordés	Correspondance avec le manuel [1]
• Les décisions • La démarche stratégique • Les fonctions : personnel, administration	Chap. 1 – L'entreprise pourquoi et comment ? Chap. 3 – Diriger l'organisation Chap. 9 – La gestion des ressources humaines. Chap. 14 – Stratégie et démarche stratégique
Indication de temps [2]	**Niveau de difficulté [3]**
Lecture et analyse du sujet : 40 min Recherche des idées : 1 heure 40 Rédaction et relecture : 1 heure 40	4 Non en raison des connaissances requises mais en raison du niveau de synthèse exigée par la réflexion.

(1) Manuel de référence : J.-L. Charron et S. Sépari, Organisation et gestion de l'entreprise, DECF n° 3, Dunod, 1998.
(2) Durée globale de l'épreuve : 4 heures.
(3) Niveaux de difficulté notés de 1 à 4 par ordre croissant.

Les spécificités du sujet

1. Type de sujet

Le travail demandé est une dissertation classique sur un **thème très vaste**. Les pistes de réflexion ne sont pas définies dans le libellé du sujet. Le texte donne quelques éléments de réflexion sur la dimension écologique mais il ne faut pas limiter le développement à ce type de préoccupations.

2. Problème posé par le sujet

En première analyse, le sujet pose la question suivante : pour réussir les dirigeants peuvent-ils s'en tenir à une approche économique ?

En toile de fond, le sujet pose le problème général de la **finalité** de l'activité des entreprises, de la « quête du sens » de ces organisations. Le texte, en insistant sur les préoccupations écologiques, oriente la réflexion du candidat sur cette piste du « sens » de l'action. L'écologie, le militantisme pour la protection de l'environnement peuvent donner un sens à l'action d'une entreprise, mais il serait dangereux de focaliser tout le raisonnement sur ce seul thème, qui doit être considéré comme une illustration, un exemple, un cas particulier du « non-économique » à intégrer.

En effet, de manière plus approfondie, le sujet demande que le candidat s'interroge sur la « réussite » de l'entreprise : quels sont les paramètres qui sont des contraintes et/ou des variables d'action et/ou des critères d'évaluation ?

3. Esprit et spécificités du sujet

- Le sujet est clairement un **sujet de synthèse**, très ouvert : c'est **son intérêt**, c'est aussi **sa difficulté**. En effet, ce sujet nécessite une approche transversale de la part du candidat. Les éléments de connaissances nécessaires au traitement d'un tel sujet sont épars dans le programme et doivent être mis en relation pour produire une réflexion, nécessairement originale sur le sujet.
- C'est donc moins un sujet de connaissances qu'un **sujet de réflexion**. La difficulté est alors double :
  - il faut appuyer cette réflexion sur des connaissances, voire des concepts (*cf.* le libellé du sujet mentionnant *« à partir... de vos connaissances théoriques »*) ;
  - il faut canaliser cette réflexion pour éviter des digressions sur l'écologie, l'éthique, etc. ou tel ou tel sujet, voire scandale, d'actualité.
- Contrairement à certains sujets de sessions précédentes, le libellé du sujet ne suggère aucun plan. Cette « liberté « laissée au candidat lui offre un vaste horizon mais doit l'inciter à bien définir le sujet : il ne faut pas hésiter alors à faire une longue introduction pour **justifier la problématique retenue**.
- La longueur et les particularités du **texte d'appui** doivent susciter une **certaine réserve** chez le candidat. En effet, il faut éviter de :
  - paraphraser le texte d'appui (travers à éviter, *cf.* le rappel sur ce point dans le libellé du sujet) ;
  - focaliser le développement sur les problèmes d'environnement qui ne sont qu'une des facettes des variables à intégrer dans la démarche du dirigeant.

Document annexé

La firme californienne est devenue un modèle d'organisation
Avec Patagonia, l'entreprise 100 % écolo est née

Management

Spécialité : les vêtements de loisir.
Crédo : acheter, produire et vendre « propre ».
Signe particulier : consacre 10 % de ses profits aux associations de défense de la nature.

Très loin de la Californie touristique, le Cotton Tour est une balade inoubliable : douze heures éreintantes à se traîner sur les routes sans fin de la San Joachim Valley, avec, en prime, les commentaires d'un imprécateur écolo devant un spectacle désolant. Depuis des années, des milliers de tonnes d'engrais, de pesticides et de défoliants ont été déversés sur des champs fertiles. Ici, sur 9 mètres d'épaisseur, la terre se meurt. Une de plus hautes productivités à l'hectare de coton planté, mais des lacs empoisonnés. L'ombre du cancer plane sur les habitants des rares villages. Et l'eau potable de Los Angeles serait même menacée.

Le chiffre d'affaires a triplé en dix ans malgré des marges rognées

La Californie n'est pas un cas isolé. La culture du coton représente 50 % de la consommation mondiale de pesticides. Une alternative existe, défendue par l'Organic Trade Association, l'organisateur écolo du Cotton Tour : le coton biologique cultivé sans adjuvant chimique. Mais le prix de la balle passe alors de 3,90 à 7,60 francs. Une entaille aux profits. Inadmissible pour tous les marchands de tee-shirts.

Benetton, Levi's, Gap ou Nike se disent intéressés mais seule Patagonia a franchi le pas. En n'utilisant que du coton biologique (depuis 1996), la firme californienne spécialiste du vêtement outdoor (montagne, sports d'hiver, kayak, pêche...) est la seule entreprise au monde à avoir ainsi accepté de rogner ses marges. « Face au pillage des ressources naturelles, il faut agir tout de suite », explique avec conviction Yvon Chouinard. Le patron fondateur de Patagonia, 60 ans, petit homme calme, vêtu d'un pantalon délavé et d'une chemise en coton bio non repassée, fête le vingt-cinquième anniversaire de son entreprise. Qui a triplé son chiffre d'affaires depuis dix ans.

Forgeron de formation, escaladeur de légende et surfeur averti, ce descendant de québécois français est devenu entrepreneur pour s'offrir la liberté de courir le monde. La moitié de son temps pour le business, l'autre à explorer les façades vertigineuses du Yosemite National Park, les cascades de glace des Alpes ou les sommets enneigés de Patagonie. Qui ont donné leur nom à l'entreprise. Pour résumer sa *success story*, le vieux baroudeur cite un aphorisme japonais : « Au mieux, on peut inventer une chose dans sa vie, mais on peut en perfectionner mille ». Ainsi il lance, à la fin des années 50, les premiers pitons d'escalade récupérables, puis révolutionne les équipements destinés à la cascade de glace. Au cours d'un voyage en Écosse, il a un coup de foudre pour la robustesse des vêtements de rugby. Il devient importateur, puis fabricant de vêtements pour le plein air. Patagonia est née. Arrive le coup de génie de 1986. Il détourne une fourrure synthétique pour inventer la « laine polaire », qui reste chaude même humide. Un produit qui a été imité dans le monde entier.

Une taxe pour sauver la planète

Depuis 1985, Patagonia a décidé de prélever une cotisation pour sauver la planète sur chacun des produits vendus sous sa marque. Appelée Earth Tax, elle représente 1 % du total des ventes ou 10 % des profits. Au meilleur des deux chiffres. Soit, en 1998, près de 10 millions de francs. Cette somme a été intégralement redistribuée, dans le monde entier, pour soutenir des centaines d'associations qui luttent pour la protection de la nature.

Pour être recruté, il faut avoir la passion du sport et la fibre écologiste

En France, Patagonia soutient les militants pour une Loire propre, ceux qui luttent contre le trafic des camions sous le tunnel du Mont-Blanc et qui participent au nettoyage de la mer de Glace. Et, sur

750 salariés de Patagonia (recrutés selon deux critères majeures : être passionné de sport et avoir la fibre écologiste), une soixantaine consacrent deux mois par an à réhabiliter un site naturel sans perte de salaire : nettoyer des falaises d'escalade ou partir en kayak de mer dans la baie de San Francisco pour vérifier la qualité de l'eau tout en testant les vêtements.

Au siège de Ventura, on trouve des vélos au pied des bureaux, l'électricité provient d'une éolienne, et une crèche trône au centre de la cour. Des employés partent parfois surfer au beau milieu de leur journée de travail. Mais on croise aussi de plus en plus de profils issus des grandes écoles de commerce.

Depuis 1993, 55 millions de bouteilles ont été récupérées, soit 2 300 barils de pétrole économisés pour produire des laines polaires. Un choix écologique qui a un prix : les produits Patagonia sont en moyenne 20 à 30 % plus chers que ceux de la concurrence. La pression des deux rivaux américains, Columbia (premier sur le marché de l'outdoor) ou Northface, menacent ses marges confortables et donc sa liberté de mouvement. « Même si nous ne sommes pas les premiers, nous devons toujours être les meilleurs. Ne serait-ce que pour convaincre les autres de nous rejoindre dans notre lutte », rappelle Dave Olsen, directeur général de l'entreprise.

PATAGONIA

- **Chiffre d'affaires :**
  1997-1998 : 925 millions de francs (en progression de 12 %).
- **Activité :**
  Vêtements techniques de plein air (80 %), sportwear (20 %).
- **Effectifs :**
  750 personnes.
- **Points de vente :**
  1 100 aux États-Unis, 250 en Europe et au Japon.
- **Produits verts :**
  25 % des ventes.

Or, intégrer des produits naturels dans tous les vêtements n'est pas encore acquis. Ainsi les vestes de haute montagne sont-elles toujours fabriquées en fibres synthétiques et cousues en Chine comme celles de la concurrence. « Nous voulons réussir par conviction militante. Pas encore par impératif technologique », reconnaît franchement Randy Haward, directeur de la qualité, qui suit les recherches, visant à retravailler la laine pour l'associer à des fibres synthétiques.

Les 160 fournisseurs, dont la moitié sont américains, sont eux aussi fortement sollicités. La firme californienne exige que 10 % du chiffre d'affaires soient consacrés à la recherche, en échange d'une grande fidélité. Patagonia travaille toujours avec Malden Mills, la firme qui l'a accompagnée dès ses débuts dans la laine polaire. Avec chacun d'entre eux est signée une charte (qui a inspiré Nike et Reebok) imposant des normes de qualité draconiennes, un strict respect des droits de l'homme et des conditions de travail exemplaires. « Leurs inspecteurs vérifient les origines du moindre bouton, traquent le moindre défaut et réfléchissent toujours en fonction de la durée des produits », explique Martial Moilli, chef de produit chez le fabricant de chaussures One Sport.

Patagonia recycle des millions de bouteilles en plastique...

La fourrure synthétique des laines polaires produites par Patagonia est fabriquée à partir de 55 millions de bouteilles de plastique usagées. La réalisation d'un seul vêtement en laine polaire nécessite en moyenne le recyclage de 3 700 bouteilles.

...utilise seulement du coton bio...

Pour fabriquer tous ses vêtements en coton, Patagonia est la seule entreprise au monde à utiliser exclusivement du coton biologique, cultivé en évitant l'usage de fertilisants, pesticides, insecticides et autres défoliants.

...et participe à la protection de la nature

En 1993, Patagonia a redistribué 10 millions de francs à des associations écologistes. En France, l'entreprise s'est par exemple impliquée dans le nettoyage de la mer de Glace.

« Nous pouvons être exigeants parce que nous payons plus » résume en souriant Mark Galbraith, responsable du développement des produits. Le prochain grand chantier sera de rapprocher production et distribution en délocalisant les centres de décision pour limiter les mouvements inutiles. Il s'agira de produire au Portugal avec du coton venu de Turquie pour vendre en Europe.

Nike met désormais 3 % de coton « propre » dans ses tee-shirts

Même si l'on s'en défend à Ventura, la protection de l'environnement peut être l'origine d'un nouvel avantage concurrentiel. « En m'inspirant de Patagonia, explique Martial Moilli, j'ai employé de la laine au lieu de produits de synthèse pour des chaussures d'expédition destinées au pôle sud, et le résultat a été bien meilleur. » Et Nike, qui cherche à améliorer sont image, emploie 3 % de coton biologique dans ses tee-shirts, utilise de plus en plus des colles non polluantes et se prépare à inaugurer un nouveau siège européen entièrement construit en matériaux recyclables.

Source : Jean-Luc Barberi, envoyé spécial à Ventura (Californie),
L'Expansion, n° 585, du 18 novembre au 2 décembre 1998.

Corrigé commenté et évaluation

Analyse du sujet

1. Identification et définition des mots clés du sujet

Certains mots ou expressions définissent le thème du sujet alors que d'autres précisent la nature du travail demandé.

Les mots à définir pour mieux cerner le thème du sujet sont les suivants :

• *« Pour réussir »*

La réussite, c'est l'atteinte des objectifs. Cela pose donc la question des objectifs (leur hiérarchie, etc.) et des moyens. Implicitement : les paramètres non économiques sont-ils des objectifs, des moyens ?

• *« Les dirigeants »*

Le sujet se place au niveau des personnes ayant la charge de la direction de l'entreprise. Se pose donc le problème du conflit éventuel de finalités avec d'autres acteurs : les propriétaires non dirigeants (actionnaires), les salariés, les marchés amont et aval, etc.

• *« Peuvent limiter »*

Dès lors que le verbe « pouvoir » est employé, il faut s'interroger sur la dialectique « pouvoir/devoir ». Les dirigeants ont-ils le choix ? Dans quel contexte, peuvent-ils choisir ? S'ils n'ont pas le choix, ils sont « obligés » et donc, dans ce cas, pourquoi doivent-ils ? et avec quelles sanctions ?

Le terme « limiter » semble suggérer implicitement que l'ensemble de référence est « a priori » plus vaste que le champ économique. Il y a beaucoup de variables à prendre en compte, mais les dirigeants peuvent-ils se limiter aux variables économiques ?

• *«Champ d'action»*

L'action d'un dirigeant est de prendre des décisions. En reprenant, les éléments de réflexion théorique sur les processus de prise de décisions, il est possible de s'interroger sur le sens à donner à ce « champ d'action ». S'agit-il des variables d'action sur lesquels le dirigeant cherche à agir (les moyens d'action) ? S'agit-il des indicateurs de réussite que le dirigeant cherche à atteindre (les résultats de l'action) ? S'agit-il des paramètres, des « contraintes » que le dirigeant doit intégrer pour pouvoir agir efficacement (l'environnement de l'action) ?

La discussion du contenu de ce terme **peut** constituer en fait la trame d'une réflexion structurant un développement ; la copie du candidat développerait alors le raisonnement suivant : *pour réussir, quels que soient les objectifs, le dirigeant doit intégrer toutes les dimensions de l'environnement dans sa démarche de prise de décision, mais il peut s'en tenir à l'atteinte d'objectifs strictement économiques tout en agissant sur des variables non économiques.*

• *« L'économique »*

Un premier paragraphe introductif mentionne la réussite économique et financière, puis le libellé même du sujet ne reprend plus que le terme d'économique.

L'économique désigne tout ce qui nécessite un calcul d'allocation de ressources. Ces ressources peuvent être celles de l'environnement naturel, ressources non renouvelables ou difficilement renouvelables. L'économique est déjà un terme plus vaste, plus riche que le financier qui s'en tient aux variables directement quantifiables de manière monétaire et sur un horizon temporel assez court. En cherchant à définir ce terme, apparaissent donc deux notions importantes : le **quantifiable** et l'**horizon temporel**. Le dirigeant peut-il se limiter aux données quantifiables ? Quel est l'horizon temporel du dirigeant ? et implicitement, le dirigeant peut-il se limiter à l'horizon temporel que lui imposent la finance et plus particulièrement les marchés financiers ?

Le sujet pose donc le problème de la définition du champ d'action des dirigeants dans leur environnement : ce thème est souvent abordé et débattu sous le vocable de la responsabilité sociale de l'entreprise, ou de l'entreprise citoyenne.

2. Analyse du libellé du sujet

Le cœur de sujet étant défini, l'analyse des autres termes du sujet permet de préciser la nature du travail demandé.

• *« À partir du texte joint, d'illustrations tirées de l'actualité et de vos connaissances théoriques »*

Le candidat doit s'appuyer sur le texte joint, mais ce n'est qu'un texte d'appui, le sujet n'est pas un commentaire de texte. D'une part, il ne faut pas se focaliser sur le cas de l'entreprise Patagonia, et, d'autre part, ce serait une erreur, voire une faute, de limiter la réflexion à la dimension écologique.

Un effort doit être fait pour introduire des références à l'actualité et la réflexion doit s'appuyer sur des connaissances théoriques, en prenant soin de définir les concepts utilisés. Il faut donc « ancrer » la réflexion sur des points théoriques précis : les différentes variables dans un processus de décision, la définition des composantes de l'environnement, la hiérarchie du système de finalisation de l'entreprise, etc.

• *« Vous apprécierez »*

Il s'agit bien de donner une valeur respective à des arguments dans un débat difficile, voire impossible à trancher. Ce n'est donc pas la nature, le contenu de votre réponse (« oui, il peut », « non il ne peut pas ! ») qui importe, mais la qualité de votre développement d'une part pour définir une problématique et d'autre part pour construire une argumentation.

Ce sujet constitue le cas type où deux copies diamétralement opposées dans leur contenu peuvent être retenues comme tout aussi « bonnes » l'une que l'autre : rejet de la notion de responsabilité sociale de l'entreprise, à la suite d'un auteur comme Milton Friedmann, ou au contraire soutien de la thèse de la nécessité d'une approche globale de la gestion de l'entreprise dans son environnement.

Le sujet comporte un texte d'appui concernant l'entreprise Patagonia. Ce texte contient un certain nombre de pistes de réflexion qui sont étudiées dans la phase d'inventaire des éléments pour traiter le sujet.

3. Débats et questions autour du sujet

POINT DE MÉTHODE

Il s'agit d'identifier les points à développer, de distinguer ce qui est essentiel de ce qui est plus accessoire, de repérer les « limites » du sujet en identifiant des questions proches ou des problèmes voisins.

• Il est reconnu de nos jours qu'une entreprise a nécessairement un impact sur son environnement. Le débat porte sur son niveau de responsabilité par rapport à cet environnement et sur la place de ces préoccupations dans un système d'objectifs.

• Quel est le sens de l'action d'une entreprise ? Créer des richesses ? Fournir des emplois ? Participer à la vie sociale de son environnement : urbanisme, pollution, conditions de vie, etc. ?

Comment s'effectue la hiérarchisation des objectifs ?

La finalisation de l'activité constitue le cœur du sujet alors que l'analyse du processus de prise de décisions, avec les paramètres à intégrer, peut être évoquée mais elle est n'est pas le thème central du sujet.

• Corrélativement, qu'est-ce que la réussite pour une organisation ? Derrière cette question se profile le problème de l'horizon temporel. Sur quelle « période » juger une entreprise ? En privilégiant le court terme, les marchés financiers ne rendent-ils pas les dirigeants aveugles ou myopes ?

Le sujet renvoie donc pour partie au thème du gouvernement d'entreprise, toutefois cette approche n'intègre les préoccupations sociales que si elles influent sur la valeur de l'action. Une entreprise sociale, « propre », « éthique », qui est rachetée par un groupe concurrent car la faiblesse de son cours en bourse l'a rendue vulnérable aux OPA/OPE, a-t-elle réussi ?

• La responsabilité sociale de l'entreprise renvoie à la définition du périmètre du « social » : s'agit-il de son personnel (responsabilité sociale interne) ? s'agit-il de son environnement immédiat (lieu d'implantation, etc.) ? De son pays d'accueil, d'origine ? De la planète, compte tenu des problèmes de développement (aide aux pays en difficulté) et des problèmes écologiques (l'écosystème est global).

• Le sujet renvoie pour partie à l'éthique : pourquoi et comment agir ? Il y des « valeurs » à respecter. Toutefois, si l'éthique peut être évoquée, ce thème n'est pas central dans le sujet posé.

Inventaire des éléments pour traiter le sujet

1. Notes de lecture du document

POINT DE MÉTHODE

- Un texte annexé aussi long doit donner lieu à une **lecture active** : prise de notes, soulignement..., d'une part pour bien le comprendre et, d'autre part, pour faciliter les relectures ponctuelles au moment de la rédaction finale de la copie.

- Une fois lu, un tel texte doit susciter une **réflexion critique** : quel est le rôle du texte ? Donne-t-il des informations objectives ? Sont-elles de portée générale ou s'agit-il d'un point particulier ? Le texte exprime-t-il une opinion ? Est-il partiel ? Le texte constitue-t-il une illustration ? Une base de réflexion ?

Les éléments importants du texte qui peuvent être pris en compte pour construire une réflexion sur le thème proposé sont les suivants :

• ***Présentation de l'entreprise Patagonia***

Activité, chiffres clés et credo de l'entreprise : acheter, produire et vendre « propre ».

Le terme de « credo » renvoie clairement à un système de valeurs qui sous-tend toute l'activité de l'entreprise.

• ***La performance de Patagonia : quels indicateurs pour quelle réussite ?***

Le chiffre d'affaires a triplé en dix ans malgré des marges rognées. L'activité s'est donc considérablement développée même si la rentabilité n'a pas été au plus haut niveau (référence théorique à se remémorer : satisfaction opposée à maximisation).

Patagonia finance des associations de protection de la nature par prélèvement volontaire sur ses ventes (1 %). (L'entreprise choisit le montant et les bénéficiaires.) Les produits verts représentent 25 % des ventes ; le lecteur peut en déduire logiquement que 75 % des ventes sont des produits « classiques ». D'où la question à se poser à la lecture du texte : 25 % de produits verts, est-ce une vocation ou une façon de gérer l'image de l'entreprise ?

• ***L'exemple du coton et les processus de production « propre »***

Le texte développe le cas du coton biologique par rapport à la culture industrialisée classique : protection de l'environnement au détriment des coûts de revient. Le problème implicite abordé par le texte est la faculté d'absorption du surcoût dans une structure de marché donné : soit le public accepte de payer plus, soit les marges sont telles que le producteur peut réduire sa marge sans risquer de mettre en danger son équilibre financier.

De manière analogue, le texte mentionne le cas du recyclage des bouteilles en plastique avec le même constat en matière de coût *(«un choix écologique qui a un prix»)* et une remarque sur l'implication militante de l'innovation : montrer l'exemple pour convaincre les autres.

• ***Le créateur et la culture de l'entreprise***

Le texte insiste sur la personnalité du créateur de Patagonia. Celui-ci a cherché à mettre en harmonie sa passion de la nature et son besoin d'entreprendre (*cf.* l'aphorisme japonais sur l'innovation cité dans le texte).

De la personnalité du créateur découlent deux traits caractéristiques de la culture d'entreprise de Patagonia : pour être recruté par cette entreprise il faut avoir la passion du sport et la fibre écologiste. Du temps est consacré par le personnel pour s'investir dans des actions de protection ou de réhabilitation de l'environnement.

Mais, au-delà du militantisme, il faut également des « profils issus des grandes écoles de commerce » ; sous-entendu : le militantisme ne suffit pas, il faut aussi avoir une culture de marketing.

• ***Les limites de l'action militante de Patagonia***

Trois séries de limites sont évoquées par le texte :

– la liberté de manœuvre (pour faire des choix militants) est conditionnée par la faculté d'absorption du marché (nature et prix des produits) ; la liberté de manœuvre est liée à la possibilité de réaliser des bénéfices (pour investir dans la recherche, pour financer des actions militantes) ;

– l'image écologique est un élément de différenciation qui procure un avantage compétitif mais l'action militante, qui vise à convaincre les concurrents de faire la même chose, conduit à la disparition de cet avantage compétitif ;

– la complexité de tout processus productif empêche en général une entreprise de tout faire elle-même. Cette nécessité de recourir à l'externalisation oblige l'entreprise à convaincre ses partenaires, et notamment ses fournisseurs, du bien-fondé des spécificités de sa démarche (dans le cas de Patagonia, *cf.* le credo du produire et vendre propre). Les partenaires de l'entreprise ne participeront à la démarche et aux contraintes qu'elle implique (*cf.* les contrôles évoqués dans le texte, etc.) que s'ils sont eux-mêmes militants ou s'ils y trouvent un avantage (ils sont payés plus cher par Patagonia, ce qui, par ailleurs, constitue un facteur supplémentaire de renchérissement des coûts pour Patagonia).

POINT DE MÉTHODE

- Un texte, même informatif, exprime un point de vue dans la mesure où il ne peut pas donner une image complète.
- Ici, le candidat doit porter attention au fait que le texte, en se concentrant sur l'entreprise Patagonia, n'évoque que la dimension écologique comme alternative aux préoccupations économiques.

2. Repères théoriques

POINT DE MÉTHODE

- Il convient de toujours rechercher des références théoriques traitant du sujet ou ayant un rapport fort avec le sujet.
- Il faut en faire un inventaire succinct au brouillon. Dans votre copie, il ne faut pas chercher à les « replacer » systématiquement. C'est la problématique que vous retenez qui définira l'opportunité d'utiliser telle out telle référence.

• Henry Mintzberg propose parmi ses configurations structurelles de base, la structure de ***l'entreprise «missionnaire»*** (*in Le Management, voyage au centre des organisations*, 1990). La structure missionnaire est une structure proposée par Mintzberg pour prendre en compte le fait que dans certaines organisations les normes et les croyances remplacent les standards et les procédures pour faire fonctionner l'organisation (*cf.* le credo de Patagonia évoqué dans le texte).

• La thématique du ***gouvernement d'entreprise***, développée à partir de la théorie de l'agence (Michael J. Jensen et William H. Meckling, en 1976) et des coûts de transactions, a montré que le conflit d'objectifs, donc d'intérêts, entre agent (le dirigeant) et principal (l'actionnaire) se résolvait par un système de contrôle réintroduisant dans la relation entre l'agent et le principal une communauté d'intérêt.

En soi, cette théorie ne présuppose pas la suprématie de l'économique ou du financier. En effet, la valeur pour l'actionnaire peut être une valeur de long terme, notamment pour des fonds de pension recherchant la progression régulière et sûre de leurs avoirs. Or, sur le long terme, une entreprise peu respectueuse de son environnement, de son personnel, de sa « cité », va multiplier les conflits qui vont nuire à sa pérennité comme à sa profitabilité.

• La théorie microéconomique s'est intéressée de manière très formelle à ***l'allocation optimale des ressources***. Elle constitue la base de tout calcul économique. Elle a notamment cherché à expliciter les cas où l'entreprise ne rémunère pas les ressources dont elle bénéficie (pollution de l'air, encombrement d'une ville par l'accroissement de circulation due aux livraisons, etc.), mais aussi les cas où elle ne valorise pas les richesses qu'elle produit (beauté de l'architecture d'une usine, attrait d'une ville par le dynamisme économique créé, etc.). Ces effets ont été étudiés sous les termes d'externalités, et l'objet de l'analyse économique a été d'essayer d'intégrer ces effets aux processus habituels de raisonnement en les valorisant, par exemple il s'agit d'internaliser les problèmes de pollution en faisant payer le pollueur.

• La ***théorie de la contingence*** a montré que toutes les entreprises n'avaient pas le même objectif et que, de plus, cet objectif n'était que rarement un objectif de maximisation du profit comme le préconise la théorie microéconomique.

H. Simon, avec la ***théorie de la rationalité limitée***, a montré comment, dans le processus de décision, les responsables recherchaient une solution satisfaisante compte tenu de leurs capacités cognitives limitées (information et compréhension incomplètes) et la hiérarchie des objectifs, elle-même liée aux contraintes pesant sur le réel et le processus de décision.

• Le concept de ***valeur*** peut également aider à structurer certains éléments de réflexion. En effet, les défis concurrentiels et technologiques accroissent les turbulences et bouleversent les variables d'action, si bien que l'approche strictement quantitative d'un produit (bien ou service) ne suffit plus.

La stratégie ne peut plus se limiter à une approche produit-coût/part de marché-prix.

Les entreprises doivent proposer des produits répondant aux attentes des clients, avec un certain degré de service et de qualité, tout en dégageant une rentabilité : c'est la notion de ***valeur***, au sens *satisfaction et utilité* du consommateur.

• Le concept de ***culture d'entreprise***, *«corporate culture»*, s'est développé aux États-Unis (T.E. Deal & A.A. Kennedy, *Corporate Culture*) comme une réponse aux impasses de la planification stratégique pour assurer la cohérence du fonctionnement de l'entreprise et une façon de gérer le changement organisationnel.

Schein définit de façon plus spécifique la culture d'entreprise comme l'ensemble des hypothèses fondamentales qu'un groupe donné a inventé, découvert ou constitué en apprenant à résoudre ses problèmes d'adaptation à son environnement et d'intégration.

• La problématique de la ***réussite*** de l'entreprise conduit à utiliser les concepts de performance, d'efficacité et d'efficience. L'***efficacité*** désigne l'aptitude à atteindre les objectifs fixés. Ceux-ci peuvent être non économiques. L'***efficience*** désigne l'aptitude d'une organisation à minimiser l'emploi des ressources.

• Le concept d'***entreprise citoyenne*** est né de la difficulté à prendre en compte l'ensemble des demandes qui s'adressent à l'entreprise. L'entreprise doit produire des biens de qualité pour ses clients, tout en ne « pillant » pas l'environnement, en assurant le bien-être du personnel et en participant à un certain nombre de tâches nécessaires à la vie de la « cité » : formation des jeunes, conditions de vie des salariés mais aussi du voisinage, etc.

De manière similaire, les dérives constatées dans le comportement de certains acteurs dans un contexte mondial de dérégulation ont conduit un certain nombre d'auteurs et de praticiens à débattre du concept d'***éthique*** des affaires, l'éthique pouvant se définir comme le système de valeurs générales que l'entreprise, et surtout ses membres, s'engagent à respecter dans un environnement où l'ensemble des partenaires est de plus en plus exigeant vis-à-vis de l'entreprise.

POINT DE MÉTHODE

- Il n'est pas envisageable sur un sujet aussi vaste d'exploiter toutes les pistes théoriques. Il conviendra de faire un choix en fonction de la problématique retenue (*cf.* plus loin Structuration et développement).
- Les références théoriques doivent servir d'ancrage à la réflexion : ce sont des points d'appui pour structurer et guider le développement.

3. Démarches et questionnements pour mobiliser les idées

POINT DE MÉTHODE

- Pour mobiliser des connaissances, pour développer rapidement des idées et des analyses, il peut être utile de se poser des questions génériques ou d'adopter un angle d'attaque particulier.
- Il ne faut pas hésiter à jeter sur le papier les idées, les questions.
- La phase suivante de la démarche de traitement du sujet conduira à faire un tri, un choix en fonction de la problématique retenue.

3.1 Questionnement générique : qui, quoi, quand, comment...

• *Qu'est-ce que la réussite d'une entreprise ?*

Cf. les définitions de la performance, de l'efficacité et de l'efficience. Les réflexions théoriques rappelées ci-dessus permettent de positionner les éléments.

• *Quelle est la finalité d'une entreprise ?*

Produire des richesses, produire du bien-être, provoquer des changements (innovation et, si elle innove, quelle est la nature de l'innovation ?).

• *Qui est concerné par les décisions de l'entreprise ?*

Les consommateurs, les salariés, les éventuels futurs salariés (formation des jeunes, image attractive ou répulsive de l'entreprise), les épargnants, les opérateurs institutionnels sur les marchés financiers.

• ***Qui sont les dirigeants ?***

Des gestionnaires salariés intéressés ou non au capital cherchant à valoriser leurs compétences ; des entrepreneurs créateurs de leur entreprise motivés par un projet porteur ou non d'un sens missionnaire (cf. le cas de Patagonia).

• ***Qui sanctionne les dirigeants ?***

Les actionnaires par leurs votes en assemblée générale et leurs décisions sur les marchés financiers, les clients en décidant d'acheter ou de ne pas acheter les produits, mais aussi quoique de manière moins nette le public en répondant ou non aux propositions d'emploi, sans oublier le personnel en se mettant en grève.

• ***Depuis quand ce problème se pose-t-il ? Comment le problème s'est-il posé ? Comment a-t-on commencé à le résoudre ?***

Les atteintes graves à l'environnement ont été le facteur révélateur de la nécessité d'élargir le champ du calcul économique. Dans un premier temps, il s'est agi de faire payer les externalités consommées : le pollueur doit être le payeur. Le calcul économique reste très présent, seul son champ d'action change.

Puis, la prise en compte de la complexité a montré la très forte interdépendance de tous les acteurs de la vie sociale et la nécessité de les impliquer (éventuellement juridiquement) pour qu'ils prennent conscience de leur responsabilité dans le fonctionnement de la société en général (c'est-à-dire de l'impact direct ou indirect de leurs actions), qu'il s'agisse d'urbanisme, de design, de messages publicitaires, de formation des personnes, de lutte contre le tabagisme, le racisme ou le sexisme. Des éléments de plus en plus qualitatifs, de moins en moins quantifiables ont été pris en compte pour juger du comportement d'une entreprise.

• ***Avoir un impact est-il synonyme d'être responsable ? d'être acteur en termes de prise de décision ?***

Mais le dirigeant est-il le seul responsable du comportement de l'entreprise ? Il y contribue sans aucun doute mais à des degrés divers. D'une part, sa marge de manœuvre doit être appréciée, d'autre part, il y a des éléments qui relèvent plus d'un comportement collectif (par exemple, le racisme sur les lieux de travail) et le dirigeant n'est souvent responsable qu'en raison d'un texte réglementaire.

3.2 Démarche analytique

• ***Pourquoi poser la question de la limitation du champ d'action à l'économique ?***

La cause première est le niveau de complexité du réel que le dirigeant doit appréhender (comprendre/intégrer) et manipuler (dans le sens d'agir sur et d'agir avec). Pour s'insérer dans son milieu, l'entreprise doit intégrer des facteurs non économiques et, pour réussir son insertion, l'entreprise doit actionner des paramètres autres qu'économiques.

Le dirigeant ne peut sans doute pas être un simple régulateur de la combinaison des facteurs de production, surtout dans une économie marquée par le service (contact direct avec les clients), la prépondérance de l'immatériel (image de marque, etc.) et la communication de masse.

Une deuxième série de facteurs justifiant l'intérêt pour cette question résulte de la dérégulation des économies qui a placé le marché, et donc l'entreprise, au centre des processus de régulation de la vie sociale au fur et à mesure du désengagement de l'État providence (y compris sur des problèmes comme la santé, l'éducation, les retraites). Le « moins d'État » se traduit assez rapidement en « plus de responsabilité sociale » pour les entreprises. Mais, dès lors, les entreprises veulent-elles exercer cette responsabilité (volonté spontanée ou contrainte judiciaire, *cf.* les procès médiatisés intentés aux compagnies de tabac) et peuvent-elles exercer cette responsabilité ? Notamment, sont-elles légitimes dans leur action ? Peuvent-elles représenter un intérêt général ? Par ailleurs, ont-elles la pérennité nécessaire pour mener des actions de longue durée comme l'éducation ? Etc.

• ***Comment intégrer le non-économique au champ d'action ?***

Le non-économique, défini comme l'ensemble des éléments qualitatifs non directement liés à la combinaison des facteurs de production, peut intervenir dans l'action des dirigeants comme :
- variable à intégrer dans le processus de raisonnement : le dirigeant prend en compte un certain nombre de paramètres dans son processus de décision mais il ne va pas exercer d'action directe sur ceux-ci ; exemple : une entreprise de l'agroalimentaire intègre les problèmes de différences culturelles observées dans son environnement pour définir le contenu des postes de travail ;
- variable d'action de l'entreprise pour réguler son activité : le dirigeant agit sur des paramètres non économiques qui ont une incidence sur son activité ; exemple : la même entreprise d'agroalimentaire décide de participer activement à des programmes d'accueil de stagiaires pour améliorer le niveau de formation dans son bassin d'emploi ;
- variable d'action de l'entreprise pour participer à la vie sociale : le dirigeant agit sur des paramètres non économiques qui n'ont pas d'incidence directe manifeste sur son activité, sauf éventuellement en termes d'image (d'où l'ambiguïté éventuelle de la démarche) ; exemple : la même entreprise agroalimentaire participe à un programme de restauration du patrimoine national dans le cadre d'une action pour promouvoir l'action culturelle.

4. Éléments d'analyse intéressants à développer

POINT DE MÉTHODE

Il s'agit de repérer des logiques simples, à exprimer en quelques phrases, pour constituer des points d'ancrage du développement, pour regrouper des idées, des citations énoncées dans les phases précédentes de recherche.

• Le champ d'action de tout dirigeant est le même : comprendre le réel pour prendre des décisions tant opérationnelles que stratégiques mais la matérialité de ce champ d'action est très contingente. Certaines entreprises parce qu'elles doivent beaucoup communiquer (grande consommation, etc.) ou parce qu'elles exercent dans des domaines immatériels (assurance, communication, secteurs de la mode, etc.) doivent totalement intégrer le non-économique à leur équation d'équilibre économique. D'autres, en raison de leur taille réduite, agissent « naturellement » dans un contexte social.

• L'entreprise ne peut survivre que si elle satisfait un besoin de son environnement. Le produit qu'elle fournit économiquement (bien ou service) peut être le support d'un besoin non économique (beauté, attention portée aux populations défavorisées, etc.) que l'entreprise va satisfaire au nom des clients qui sont prêts à payer pour ce « service » supplémentaire (soutien à une cause humanitaire ou toute autre action non « profitable »).

• La plupart des entreprises sont des micro-entreprises où le dirigeant est le créateur et souvent l'unique employé. Le problème du conflit des finalités de l'activité de l'entreprise ne se pose pas avec la même acuité dans une grande structure. Dans une petite structure « familiale », les préoccupations sociales sont naturellement présentes mais ne donnent pas lieu à un débat spécifique, alors que dans une structure de taille plus importante, la hiérarchisation des préoccupations doit faire l'objet d'un débat formel.

• Le problème des finalités non économiques de l'entreprise renvoie à une contradiction fondamentale de l'économie de marché : la régulation par le marché peut-elle assurer la régulation sociale ? C'est l'aphorisme « oui à l'économie de marché, mais non à la société de marché ». Que l'entreprise soit responsable de ces actes, et qu'elle se comporte en conformité avec les lois et règlements de la cité, cela paraît normal, mais comment rendre l'entreprise responsable de la régulation sociale au-delà de ce que ses clients sont prêts à payer comme surcoût ?

• À l'inverse de la thèse précédente, il peut être soutenu que la prise en compte de la responsabilité sociale de l'entreprise est l'aboutissement logique de la gestion de la valeur et du pilotage par la valeur. Il y a dans toute action création et destruction de valeur (et pas seulement de richesses). Le problème doit être posé en termes de maximisation de valeur (*cf.* la phrase d'un leader syndical « jouer gagnant gagnant » pour caractériser les avancées organisationnelles qui doivent accompagner le passage aux 35 heures).

5. Connaissances pratiques, exemples d'entreprise

• Les compagnies de distribution d'eau comme Vivendi (Générale des Eaux) et la Lyonnaise des Eaux sont depuis longtemps confrontées aux exigences de la responsabilité sociale : elles ont des actionnaires qui exigent une rentabilité des capitaux investis, l'activité nécessite des investissements lourds à exploiter sur une longue période de temps, le public demande un produit de qualité et exige une certaine transparence dans le calcul du prix de l'eau, notamment compte tenu de l'implication passée des filiales de ces sociétés dans des scandales politico-financiers relatifs à l'attribution de marchés publics.

• Le développement des fonds éthiques d'investissement contribue à l'émergence d'une approche plus globale de la gestion, d'une part parce que ces fonds n'achètent pas les titres des entreprises dont le comportement est socialement ou moralement discutable (armement, tabac, etc.) et, d'autre part, ces fonds mobilisent des capitaux pour participer au développement de petites entreprises pour créer des emplois ou d'entreprises dont les fins sont respectueuses de l'homme et de son environnement.

• À la fin de l'été 1999, Michelin a fourni un exemple de contradiction entre une annonce de licenciements saluée par la communauté financière comme gage de pérennité de la rentabilité de l'entreprise et la réprobation quasi générale de son comportement jugé socialement irresponsable dans la mesure où l'entreprise réalise des bénéfices assez importants et ne semble pas se soucier de l'emploi.

• La chaîne de restauration rapide McDonald's s'implique dans un certain nombre d'actions comme, par exemple, la protection de l'environnement (contrepartie du fait que les emballages utilisés par l'entreprise sont une source de pollution) mais aussi le soutien aux enfants malades au travers d'une fondation qui aide à l'accueil des familles des jeunes cancéreux.

• Les négociations autour de la mise en place des 35 heures sont souvent l'occasion de montrer la difficulté à harmoniser des demandes très contradictoires qui s'adressent aux entreprises : assurer la rentabilité des capitaux investis, satisfaire aux demandes des consommateurs (comme par exemple, offrir une grande plage horaire d'ouverture), assurer les conditions d'un bon équilibre de la vie familiale des salariés, permettre la formation du personnel dans des conditions viables pour l'entreprise et acceptables pour le personnel, etc.

• Lors des batailles boursières enclenchées par les OPA/OPE hostiles BNP/Société Générale et Total-Fina/Elf, une grande place a été accordée dans la communication des protagonistes aux débats sur la valeur actionnariale parfois opposée à la pertinence de la stratégie « industrielle ».

• Dans le cadre de la normalisation, tout comme il existe une norme ISO 9000 pour la qualité, des normes ont été édictées pour la protection de l'environnement (ISO 14000), mais aussi pour assurer une certification sociale (normes ISO 8000 qui sont destinées à garantir les droits élémentaires des travailleurs).

• Des entreprises de la grande distribution (Leclerc, Auchan, Carrefour, etc.) se sont engagées dans des actions soit en direction de leur quartier d'implantation, pour l'insertion des jeunes par exemple (en liaison avec certains services publics), soit en direction de causes plus générales, comme la contribution de x francs pour telle ou telle organisation caritative par produit acheté. Cette action peut éventuellement concerner plus directement leur activité comme l'avait fait Leclerc avec une action mettant en valeur l'usage d'emballages biodégradables comme un élément protecteur de la beauté des sites naturels.

• Enfin, l'ambiguïté des démarches « écologiques » ou « socialement responsables » peut être relevée dans certains cas. Il est possible de citer celui des constructeurs automobiles (comme Renault, BMW ou Porsche) qui associent à leurs véhicules les plus rapides (donc les plus polluants, voire les plus socialement dangereux) l'image écologique du vélo en vendant dans les concessions orientées « sport « des bicyclettes à la marque du constructeur automobile.

Structuration et développement

1. Problématiques envisageables

POINT DE MÉTHODE

- Une problématique est une façon de formuler le problème pour structurer l'argumentation et définir un axe de démonstration.
- Que voulez-vous dire et comment allez-vous le dire ?

1.1 Problématique large et neutre

• ***Formulation :*** Le dirigeant doit prendre toutes les décisions nécessaires à la réussite de l'entreprise quel que soit le domaine de ces décisions.

• ***Portée :*** Le sujet est abordé sous l'angle de la nature du champ d'action fonctionnel du dirigeant : la prise de décisions. La décision peut et doit intégrer des variables non économiques mais à des degrés divers selon la finalité de l'entreprise.

• ***Plan associé à cette problématique***

1. **Le champ d'action du dirigeant**
   - 1.1 La prise de décision : description et discussion de la vocation première de l'entreprise
     Le dirigeant n'opère que sur un champ d'action économique.
   - 1.2 La complexité de l'environnement
     L'accroissement de la complexité de l'environnement oblige à prendre en compte de plus en plus de variables «non économiques». Conséquences.
2. **La place des préoccupations non économiques**
   - 2.1 Le non-économique : une contrainte à respecter
     Le non économique : variable d'environnement et éventuellement variable d'action pour atteindre la finalité économique.
   - 2.2 Le non-économique : une finalité possible
     Le non-économique : variable d'action et variable objectif. Le pilotage peut mettre en avant des actions militantes destinées à prôner des valeurs, à faire évoluer les comportements sociaux.
   - 2.3 La pérennité de l'entreprise : une condition indispensable ?
     Dans le cas d'une approche militante, la réussite se mesure-t-elle à la pérennité de l'entreprise ou à la diffusion effective des valeurs pour lesquelles l'entreprise milite ?

1.2 Problématique implicitement suggéré par l'énoncé

• ***Formulation :*** Les conditions d'exercice de l'activité économique obligent les dirigeants à intégrer des éléments non économiques à leur champ d'action stratégique.

• ***Portée :*** L'inventaire des champs d'action de l'entreprise montre que l'entreprise est un acteur économique et social qui doit intégrer le non-économique mais qui le fait avec plus ou moins de bonheur.

• ***Plan associé à cette problématique***

1. **Le champ d'action de l'entreprise**
   - 1.1 L'entreprise, un agent économique
     Description et discussion de la vocation première de l'entreprise.
   - 1.2 L'entreprise, un agent social
     Identification des impacts sociaux de l'activité de l'entreprise tant en interne (par rapport à ses salariés) qu'en externe (par rapport à tous ses partenaires et à son environnement). Conséquences.
2. **L'élargissement du champ d'action**
   - 2.1 La prise en compte de nouvelles attentes
     Identification des nouvelles attentes de l'environnement compte tenu des évolutions contemporaines.

2.2 Le concept d'entreprise citoyenne
Définition et discussion du concept.

2.3 Les ambiguïtés du « socialement correct »
La tentation de manipuler l'environnement en jouant essentiellement sur le symbolique (l'image) ; la difficulté de dépasser les phénomènes de mode alors que la finance exerce un diktat de l'appréciation à court terme.

1.3 Problématique rejetant l'hypothèse implicite de l'énoncé

Formulation : Une appréciation erronée de l'évolution rapide de l'environnement conduit souvent à attribuer à l'entreprise une responsabilité sociale tous azimuts qui n'est pas de son ressort.

Portée : L'engagement militant de l'entreprise ne peut être qu'une approche stratégique de manipulation ou une erreur d'appréciation de la réalité. L'entreprise doit agir en conformité avec les règles de la cité mais sa vocation n'est pas de militer. Le champ d'action du dirigeant est d'allouer au mieux les ressources employées.

- ***Plan associé à cette problématique***

1. La responsabilité sociale de l'entreprise est économique !

1.1 La finalité de l'entreprise
L'entreprise doit produire des richesses en minimisant l'emploi des ressources, que celles-ci soient des capitaux, des hommes ou des ressources naturelles.

1.2 La responsabilité sociale de l'entreprise
Assurer son rôle économique en respectant les règles de vie de la cité édictées par celle-ci selon les valeurs prônées dans le cadre d'un débat démocratique.
Quelle est la portée d'un concept comme celui de l'entreprise citoyenne ?

2. L'entreprise citoyenne : une erreur ou une manipulation ?

2.1 Une erreur d'appréciation : l'exemple de l'éthique des affaires
L'intégration de l'éthique est une «contrainte naturelle» ; ce n'est pas une finalité. L'entreprise doit respecter les règles de la cité, elle n'a pas à militer pour l'établissement de ces règles. Il n'y a d'entreprises éthiques que dans un monde éthique. C'est la cité qui produit les « valeurs», c'est à l'entreprise de s'y conformer.

2.2 Une manipulation ?
Le dirigeant qui « milite « pour promouvoir des valeurs n'a aucune légitimité «citoyenne» (cf. l'attitude «personnelle» du PDG de Patagonia), la légitimité est en fait celle de la réussite d'un choix de positionnement stratégique qui s'avère «payant». À l'extrême, le dirigeant d'entreprise qui milite impose à la cité des valeurs sans débat démocratique. On passe d'une économie de marché à une société de marché : le «vote» se confond-il avec l'achat des produits ?

2.3 Le danger d'une implication de l'entreprise ?
L'horizon temporel du dirigeant dans son action de pilotage de l'entreprise n'est pas celui du champ social. La pérennité moyenne des entreprises n'est pas compatible avec le temps long de l'action sociale (exemple : 20 ans d'éducation pour former un individu). La difficulté à changer le mode de régulation des sociétés avec la demande de «moins d'État» a parfois poussé à rendre l'entreprise responsable d'actions qui ne sont pas dans son champ d'action. L'entreprise peut participer au financement de ces actions (par l'impôt ou d'autres formules) mais elle n'a pas à en décider la mise en place. Le champ d'action n'est pas le militantisme (prôner des valeurs) mais l'économie (mettre des ressources au service des valeurs d'une cité).

1.4 Problématique analytique justifiant un élargissement raisonné du champ d'action du dirigeant

• *Formulation :* Plus l'environnement de l'entreprise est complexe et fluctuant et plus la réussite d'une entreprise suppose la compréhension et la manipulation de tous les paramètres de cet environnement pour finaliser et réguler correctement l'activité.

• *Portée :* Il s'agit moins de mettre en avant le caractère militant ou citoyen de l'entreprise que de constater que les conditions de finalisation et de régulation des entreprises ont changé et qu'il convient d'en tirer des conséquences sans passer sous silence les difficultés et les ambiguïtés d'un élargissement du champ d'action des dirigeants.

Cette approche est plus analytique car elle cherche à proposer une explication des phénomènes constatés en recourant à des analyses théoriques (*cf.* le libellé de l'énoncé demandant des références aux connaissances du candidat).

• ***Plan associé à cette problématique (développé dans l'exemple de devoir rédigé)***

1. **L'appréciation de la réussite dans un environnement complexe**
   1.1 Face à la complexité : mieux comprendre pour mieux réussir
   Le dirigeant doit élargir son champ d'action. Il est nécessaire de dépasser l'approche strictement économique : se limiter à l'économique est d'une rationalité beaucoup trop limitée.
   1.2 La complexité du réel crée la diversité des objectifs assignables
   Il faut donc hiérarchiser les objectifs et les rendre compatibles : de la théorie classique de la maximisation du profit (un objectif unique et universel) au gouvernement d'entreprise (les analyses de la théorie de l'agence pour rendre les intérêts convergents).
2. **La place du non-économique dans l'action du dirigeant**
   2.1 Le « non-économique » comme finalité : l'entreprise missionnaire
   (*Cf.* analyse de Mintzberg.)
   2.2 Le « non-économique « dans le processus de pilotage de l'entreprise
   La culture d'entreprise comme élément de mobilisation des hommes.
   L'intégration des préoccupations non-économiques dans l'appréciation de la valeur.
   2.3 Une démarche d'intégration difficile et ambiguë
   L'entreprise assume-t-elle une vraie mission ou s'assure-t-elle d'un positionnement stratégique « symbolique », au demeurant peu durable en cas de succès de son action militante (car imitation par les concurrents) ?
   Le transfert de responsabilité de la collectivité vers l'entreprise est-il voulu ? est-il maîtrisé ? D'où la question de la légitimité de la régulation sociale par l'entreprise.

2. Un exemple de devoir rédigé

Cet exemple de rédaction est développé sur la base du plan de la dernière problématique évoquée ci-dessus.

POINT DE MÉTHODE

- La rédaction du développement n'est pas une phase créative. Il faut bien gérer votre temps après avoir sélectionné une problématique et un plan en cohérence avec les idées, les références, les exemples dont vous disposez.
- Rappelez-vous que le souci de la logique de l'argumentation (cohérence des enchaînements et force convaincante) doit l'emporter sur le désir d'exhaustivité.

Introduction

L'actualité conduit à évoquer jour après jour des faits qui, peu à peu, modifient la représentation que l'« honnête homme » pouvait se faire de l'action d'une entreprise.

Il peut s'agir en « bien » de l'engagement de telle ou telle entreprise dans une action « philanthropique », comme l'annonce faite par Elf, fin 1997, de s'engager dans le combat contre le réchauffement de la planète en cherchant à réduire volontairement les émissions de gaz responsables de l'effet de serre, ou bien encore l'engagement de McDonald's en faveur des enfants malades. Il peut s'agir « en mal » de la mise en évidence d'un comportement jugé « irresponsable » par l'opinion comme l'annonce de la suppression de 7500 postes faite par Michelin à la fin de l'été 1999 alors qu'une hausse semestrielle des bénéfices de 20 % était simultanément annoncée.

En procédant de la sorte, Michelin a-t-il failli à son objectif général de rentabilité ? De manière similaire, Elf s'éloigne-t-il de sa mission de satisfaction des besoins en énergie en s'engageant dans les actions de réduction de l'effet de serre ?

Ces deux faits, dont chacun d'eux est le résultat de la décision d'un dirigeant, sont révélateurs d'une nouvelle appréciation du champ d'action des dirigeants. Ils sont l'avers et l'envers d'une même réalité. L'entreprise ne peut pas ignorer que son environnement est devenu très complexe et toutes ses dimensions doivent être prises en compte par les dirigeants lors de leur prise de décision.

Bien qu'éloignée des contraintes économiques immédiates du marché, la décision d'Elf traduit la prise en compte de préoccupations écologiques qui sont une anticipation d'une limitation éventuelle de l'activité du pétrolier.

À l'inverse, pour Michelin, la non-prise en compte d'une attente « sociale » par le grand public a provoqué une réaction qui est venue contrarier une approche sans doute trop exclusivement économique, voire financière, des dirigeants de Michelin.

Mais Elf a-t-il raison de s'intéresser à la lutte contre l'effet de serre qui, certes, inquiète les populations, mais n'est pas totalement démontré ? Et Michelin a-t-il tort de procéder à ces suppressions de postes qui garantissent peut-être la pérennité de l'entreprise et donc la réelle sauvegarde des autres emplois de l'entreprise et de ses fournisseurs ?

Implicitement, quelle est la place à accorder à des paramètres non strictement économiques, écologiques dans le cas d'Elf, sociaux dans le cas de Michelin, dans les choix des dirigeants ?

Les dirigeants cherchent à ce que leur entreprise réussisse, c'est-à-dire atteigne les objectifs fixés. Aussi la nature des objectifs qui déterminent la réussite d'une entreprise conditionne donc la définition du champ d'action des dirigeants. L'action d'un dirigeant étant de prendre des décisions, la littérature managériale insiste sur le caractère complexe et aléatoire de l'environnement contemporain dans lequel et sur lequel le dirigeant doit agir.

Il convient donc de s'interroger sur l'appréciation de la réussite dans un environnement complexe pour évaluer la place du non-économique dans l'action du dirigeant.

1. L'appréciation de la réussite dans un environnement complexe

La théorie microéconomique s'est intéressée de manière très formelle à l'allocation optimale des ressources dans un univers caractérisé par une relative homogénéité des facteurs à prendre en compte. Tous les paramètres de la décision d'optimisation étaient des paramètres économiques quantifiables et l'objectif à atteindre était unique et universel : la maximisation du profit. La recherche du profit maximum constitue toujours une référence implicite dans de nombreuses démarches mais elle s'avère insuffisante pour assurer la réussite d'une entreprise dans un environnement complexe.

1.1 Face à la complexité : mieux comprendre pour mieux réussir

Différents faits, notamment les atteintes graves à l'environnement et un certain nombre de conséquences sociales néfastes des décisions, ont été les facteurs révélateurs de la nécessité d'élargir le champ du calcul économique tel que l'avaient pratiqué les dirigeants, en conformité avec l'esprit de la théorie microéconomique.

L'approche économique a donc dû être enrichie pour expliciter les cas où l'entreprise ne rémunère pas les ressources dont elle bénéfice (pollution de l'air, encombrement d'une ville par l'accroissement de circulation due aux livraisons, etc.), mais aussi les cas où elle ne valorise pas les richesses qu'elle produit (beauté de l'architecture d'une usine, attrait d'une ville par le dynamisme économique créé, etc.). Ces effets ont été étudiés sous les termes d'externalités et l'objet de l'analyse économique a été d'essayer d'intégrer ces effets aux processus habituels de raisonnement en les valorisant, par exemple il s'agit d'internaliser les problèmes de pollution en faisant payer le pollueur. Il y a donc eu une approche économique du « non-économique » en cherchant à intégrer ces phénomènes qualitatifs au calcul économique.

Cette approche montre que le problème de la prise en compte du non-économique par un responsable d'entreprise est en fait souvent un problème d'évaluation (il faut trouver un système pour évaluer l'impact positif ou négatif de telle ou telle activité) et d'imputation.

Dans un premier temps, il s'est agi de faire payer les externalités consommées : le pollueur doit être le payeur. Le calcul économique reste très présent, seul son champ d'action change.

Puis, la prise en compte de la complexité a montré la très forte interdépendance de tous les acteurs de la vie sociale et la nécessité de les impliquer (éventuellement juridiquement) pour qu'ils prennent conscience de leur responsabilité dans le fonctionnement de la société en général (c'est-à-dire de l'impact direct ou indirect de leurs actions) qu'il s'agisse d'urbanisme, de design, de messages publicitaires, de formation des personnes, de lutte contre le tabagisme, le racisme ou le sexisme. Des éléments de plus en plus qualitatifs, de moins en moins quantifiables ont été pris en compte pour contraindre ou juger le comportement d'une entreprise.

La multiplication des paramètres à prendre en compte a créé les conditions d'approches multiples s'écartant du strict calcul économique, identique pour toutes les entreprises. D'autant plus que H. Simon, avec la théorie de la rationalité limitée, a montré comment, dans le processus de décision, les responsables recherchaient une solution satisfaisante compte tenu de leurs capacités cognitives limitées (information et compréhension incomplètes) et de la hiérarchie des objectifs, elle-même liée aux contraintes pesant sur le réel et le processus de décision.

Dans certains cas, l'ignorance des facteurs non économiques peut s'analyser comme une conséquence d'une approche « rationnellement limitée » par la non-compréhension de la complexité du réel. Le dirigeant doit élargir son champ d'action ; il est nécessaire de dépasser l'approche strictement économique : se limiter à l'économique est d'une rationalité beaucoup trop limitée.

Les discussions sur le calcul économique et l'intégration de nouveaux facteurs ont enrichi la problématique de la réussite. Les concepts de performance, d'efficacité et d'efficience ont remplacé la référence à la seule maximisation du profit.

L'efficacité désigne l'aptitude à atteindre les objectifs fixés. Ceux-ci peuvent être non économiques dès lors que l'entreprise ne recherche pas nécessairement le profit maximum. L'efficience désigne l'aptitude d'une organisation à minimiser l'emploi des ressources selon les principes du calcul économique. Cette approche est plus strictement « économique ». La théorie des organisations montre donc qu'une entreprise peut réussir (atteindre des objectifs) de façon performante (en étant efficiente) ou non performante (pas d'efficience, et donc peu de chance de pérennité).

Le calcul économique reste donc l'outil de l'efficience, mais la réussite (l'efficacité) implique une vision plus large du champ d'action de l'entreprise, notamment pour définir les objectifs à poursuivre.

1.2 La complexité du réel crée la diversité des objectifs assignables

La théorie de la contingence a montré que toutes les entreprises n'avaient pas le même objectif et que, de plus, cet objectif n'était que rarement un objectif de maximisation du profit comme le préconise la théorie microéconomique.

Il faut donc hiérarchiser les objectifs et les rendre compatibles. Le passage de la théorie classique de la maximisation du profit (un objectif unique et universel) aux analyses du gouvernement d'entreprise (les analyses de la théorie de l'agence pour rendre des intérêts convergents) montre clairement que les objectifs des différents acteurs de l'entreprise sont différents, éventuellement divergents, voire antagonistes. Certains de ces objectifs peuvent être non strictement économiques comme par exemple la sécurité de l'emploi pour les salariés (*cf.* le cas Michelin).

La finalité de l'entreprise qui était strictement définie en termes économiques (générer une rentabilité maximum, selon la théorie classique) se définit de manière plus large comme la recherche de la satisfaction des besoins. Les besoins sont principalement ceux de la clientèle (du marché), et ceux-ci peuvent être des besoins tant matériels qu'immatériels (image, « consommation culturelle », etc.). D'autre part, l'entreprise doit satisfaire les besoins de tous les acteurs impliqués dans son activité : clients, salariés, actionnaires, dirigeants, banquiers, collectivités, etc. Chacun de ses « acteurs » a des attentes spécifiques qu'il faut rendre compatibles. Le seul calcul économique de l'entreprise ne peut pas se limiter à une simple maximisation du profit à court terme.

La thématique du gouvernement d'entreprise, développée à partir de la théorie de l'agence (Michael J. Jensen et William H. Meckling, en 1976) et des coûts de transactions, a montré que le conflit d'objectifs, donc d'intérêts, entre agent (le dirigeant) et principal (l'actionnaire) se résolvait par un système de contrôle réintroduisant dans la relation entre l'agent et le principal une communauté d'intérêt. Par exemple, le dirigeant salarié va intégrer la logique d'intérêt des actionnaires car ceux-ci vont lui attribuer des stocks options.

En soi, cette théorie ne présuppose pas la suprématie de l'économique ou du financier. En effet, la valeur pour l'actionnaire peut être une valeur de long terme, notamment pour des fonds de pension recherchant la progression régulière et sûre de leurs avoirs. Or, sur le long terme, une entreprise peu respectueuse de son environnement, de son personnel, de sa « cité », va multiplier les conflits qui vont nuire à sa pérennité comme à sa profitabilité.

Le problème est donc la période d'appréciation de la valeur de l'actionnaire. Or, en privilégiant des indicateurs comme l'EVA *(economic value added)* ou le MVA *(market value added)*, les marchés financiers imposent aux dirigeants d'entreprise une certaine dictature du court terme. Le cas de Michelin peut s'analyser sous cet angle.

Il n'en demeure pas moins que cette théorie fournit des pistes pour rendre compatibles des intérêts divergents et donc pour gérer les liens de dépendance réciproque entre salariés, dirigeants, actionnaires, clients, État, collectivités locales, etc.

Un constat objectif de la réalité montre que l'activité de l'entreprise dépend et implique de nombreux acteurs. Chacun d'eux a des attentes particulières, que le calcul économique n'intègre que sur un mode défensif ou passif (contraintes à respecter), mais le dirigeant peut-il revendiquer une responsabilité par rapport à ces attentes, doit-il assumer une responsabilité spécifique par rapport à ces demandes ?

2. La place du non-économique dans l'action du dirigeant

Poser la question de la responsabilité sociale de l'entreprise c'est reconnaître que le calcul économique n'est pas le champ d'action exclusif du dirigeant, mais la responsabilité sociale de l'entreprise peut-elle être la fonction première d'une entreprise ? Les retombées sociales, éthiques, écologiques de l'activité de l'entreprise sont-elles le but de l'activité de l'entreprise ou sa conséquence ?

2.1 Le « non économique » comme finalité : l'entreprise missionnaire

Henry Mintzberg propose, parmi ses configurations structurelles de base, la structure de l'entreprise « missionnaire » (*in Le management, voyage au centre des organisations,* 1990) La structure missionnaire est une structure proposée par Mintzberg pour prendre en compte le fait que, dans certaines organisations, les normes et les croyances remplacent les standards et les procédures pour faire fonctionner l'organisation. Mintzberg définit l'idéologie comme le sens de la signification d'un riche système de valeurs et de croyances, partagé par tous ses membres et qui la distingue des autres organisations (pour Patagonia : la protection de l'environnement). Une telle organisation a le sens de la mission, c'est-à-dire le sentiment que le groupe s'est constitué pour faire quelque chose de spécifique par rapport aux autres organisations.

L'organisation missionnaire correspond souvent à des entreprises jeunes, innovantes, regroupant « naturellement » des passionnés autour d'un leader charismatique (*cf.* la personnalité du créateur de Patagonia, tel qu'il est décrit dans le texte). Mais la « mission » peut être un vernis (terme exact employé par Mintzberg) pour dynamiser une organisation ancienne car l'idéologie offre la possibilité d'une coordination « informelle » par le partage de valeurs communes, soit naturellement, soit par endoctrinement.

La réussite est-elle pour autant assurée ? Les organisations missionnaires sont guettées par :

- le risque d'isolement : leur spécificité les fait dépérir en ce coupant du monde, elles n'ont pas assez de préoccupation par rapport aux besoins du marché et elles peuvent ne pas trouver les ressources nécessaires (*cf.* le problème évoqué dans le texte du prix plus élevé des produits de Patagonia et donc du seuil d'acceptation du marché) ;
- le risque d'assimilation : elles perdent leur spécificité, soit parce que leur mission a abouti, les autres les ont suivies, soit parce qu'elles se fondent dans leur environnement.

Sans aller jusqu'à constituer la finalité de l'entreprise, des éléments non économiques peuvent intervenir dans le processus de pilotage comme variables d'action.

2.2 Le « non-économique » dans le processus de pilotage de l'entreprise

En effet, pour gérer l'entreprise, le dirigeant peut recourir à des éléments non économiques à différents degrés, par exemple en interne pour mobiliser les hommes, en externe pour valoriser des éléments susceptibles de fournir un avantage concurrentiel à l'entreprise.

a) Au niveau interne : l'exemple de la culture d'entreprise

La culture d'entreprise a fait irruption dans la panoplie des outils de gestion comme un élément de mobilisation des hommes et, par cette mobilisation, comme élément d'aide à la finalisation de l'entreprise.

Le concept de culture d'entreprise, « *corporate culture* », s'est notamment développé aux États-Unis (T.E. Deal & A.A. Kennedy, Corporate Culture) comme une réponse aux impasses de la planification stratégique pour assurer la cohérence du fonctionnement de l'entreprise et une façon de gérer le changement organisationnel.

Un système de prévision et de planification ne permet plus d'assurer une cohérence satisfaisante de l'entreprise, notamment en raison des évolutions brusques de l'environnement dans un contexte complexe et marqué par l'importance d'un service de qualité (*cf.* la complexité de l'environnement).

Schein définit de façon plus spécifique la culture d'entreprise comme l'ensemble des hypothèses fondamentales qu'un groupe donné a inventé, découvert ou constitué en apprenant à résoudre ses problèmes d'adaptation à son environnement et d'intégration. Chez Patagonia, la culture d'entreprise est constituée par le credo du « produire et vendre propre » et se traduit par un ensemble de comportement comme l'importance accordée aux actions militantes et aux activités sportives.

La définition de Schein fait bien ressortir les deux objectifs « organisationnels » de la culture d'entreprise :

- assurer la cohérence du groupe en améliorant notamment la communication (accent sur le partage de valeurs communes au lieu d'insister sur les divergences d'intérêts ; dans le cas de Patagonia : la défense de l'environnement) ;
- améliorer l'adaptation à l'environnement pour assurer la survie du groupe, notamment en constituant un groupe plus soudé et en réagissant plus vite aux aléas grâce à une vision commune de l'avenir, ce qui permet une définition floue des postes de travail pour assurer une grande polyvalence, gage d'adaptation pour accomplir la « mission » de l'entreprise. Par exemple, passer de la défense des baleines à la promotion du coton biologique, dans le cas de Patagonia.

Sans aller jusqu'à l'action militante, le dirigeant doit intégrer cette dimension de gestion symbolique par la culture d'entreprise pour souder, motiver le personnel autour d'un certain nombre de valeurs porteuses de cohérence et d'unité ; il est possible d'évoquer des slogans comme « IBM veut dire services » (pour IBM), « nous vous devons plus que la lumière » (pour EDF), ou « à nous de vous faire préférer le train » (pour la SNCF).

b) La valorisation des composantes non économiques : l'analyse par la valeur et la gestion symbolique

Par ailleurs, le dirigeant est conduit à intégrer des préoccupations non économiques dans l'appréciation de la valeur de sa production. Le concept de valeur permet en effet une analyse de l'appréciation des éléments non économiques. En effet, les défis concurrentiels et technologiques accroissent les turbulences et bouleversent les variables d'action, si bien que l'approche strictement quantitative d'un produit (bien ou service) ne suffit plus. La stratégie ne peut plus se limiter à une approche produit-coût/part de marché-prix.

Les entreprises doivent proposer des produits répondant aux attentes des clients, avec un certain degré de service et de qualité, tout en dégageant une rentabilité : c'est la notion de valeur, au sens *satisfaction* et *utilité* du consommateur.

La valeur d'un produit n'est plus seulement la différence entre un prix de vente fixé par l'entreprise et ses coûts de production mais l'appréciation de l'utilité apportée par les fonctions du produit.

La recherche de la performance passe alors par le pilotage du « *couple valeur/coût* ».

Ce renversement de la démarche oblige l'entreprise à évaluer et à gérer la valeur qu'elle apporte dans chacune de ses activités pour aboutir au produit. Elle doit donc avoir une approche globale, selon la chaîne de valeur de Porter, de toute son organisation.

Pour se différencier des concurrents, les entreprises utilisent leurs compétences distinctives fondées non seulement sur les coûts mais aussi sur le service, la qualité, le délai, l'innovation, pour dégager de la valeur perçue par le client.

Ainsi, en utilisant ce concept, le cas de Patagonia correspond au cas où une entreprise crée de la valeur pour le client sensible aux problèmes d'environnement. De manière plus générale, l'entreprise peut créer de la valeur (au sens de Porter) en intégrant des préoccupations que la clientèle est prête à reconnaître comme légitimes pour les valoriser. Les éléments de valeur identifiés, la façon de les produire sont autant de facteurs distinctifs pour profiter d'un avantage concurrentiel.

L'entreprise répond toujours aux besoins du marché mais ces besoins sont définis de manière plus large et intègrent des éléments qualitatifs, auparavant jugés hors du champ d'action économique. Par exemple, il ne s'agit plus de satisfaire un besoin en énergie en produisant de l'essence mais de satisfaire un besoin en énergie « propre » : le consommateur ne veut pas polluer, il accorde de la valeur à un produit qui lui permet de satisfaire ce besoin de « propreté » (*cf.* le carburant « évolution » du pétrolier Elf). De manière comparable, le client de Patagonia satisfait un besoin de participation à des causes nobles en achetant un produit Patagonia car il sait qu'une partie des fonds sera reversée à des organismes de protection de l'environnement (*cf.* texte).

2.3 Une démarche d'intégration difficile et ambiguë

Mais en poussant ainsi l'analyse et le pilotage de l'entreprise par la valeur, la gestion symbolique fait entrer la démarche de l'entreprise dans une zone ambiguë.

L'entreprise assume-t-elle une vraie mission ou s'assure-t-elle seulement d'un positionnement stratégique « symbolique », au demeurant peu durable en cas de succès de son action militante car il y a imitation par les concurrents « convaincus » ?

La gestion des valeurs non économiques peut se réduire à une simple image « symbolique » destinée à motiver les salariés, mais surtout cherchant à instaurer un climat de confiance, de sympathie avec les prospects, les clients, pour profiter d'un avantage concurrentiel. Cette démarche peut être plus ou moins contrainte par les groupes de pression (consumériste, écologiste, antiraciste, antitabac, etc.) et l'entreprise cherche alors à tirer parti de l'existence de normes (comme par exemple la certification environnementale ISO 14000, la certification sociale ISO 8000, qui existent au même titre que la certification pour la qualité ISO 9000), voire de réglementations en transformant une contrainte d'exploitation en valeur marchande : la règle contraint la gestion mais le dirigeant la transforme en valeur défendue par l'entreprise pour disposer d'un « capital d'image » auprès du public.

Se pose en fait le problème de la sincérité de l'action de l'entreprise dès lors que les valeurs affichées sont hors du champ économique. Quel est le degré de sincérité des constructeurs automobiles (comme Renault, BMW ou Porsche) qui associent à leurs véhicules les plus rapides (donc les plus polluants, voire les plus socialement dangereux) l'image écologique du vélo en vendant dans les concessions orientées « sport » des bicyclettes à la marque du constructeur automobile ?

Par ailleurs, même en cas de sincérité absolue de l'entreprise dans sa démarche, se pose le problème de la pérennité de cette démarche. Si l'entreprise « militante » arrive à convaincre des prospects, elle a des clients qui la font vivre ; si la justesse de sa cause emporte aussi la conviction de ses concurrents, son avantage concurrentiel disparaît et les conditions de sa survie sont plus incertaines. Une entreprise « militante » peut-elle changer de valeurs morales ? Si la défense de l'environnement devient un souci pour toutes les entreprises, Patagonia n'a plus à militer pour cette cause, mais l'entreprise peut-elle changer de cause et peut-elle être économiquement viable sans cette cause pour valoriser ses produits ?

Enfin, si une entreprise de petite taille peut assez bien combiner des préoccupations morales avec son exploitation courante, compte tenu d'une approche très familiale et d'une certaine confusion des rôles, une entreprise d'une taille plus importante doit nécessairement rendre des comptes à intervalles réguliers à des partenaires, qui, sans être insensibles à des préoccupations écologistes, militantes ou autres, n'en demeurent pas moins attachés à des critères financiers d'appréciation à court terme. Même portée par des valeurs non économiques, la grande entreprise cotée en bourse ne peut échapper durablement aux contraintes des marchés financiers qui n'intègrent que les éléments susceptibles de modifier la valeur des titres dans le court terme.

Conclusion

Le dirigeant de l'entreprise familiale a toujours intégré des préoccupations non économiques. Cette intégration est devenue plus systématique pour des grandes entreprises avec la multiplication des attentes à l'égard de l'entreprise, parallèlement à la baisse d'influence de l'État providence.

D'une certaine manière, le concept d'entreprise citoyenne est né de la difficulté à prendre en compte l'ensemble des demandes qui s'adressent à l'entreprise. L'entreprise doit produire des biens de qualité pour ses clients, tout en ne « pillant » pas l'environnement, en assurant le bien-être du personnel et en participant à un certain nombre de tâches nécessaires à la vie de la « cité » : formation des jeunes, conditions de vie des salariés mais aussi du voisinage, etc. Ce concept met l'accent sur le fait que dans un monde où la pénurie prime, le rôle principal de l'entreprise est de combiner des facteurs pour produire des biens, mais dans un monde complexe très marqué par les interdépendances entre les acteurs de la vie sociale, l'entreprise doit contribuer à produire le bien-être général.

De manière similaire, les dérives constatées dans le comportement de certains acteurs dans un contexte mondial de dérégulation ont conduit un certain nombre d'autres auteurs et praticiens à débattre du concept d'éthique des affaires, l'éthique pouvant se définir comme le système de valeurs générales que l'entreprise, et surtout ses membres, s'engagent à respecter dans un environnement où l'ensemble des partenaires est de plus en plus exigeant vis-à-vis de l'entreprise.

Les débats sur l'éthique des affaires ont clairement montré que les exigences formulées à l'égard des entreprises traduisent un affaiblissement des systèmes traditionnels de régulation sociale.

Le transfert de responsabilité de la collectivité vers l'entreprise est-il voulu ? est-il maîtrisé ?

S'il est indiscutable que le dirigeant doit prendre en compte, à des degrés divers, des variables non économiques, il convient de s'interroger sur la pertinence d'une société qui passerait sans s'en rendre compte d'une régulation économique de l'allocation des ressources à une régulation sociale marchande de tous les aspects de la vie des hommes, c'est-à-dire le passage inconscient d'une économie de marché à une société de marché.

La question fondamentale n'est donc pas celle de la possibilité d'une régulation totale par les actions de l'entreprise, mais de la légitimité d'une telle régulation sociale.

4. Éléments d'auto-évaluation

Le danger d'un sujet aussi vaste avec un texte d'appui aussi riche est de conduire à la multiplication de copies présentant de vagues discussions reprenant intégralement les éléments du texte.

En conséquence, il faut éviter :

- la paraphrase du texte, qui peut conduire à une note éliminatoire ;
- un commentaire sur l'entreprise Patagonia : c'est un cas d'illustration pour orienter la réflexion, ce n'est pas l'objet d'étude du sujet proposé ;

- la focalisation exclusive sur les problèmes écologiques, focalisation qui montrerait le manque d'esprit d'analyse du candidat ;
- la compilation de connaissances, certes liées au sujet, mais non intégrées à un développement cohérent.

Les éléments valorisés pour un sujet aussi vaste, avec un énoncé ne donnant pas d'indications de traitement, seront classiquement les suivants :

- la construction d'une argumentation cohérente avec un plan démonstratif ;
- la présence d'une introduction assez longue pour justifier le sujet et poser la façon dont l'étudiant souhaite le traiter (justification des choix d'orientation au travers de la définition de certains termes du sujet) ;
- la référence judicieuse à certains concepts attestant du niveau de connaissances du candidat ;
- la présence et la diversité des exemples montrant la culture économique du candidat.

044872-(I)-(2,5)-OSB 80°-EDIC

STEDI, 1, boulevard Ney, 75018 Paris - Tél. 01.40.38.65.40
Dépôt légal, Imprimeur, n° 6325
Dépôt légal : janvier 2000
Imprimé en France